哲學研究叢書・學術思想叢刊

先秦諸子中和思想研究論集

方滿錦　著

目次

自序

　　懸壺香江的我，腦海中常浮現出「上醫治國，中醫治人，下醫治病」的意識，有時很想從下醫升格為上醫，期盼霖雨蒼生，現實條件雖無可能，但讀書所得，深知古代成功的上醫，其治國要訣都是以「中和」為心法。用現代的概念去理解「中和」，「中」者，指公正、公平，公開；「和」者，指和諧、溝通、求同存異、雙贏、大家贏。

　　在二〇〇九年初夏，我完成《黃帝內經中和思想研究》的撰寫工作，手上保留了大量關於先秦諸子與中和思想關係的資料，備作日後研究之用。鑑於當前我國政府大力推動建設和諧社會的教育宣傳，觸發起我對古代政教產生研究興趣，於是以「先秦諸子中和思想研究」為課題，作出探討和分析。由於日間醫務繁忙，夜間要兼顧教學，故此往往撰文至深宵，瞬息間已過六年的歲月，此書終於脫稿了，善哉！善哉！

　　在寫作過程中，常常遇到不少學術疑惑，百思不解之際，幸獲吾妻充當我的學術顧問，提供不少寶貴意見，在此謹向她獻上衷誠謝意！

謹序

二〇一五年七月十九日

《易經》與中和思想

一　前言

　　自古以來，中和思想長期孕育於中國文化體系中。「中和」一詞，最早分屬於「中」與「和」兩個概念，春秋時代才合併而為一。「中」與「和」是中國政教文化的兩大核心哲學，其源甚古，可遠溯至三皇五帝時代，其後迭經夏、商、周的發展，已進至成熟階段，舉凡修身治國、治人治事，都以「中」或「和」作為思想指導準則。中和哲學可廣泛應用於文化、道德、倫理、政治、經濟、醫學……等領域。

　　《易經》亦稱《周易》，或稱《易》，為五經之首，亦為大道之源，標誌著中國文化及哲學思想的源頭，對先秦諸子學說有重大的影響，尤其是儒道二家皆列之為己家學說聖典。《易》，蘊含著宇宙萬物變化之理，《易傳・繫辭下》說：「古者庖羲氏之王天下也，仰則觀象於天，俯則觀法於地，觀鳥獸之文與地之宜，近取諸身，遠取諸物，於是始作八卦，以通神明之德，以類萬物之情。」[1]「八卦」源出陰陽，而陰陽既對立又統一，在中和狀態下不斷作出生化運動，《易傳・繫辭上》稱「生生之謂易」。關於「易」的釋義，《說文解字》易部載：「日月為易，象陰陽也」，《易傳・繫辭上》亦言：「懸象著明，莫大乎日月」[2]。《易緯・乾鑿度》則說：「易一名而含三義，

1　李學勤主編：《周易正義》，收入《十三經注疏》（北京市：北京大學出版社，1999年12月第1版），卷8〈繫辭下〉，頁298。

2　李學勤主編：《周易正義》，收入《十三經注疏》（北京市：北京大學出版社，1999年12月第1版），卷7〈繫辭上〉，頁289。

所謂易也，變易也，不易也。」[3]東漢鄭玄（127-200）依此義作《易贊》及《易論》云：「易一名而含三義：易簡，一也；變易，二也；不易，三也。」[4]此說後世宗之。

　　陰陽運動，以中和為本，所謂中和，除不偏不倚，無太過與不及外，還要有利於統一、平衡及向至優持續發展，生生不息。

二　爻位居中多譽多功

　　《易經》一書，專論陰陽，《易傳・繫辭上》載：「是故易有太極，是生兩儀，兩儀生四象，四象生八卦」[5]。八卦相乘，則為六十四卦。卦有吉凶，可於卦爻察其是否當位、應位或中位而判斷之。每卦分上下，由陽爻（─）及陰爻（--）組成，上卦下卦各有三爻，共六爻。每爻各有其位，由下而上，一（初九）、三、五爻屬陽位，二、四、六（上）屬陰位，陽爻居陽位，陰爻居陰位，謂之當位，常主吉；反之，爻非其位而居，常主凶。所謂應位，是指一與四爻、二與五爻及三與六爻，是否陰陽相應，即一陰爻配一陽爻，相應者謂之有應，主吉，不相應者，謂之無應，主凶。在一卦六爻中，所謂中爻，是指下卦居中位的第二爻及上卦居中位的第五爻。中爻又稱中位，常主吉，其理由是陽爻居中，得陽剛之美，陰爻居中，得陰柔之美，其行為持中，不偏不倚，既中且正，具親和力，故《易傳・繫辭下》說：「若夫雜物撰德，辨是與非，則非其中爻不備。……二多譽……五多功。」[6]「二」，指第二爻多譽，「五」，指第五爻多功。《易傳・繫辭下》續

3　李學勤主編：《周易正義》，收入《十三經注疏》（北京市：北京大學出版社，1999年12月第1版），〈卷首〉，頁4。

4　李學勤主編：《周易正義》，收入《十三經注疏》（北京市：北京大學出版社，1999年12月第1版），〈卷首〉，頁5。

5　李學勤主編：《周易正義》，收入《十三經注疏》（北京市：北京大學出版社，1999年12月第1版），卷7〈繫辭上〉，頁289。

6　李學勤主編：《周易正義》，收入《十三經注疏》（北京市：北京大學出版社，1999年12月第1版），卷8〈繫辭下〉，頁318。

說：「其要無咎，其用柔中也。」[7]意謂柔位居中，可無咎。

三　「中」與「時中」

《易經》的哲理，由尚中思想主導，「中」是無偏無過，亦無不及或不足，其真髓在「時中」。《易經》一書，言及「中」字共一五九次，並屢言「得中」、「中道」、「中行」、「中正」。

其言「得中」者凡十六次，摘錄如下：

> 《易‧訟卦》：彖曰：訟有孚，窒惕中吉，剛來而得中也。[8]
>
> 《易‧同人卦》：彖曰：同人，柔得位得中，而應乎乾，曰同人。[9]
>
> 《易‧解卦》：彖曰：解，利西南，往得眾也。其來復吉，乃得中也。[10]
>
> 《易‧漸卦》：彖曰：進以正，可以正邦也。其位，剛得中也。[11]
>
> 《易‧巽卦》：彖曰：紛若之吉，得中也。[12]督

其言「中道」者凡五次，引述如下：

> 《易‧蠱卦》：幹母之蠱，得中道也。[13]

7　李學勤主編：《周易正義》，收入《十三經注疏》（北京市：北京大學出版社，1999年12月第1版），卷8〈繫辭下〉，頁318。

8　李學勤主編：《周易正義》，收入《十三經注疏》（北京市：北京大學出版社，1999年12月第1版），卷2〈訟〉，頁45。

9　李學勤主編：《周易正義》，收入《十三經注疏》（北京市：北京大學出版社，1999年12月第1版），卷2〈同人〉，頁72。

10　李學勤主編：《周易正義》，收入《十三經注疏》（北京市：北京大學出版社，1999年12月第1版），卷4〈解〉，頁168。

11　李學勤主編：《周易正義》，收入《十三經注疏》（北京市：北京大學出版社，1999年12月第1版），卷5〈漸〉，頁216。

12　李學勤主編：《周易正義》，收入《十三經注疏》（北京市：北京大學出版社，1999年12月第1版），卷6〈巽〉，頁233。

13　李學勤主編：《周易正義》，收入《十三經注疏》（北京市：北京大學出版社，1999年12月第1版），卷3〈巽〉，頁93。

《易・解卦》：九二貞吉，得中道也。[14]

《易・夬卦》：有戎勿恤，得中道也。[15]

《易・既濟卦》：七日得，以中道也。[16]

《易・離》：象曰：黃離元吉，得中道也。[17]

其言中行者凡九次，摘錄如下：

《易・師卦》：象曰：長子帥師，以中行也。[18]

《易・泰卦》：象曰：包荒，得尚于中行，以光大也。[19]

《易・復卦》：象曰：中行獨復，以從道也。[20]

《易・益卦》：有孚中行，告公用圭。[21]

《易・夬卦》：象曰：中行無咎，中未光也。[22]

其言中正者，凡十七次，摘錄如下：

---

14 李學勤主編：《周易正義》，收入《十三經注疏》（北京市：北京大學出版社，1999年12月第1版），卷4〈解〉，頁170。

15 李學勤主編：《周易正義》，收入《十三經注疏》（北京市：北京大學出版社，1999年12月第1版），卷5〈夬〉，頁182。

16 李學勤主編：《周易正義》，收入《十三經注疏》（北京市：北京大學出版社，1999年12月第1版），卷6〈既濟〉，頁251。

17 李學勤主編：《周易正義》，收入《十三經注疏》（北京市：北京大學出版社，1999年12月第1版），卷3〈離〉，頁136。

18 李學勤主編：《周易正義》，收入《十三經注疏》（北京市：北京大學出版社，1999年12月第1版），卷2〈師〉，頁53。

19 李學勤主編：《周易正義》，收入《十三經注疏》（北京市：北京大學出版社，1999年12月第1版），卷2〈泰〉，頁67。

20 李學勤主編：《周易正義》，收入《十三經注疏》（北京市：北京大學出版社，1999年12月第1版），卷3〈復〉，頁113。

21 李學勤主編：《周易正義》，收入《十三經注疏》（北京市：北京大學出版社，1999年12月第1版），卷4〈益〉，頁178。

22 李學勤主編：《周易正義》，收入《十三經注疏》（北京市：北京大學出版社，1999年12月第1版），卷4〈夬〉，頁183。

《易‧需卦》：酒食貞吉，以中正也。[23]

《易‧觀卦》：中正以觀天下。[24]

《易‧晉卦》：受之介福，以中正也。[25]

《易‧益卦》：利有攸往，中正有慶。[26]

《易‧姤卦》：剛遇中正，天下大行也。[27]

上述的「得中」、「中道」、「中行」及「中正」，皆屬中和範疇，故能放諸四海而皆準，為治天下之大本，亦為治事的基準。

　　無論太過或不及，都是失中或違中，其後果是負面的，《易經》屢有明確指出，例如〈乾〉卦：「上九，亢龍有悔。」[28]此言其位離中，升至高位極限，結果物極必反，由盛轉衰，有所後悔，所悔者為「知進而不知退，知存而不知亡，知得而不知喪」[29]。所以，凡事要有所警覺，適時節制。《易經》第六十卦「節卦」專論「節」的問題，唐代孔穎達（574-648）闡釋說：「節者，制度之名，節止之義。」[30]宋代朱熹（1130-1200）《周易本義》補充說：「節，有限而止也。」簡單地說，適時限制，勿使其太過或不及。

23　李學勤主編：《周易正義》，收入《十三經注疏》（北京市：北京大學出版社，1999年12月第1版），卷2〈需〉，頁44。

24　李學勤主編：《周易正義》，收入《十三經注疏》（北京市：北京大學出版社，1999年12月第1版），卷3〈觀〉，頁97

25　李學勤主編：《周易正義》，收入《十三經注疏》（北京市：北京大學出版社，1999年12月第1版），卷4〈晉〉，頁153。

26　李學勤主編：《周易正義》，收入《十三經注疏》（北京市：北京大學出版社，1999年12月第1版），卷4〈需〉，頁176。

27　李學勤主編：《周易正義》，收入《十三經注疏》（北京市：北京大學出版社，1999年12月第1版），卷4〈姤〉，頁184。

28　李學勤主編：《周易正義》，收入《十三經注疏》（北京市：北京大學出版社，1999年12月第1版），卷1〈乾〉，頁7。

29　李學勤主編：《周易正義》，收入《十三經注疏》（北京市：北京大學出版社，1999年12月第1版），卷1〈乾〉，頁23-24。

30　李學勤主編：《周易正義》，收入《十三經注疏》（北京市：北京大學出版社，1999年12月第1版），卷6〈節〉，頁239。

《易・節》卦說:「彖曰:節,亨,剛柔分而剛得中。」[31]《易・節》卦又言「當位以節,中正以通。天地節而四時成;節以制度,不傷財不害民」[32]。此言天地人皆有節制,諸事中正亨通。適時節制雖屬美德,但節制過度,則成「苦節」,《易・節》卦指出其害說:「苦節不可貞,其道窮也。」[33]此言苦節道窮,不可得利,並作出警告說:「苦節,貞凶,悔亡。」[34]《易・節》卦又強調「甘節之吉,居位中也」[35],節而無過則不傷,謂之甘節,其位居中。對於不知節制之害,《易・未濟》卦舉例說:「飲酒濡首,亦不知節也。」[36]此言飲酒太過而失態,不知自我節制。

　　易道所重視的「時中」,是指適時中和。易道主變,變中有常,其常是中和,亦即「時中」也。「易」者,變也,易爻以變為其特色,《易傳・繫辭下》說:「八卦成列,象在其中矣。因而重之,爻在其中矣。繫辭而命之,動在其中矣。」[37]「動在其中」,即「變在其中」,「變」而不失中和者為貴。《易傳・繫辭下》又說:「《易》之為書也,不可遠,為道也屢遷,變動不居,周流六虛,上下無常,剛柔相易,不可為典要,唯變所適。」[38]「唯變所適」是指順時適變,以「時中」為務。《易・蒙》卦指出:「蒙亨,以亨

31　李學勤主編:《周易正義》,收入《十三經注疏》(北京市:北京大學出版社,1999年12月第1版),卷6〈節〉,頁239。

32　李學勤主編:《周易正義》,收入《十三經注疏》(北京市:北京大學出版社,1999年12月第1版),卷6〈節〉,頁240。

33　李學勤主編:《周易正義》,收入《十三經注疏》(北京市:北京大學出版社,1999年12月第1版),卷6〈節〉,頁240。

34　李學勤主編:《周易正義》,收入《十三經注疏》(北京市:北京大學出版社,1999年12月第1版),卷6〈節〉,頁241。

35　李學勤主編:《周易正義》,收入《十三經注疏》(北京市:北京大學出版社,1999年12月第1版),卷6〈節〉,頁241。

36　李學勤主編:《周易正義》,收入《十三經注疏》(北京市:北京大學出版社,1999年12月第1版),卷6〈未濟〉,頁255。

37　李學勤主編:《周易正義》,收入《十三經注疏》(北京市:北京大學出版社,1999年12月第1版),卷8〈繫辭下〉,頁294。

38　李學勤主編:《周易正義》,收入《十三經注疏》(北京市:北京大學出版社,1999年12月第1版),卷8〈繫辭下〉,頁315。

行，時中也。」[39]《易》以卦為時，爻為變，重視時機，故常言「及時」、「隨時」、「時行」、「時發」、「時用」、「與時」、「趣時」，摘錄如下：

《乾卦·易文言》：欲及時也，故無咎。[40]

《易象·隨卦》：大亨貞無咎，而天下隨時。[41]

《易象·大有卦》：應乎天而時行，是以元亨。[42]

《易象·坤卦》：含章可貞，以時發也。[43]

《易象·睽卦》：睽之時用大矣哉！[44]

《易象·損卦》：損益盈虛，與時偕行。[45]

上述所說的「時」，是指「時中」而言。此外，「時中」有一重要元素，就是「變通」，《易傳·繫辭下》說：「變通者，趣時者也。」[46]「變通」之利，見於《易》者，例如：

《易傳·繫辭上》：通變之謂事。[47]

---

39 李學勤主編：《周易正義》，收入《十三經注疏》（北京市：北京大學出版社，1999年12月第1版），卷1〈蒙卦〉，頁38。

40 李學勤主編：《周易正義》，收入《十三經注疏》（北京市：北京大學出版社，1999年12月第1版），卷1〈乾卦〉，頁17。

41 李學勤主編：《周易正義》，收入《十三經注疏》（北京市：北京大學出版社，1999年12月第1版），卷3〈隨卦〉，頁88。

42 李學勤主編：《周易正義》，收入《十三經注疏》（北京市：北京大學出版社，1999年12月第1版），卷3〈大有卦〉，頁76。

43 李學勤主編：《周易正義》，收入《十三經注疏》（北京市：北京大學出版社，1999年12月第1版），卷4〈睽卦〉，頁50。

44 李學勤主編：《周易正義》，收入《十三經注疏》（北京市：北京大學出版社，1999年12月第1版），卷1〈坤卦〉，頁161。

45 李學勤主編：《周易正義》，收入《十三經注疏》（北京市：北京大學出版社，1999年12月第1版），卷4〈損卦〉，頁72。

46 李學勤主編：《周易正義》，收入《十三經注疏》（北京市：北京大學出版社，1999年12月第1版），卷8〈繫辭下〉，頁295。

47 李學勤主編：《周易正義》，收入《十三經注疏》（北京市：北京大學出版社，1999年12月第1版），卷7〈繫辭上〉，頁271。

《易傳‧繫辭上》：通其變，遂成天地之文。[48]

《易傳‧繫辭上》一闔一辟謂之變，往來不窮謂之通。[49]

《易傳‧繫辭上》：變通莫大乎四時。[50]

《易傳‧繫辭上》：變而通之以盡利……化而裁之，存乎變；推而行之，存乎通。[51]

《易傳‧繫辭下》：通其變，使民不倦……易窮則變，變則通，通則久。[52]

《易》道的變與通，無論待時而變，或待時而通，都有一個共同目標，就是以「時中」為依歸，正如《易傳‧繫辭下》所言「待時而動，何不利之有？」[53]

四　《易經》與和道

在《易經》裡，「中」與「和」二字雖無連配一起出現，但「中和」義理卻常在一起，例如《易‧乾卦》曰：「元亨，利貞。」[54]元亨利貞乃乾之四德，孔穎達予以疏釋說：「子夏傳云：『元，始也。亨，通也。利，和也。貞，正也。』」言此卦之德，有純陽之性，自然能以陽氣始生萬物，而得元

---

48 李學勤主編：《周易正義》，收入《十三經注疏》（北京市：北京大學出版社，1999年12月第1版），卷7〈繫辭上〉，頁284。

49 李學勤主編：《周易正義》，收入《十三經注疏》（北京市：北京大學出版社，1999年12月第1版），卷7〈繫辭上〉，頁288。

50 李學勤主編：《周易正義》，收入《十三經注疏》（北京市：北京大學出版社，1999年12月第1版），卷7〈繫辭上〉，頁289。

51 李學勤主編：《周易正義》，收入《十三經注疏》（北京市：北京大學出版社，1999年12月第1版），卷7〈繫辭上〉，頁292-293。

52 李學勤主編：《周易正義》，收入《十三經注疏》（北京市：北京大學出版社，1999年12月第1版），卷8〈繫辭下〉，頁299-230。

53 李學勤主編：《周易正義》，收入《十三經注疏》（北京市：北京大學出版社，1999年12月第1版），卷8〈繫辭下〉，頁306。

54 李學勤主編：《周易正義》，收入《十三經注疏》（北京市：北京大學出版社，1999年12月第1版），卷1〈乾卦〉，頁1。

始、亨通，能使物性和諧，各有其利，又能使物堅固貞正得終。」[55]《易．乾卦》又說：「保合太和，乃利貞。」[56]太和，即大和，指天地氤氳融和之氣，即太沖之氣，句意謂常存太沖之氣，使其常運不息，有利於萬物的正常運作，亦即中和發展。

《易經》除啟蒙「中」的哲理外，也開悟「和」的哲學。「和」，主吉主利，各得其所或各得其宜，共同向至優發展，所謂「和實生物」是也。例如《易傳．說卦》：「水火相逮，雷風不相悖，山澤通氣。」[57]「相逮」、「不相悖」、「通氣」，皆具「和」之義。《易．泰卦》的「天地交泰」[58]，此言地氣上升，天氣下降，天地二氣交通，其氣「和」，乃大自然常道。

在易卦中，「和」字的出現次數，凡十二次，遠不及「中字」之多，摘錄如下：

　　《易．乾文言》：利者，義之和也。[59]
　　《易．咸卦》：天地感而萬物化生，聖人感人心而天下和平。[60]
　　《易．夬卦》：健而說，決而和。[61]
　　《易傳．繫辭下》：履，以和行。[62]

55　李學勤主編：《周易正義》，收入《十三經注疏》（北京市：北京大學出版社，1999年12月第1版），卷1〈乾卦〉，頁1。

56　李學勤主編：《周易正義》，收入《十三經注疏》（北京市：北京大學出版社，1999年12月第1版），卷1〈乾卦〉，頁9。

57　李學勤主編：《周易正義》，收入《十三經注疏》（北京市：北京大學出版社，1999年12月第1版），卷9〈說卦〉，頁329。

58　李學勤主編：《周易正義》，收入《十三經注疏》（北京市：北京大學出版社，1999年12月第1版），卷2〈泰卦〉，頁66。

59　李學勤主編：《周易正義》，收入《十三經注疏》（北京市：北京大學出版社，1999年12月第1版），卷1〈乾卦〉，頁12。

60　李學勤主編：《周易正義》，收入《十三經注疏》（北京市：北京大學出版社，1999年12月第1版），卷4〈咸卦〉，頁39-40。

61　李學勤主編：《周易正義》，收入《十三經注疏》（北京市：北京大學出版社，1999年12月第1版），卷5〈夬卦〉，頁180。

62　李學勤主編：《周易正義》，收入《十三經注疏》（北京市：北京大學出版社，1999年12月第1版），卷8〈繫辭下〉，頁324。

《易傳‧說卦》：和順于道德。[63]

上述引句關於「和」字的意義，依次是「義和」、「和平」、「和悅」、「和行」、「和順」。要特別指出的，「和」字在易卦中，也可解作適度，如《易‧兌卦》：「初九，和兌，吉。」[64]「和」者，即「適度」，具中度之意，「兌」者，悅也，其意是當悅則悅，悅要適度，不可過，過則失中。

孔穎達疏解《周易》，其中關於中和義理之處頗多，摘述如下：

《易‧坤卦》：《象》曰：黃裳元吉，文在中也。[65]

《周易正義》孔疏指出：「以其文德在中故也。既有中和，又奉臣職，通達文理，故云文在其中，言不用威武也。」[66]此言君臣之和。

《易‧大有卦》：《象》曰：大車以載，積中不敗也。

《周易正義》孔疏指出：「物既積聚，身有中和，堪受所積之聚在身上，上不至於敗也。」[67]此言包容之和。

《易‧謙卦》：《象》曰：鳴謙貞吉，中心得也。

《周易正義》孔疏指出：「中心得者，鳴聲中吉，以中和為心，而得其所，鳴謙得中吉也。」[68]此言謙遜之和。

---

63 李學勤主編：《周易正義》，收入《十三經注疏》（北京市：北京大學出版社，1999年12月第1版），卷9〈說卦〉，頁325。

64 李學勤主編：《周易正義》，收入《十三經注疏》（北京市：北京大學出版社，1999年12月第1版），卷6〈兌卦〉，頁235。

65 李學勤主編：《周易正義》，收入《十三經注疏》（北京市：北京大學出版社，1999年12月第1版），卷1〈坤卦〉，頁30。

66 李學勤主編：《周易正義》，收入《十三經注疏》（北京市：北京大學出版社，1999年12月第1版），卷1〈坤卦〉，頁30。

67 李學勤主編：《周易正義》，收入《十三經注疏》（北京市：北京大學出版社，1999年12月第1版），卷2〈大有卦〉，頁78。

68 李學勤主編：《周易正義》，收入《十三經注疏》（北京市：北京大學出版社，1999年12月第1版），卷2〈謙卦〉，頁82。

　　《易‧蠱卦》:《象》曰:乾父用譽,承以德也。

《周易正義》孔疏指出:「奉承父事,唯以中和之德,不以威力,故云承以德也。」[69]此乃孝和之德。

　　《易‧臨卦》:《象》曰:大君之宜,行中之謂也。

《周易正義》孔疏指出:「大君之宜,所以得宜者,正由六五處中,行此中和之行,致得大君之宜,故言行中之謂也。」[70]此言處事持中,不偏不倚,中和之道也。

五　易道與陰陽和合

　　《易傳‧繫辭上》說:「一陰一陽之謂道。」此「道」是指易道,亦即天道,正如莊子〈天下篇〉所說:「易以道陰陽。」[71]《易傳‧繫辭下》說:「天地之大德曰生。」[72]天地具化育萬物之功,《易‧乾‧彖》指出:「大哉乾元,萬物資始,乃統天。雲行雨施,品物流形。……。保合大和,乃利貞。」[73]天道之所以成功地育化萬物,其首要條件是天和。天和才能四時有序,霖雨四方,德澤萬物,太冲之氣和合,各得正常發展。地道也擔當育化萬物之職,《易‧坤‧彖》指出:「至哉坤元,萬物資生,乃順承天。坤

69　李學勤主編:《周易正義》,收入《十三經注疏》(北京市:北京大學出版社,1999年12月第1版),卷3〈蠱卦〉,頁94。

70　李學勤主編:《周易正義》,收入《十三經注疏》(北京市:北京大學出版社,1999年12月第1版),卷3〈臨卦〉,頁96。

71　〔清〕郭慶藩:〈天下〉,《莊子集釋》,收入《諸子集成》(北京市:中華書局,1954年7月第1版),〈雜篇〉第33,頁1065。

72　李學勤主編:《周易正義》,收入《十三經注疏》(北京市:北京大學出版社,1999年12月第1版),卷8〈繫辭下〉,頁297。

73　李學勤主編:《周易正義》,收入《十三經注疏》(北京市:北京大學出版社,1999年12月第1版),卷1〈乾卦〉,頁7-9。

厚載物，德合無疆。」[74]此言地道配合天道化育萬物，故言「資生」及「順承天」。坤土育物，廣博無疆，其德順天。乾道「資始」，坤道「資生」，乾道與坤道相互並依，在天道與地道運動過程中，維持「中和」狀態，才可發揮作用。

《易傳・繫辭下》扼述易道的乾坤要義說：「乾，陽物也；坤，陰物也。陰陽合德，而剛柔有體，以體天地之撰，以通神明之德。」[75]「陰陽合德」的核心價值以尚中貴和為目標，故此朱子說：「陰陽會合，中和之氣也。」[76]萬物皆有陰陽，以天地為例，天為陽，地為陰，各有其氣，二氣和合，可稱「陰陽合德」。孔穎達《周易正義》疏釋說：「若陰陽不合，則剛柔之體無從而生；以陰陽相合，乃生萬物，或剛或柔，各有其體。」[77]「陰陽相合」，是指天地二氣的升降和合，故此《易・泰卦》說：「則是天地交，而萬物通也。……象曰：天地交泰。」[78]「交泰」是指天地陰陽二氣和祥，萬物通泰。《周易集解纂疏》卷三又引荀爽之言曰：「坤氣上升，以成天道，乾氣下降，以成地道。天地若時不交，則為閉塞，今既相交，乃通泰。」[79]《黃帝內經・六微旨大論》也指出：「天氣下降，氣流於地；地氣上升，氣騰於天。故高下相召，升降相因，而變作矣。」[80]陰陽二氣相召，因而萬物生生不息。《易傳・繫辭下》說：「天地絪縕，萬物化醇。」[81]此言天地陰陽

---

74 李學勤主編：《周易正義》，收入《十三經注疏》（北京市：北京大學出版社，1999年12月第1版），卷1〈坤卦〉，頁25。

75 李學勤主編：《周易正義》，收入《十三經注疏》（北京市：北京大學出版社，1999年12月第1版），卷8〈繫辭下〉，頁311。

76 朱熹《周易本義》（北京市：九州出版社，2004年），頁178。

77 李學勤主編：《周易正義》，收入《十三經注疏》（北京市：北京大學出版社，1999年12月第1版），卷8〈繫辭下〉，頁311。

78 李學勤主編：《周易正義》，收入《十三經注疏》（北京市：北京大學出版社，1999年12月第1版），卷2〈泰卦〉，頁66。

79 〔清〕李道平：《周易集解纂疏》（北京市：中華書局，1994年3月），卷3〈泰卦〉，頁165。

80 〔清〕張隱庵：《黃帝內經素問集注》（北京市：學苑出版社，2002年8月），頁591。

81 李學勤主編：《周易正義》，收入《十三經注疏》（北京市：北京大學出版社，1999年12月第1版），卷8〈繫辭下〉，頁311。

二氣感通交融，化育萬物，其質醇厚。《易・咸卦》也說：「天地感而萬物化生。」[82]若然天地陰陽二氣失調，《易・歸妹卦》指出其害說：「天地不交，而萬物不興。」[83]《易・否卦》也說：「天地不交，而萬物不通也。」[84]萬物「不興不通」，災禍就會旋踵而至，後果堪虞。

六　易道三才與中和

易道尚中貴和，此種概念貫穿易道的三才，三才者，天地人也。《易傳・繫辭下》說：「《易》之為書也，廣大悉備；有天道焉，有人道焉，有地道焉。兼三才而兩之，故六；六者，非它也，三才之道也。」[85]「才」，通「材」，道也。此言易理精深博大，包羅萬象，其歸類可分天道、人道、地道。一卦有六爻，由下而上，初爻及二爻為地，三爻及四爻為人，五爻及上爻為天。《易傳・說卦》又說：「是以立天之道，曰陰與陽；立地之道，曰柔與剛；立人之道，曰仁與義。」[86]所謂「柔與剛」、「仁與義」，亦陰陽之義也。陰陽的核心價值是中和，故此易道也然！

關於三才的主從地位問題，《易傳・繫辭上》指出：「天尊地卑。乾卦定矣；卑高以陳，貴賤位矣。」[87]此言天居貴位，地居賤位，人則居中位。天生萬物，人也在其列，《易傳・序卦》說：「有天地，然後有萬物；有萬物，

82　李學勤主編：《周易正義》，收入《十三經注疏》（北京市：北京大學出版社，1999年12月第1版），卷4〈咸卦〉，頁139。

83　李學勤主編：《周易正義》，收入《十三經注疏》（北京市：北京大學出版社，1999年12月第1版），卷5〈歸妹卦〉，頁220。

84　李學勤主編：《周易正義》，收入《十三經注疏》（北京市：北京大學出版社，1999年12月第1版），卷2〈否卦〉，頁70。

85　李學勤主編：《周易正義》，收入《十三經注疏》（北京市：北京大學出版社，1999年12月第1版），卷8〈繫辭下〉，頁318。

86　李學勤主編：《周易正義》，收入《十三經注疏》（北京市：北京大學出版社，1999年12月第1版），卷9〈說卦〉，頁326。

87　李學勤主編：《周易正義》，收入《十三經注疏》（北京市：北京大學出版社，1999年12月第1版），卷7〈繫辭上〉，頁257。

然後有男女。」[88]人雖為萬物之一，但人有別於萬物，人乃萬物之靈，《素問·寶命全形論》說得十分精彩：「天覆地載，萬物悉備，莫貴於人。人以天地之氣生，四時之法成……天地合氣，命之曰人。」[89]簡單言之，人是天地之精氣所生，其靈與性非一般凡物所有。天德、天理、天性等善德懿行，人也不期然地作出敬愛和效法，《易·乾·象》指出：「天行健，君子以自強不息。」[90]此言天道剛健運行不止，人道也相應仿效，努力奮發不息。《易·坤·象》又說：「地勢坤，君子以厚德載物。」[91]此言大地厚德，無物不載，無物不容，人也當予以效法，展現其胸襟氣量，包容萬物以見厚德。《易·乾卦》說：「夫大人者，與天地合其德，與日月合其明，與四時合其序，與鬼神合其吉凶。」[92]「大人」，可指有德者或位尊者，此言大人德配天地，聖明如日月，施行政教如四時更替，適時有序；辨識吉凶，其決斷效力如鬼神。在《易經》中，屢言天德的懿行，可作典範，人也遵從仿效，例如：

> 天垂象，見吉凶，聖人象之。[93]（《易傳·繫辭上》）
> 天地養萬物，聖人養賢以及萬民，頤之時大矣哉。[94]（《易·頤·象傳》）

人以天德為學習對象，《易傳·繫辭上》指出：「一陰一陽之謂道，繼之者，

---

88 李學勤主編：《周易正義》，收入《十三經注疏》（北京市：北京大學出版社，1999年12月第1版），卷10〈序卦傳〉，頁336。

89 〔清〕張隱庵：《黃帝內經素問集注》（北京市：學苑出版社，2002年8月），頁239-210。

90 李學勤主編：《周易正義》，收入《十三經注疏》（北京市：北京大學出版社，1999年12月第1版），卷1〈乾卦〉，頁10。

91 李學勤主編：《周易正義》，收入《十三經注疏》（北京市：北京大學出版社，1999年12月第1版），卷1〈坤卦〉，頁25。

92 李學勤主編：《周易正義》，收入《十三經注疏》（北京市：北京大學出版社，1999年12月第1版），卷1〈乾卦〉，頁23。

93 李學勤主編：《周易正義》，收入《十三經注疏》（北京市：北京大學出版社，1999年12月第1版），卷7〈繫辭上〉，頁290。

94 李學勤主編：《周易正義》，收入《十三經注疏》（北京市：北京大學出版社，1999年12月第1版），卷3〈頤卦〉，頁122。

善也，成之者，性也。」[95]於此可見，天人合德，共創萬物和諧，乃天道使然。

七　結語

　　長期以來，中和思想一直是中國文化及思想的焦點所在，成為政教的重要課題，廣泛應用於政治、處世、修身、醫學等方面。在先秦諸子學說中，儒道二家都奉《易》為己家學說的寶典，尤其是代表儒家的孔子，他撰著《易傳》，又稱《十翼》，《史記·孔子世家》述其事說：「孔子晚年好易，序〈彖〉、〈序〉、〈繫〉、〈象〉、〈說卦〉、〈文言〉。」[96]孔子也嘗言：「假我數年，五十以學易，可以無大過矣。」[97]孔子崇《易》不已，《易傳·繫辭·第六章》說：「夫易，彰往而察來，而微顯闡幽，開而當名，辨物正言，斷辭則備矣。其稱名也小，其取類也大，其旨遠，其辭文，其言曲而中，其事肆而隱，因貳以濟民行，以明失得之報。」[98]孔子學易旨意為「彰往而察來」、「濟民行」、「明失得」。由於孔子崇易，影響所及，其門人都視《易》為研讀對象，並對易道尚中貴和的哲理頗多體會。孟子更斷言：「天時不如地利，地利不如人和」，其言以《易》的三才，作為論述對象。到了戰國初年，孔子之孫子思，更整合前賢論評「中」與「和」的心得，創造了中庸學說，並撰《中庸》一書，奠下儒家中和思想的地位。《中庸》首章即推崇中和思想說：「中也者，天下之大本也，和也者，天下之達道也。」[99]是書為儒家中和學說的代表作，對後世影響深遠。

95　李學勤主編：《周易正義》，收入《十三經注疏》（北京市：北京大學出版社，1999年12月第1版），卷7〈繫辭上〉，頁268-269。

96　〔漢〕司馬遷：《史記》（北京市：燕山出版社，2007年6月），頁451。

97　〔宋〕朱熹：《論語章句集注》，收入《四書章句集注》（北京市：中華書局，1983年10月），卷4〈述而〉，頁97。

98　李學勤主編：《周易正義》，收入《十三經注疏》（北京市：北京大學出版社，1999年12月第1版），卷8〈繫辭下〉，頁311-312。

99　〔宋〕朱熹：《中庸集注》，收入《四書章句集注》（北京市：中華書局，1983年10月），頁18。

　　代表先秦道家學說的老子，學《易》也別具心得，其《道德經》說：「道生一，一生二，二生三，三生萬物，萬物負陰而抱陽，沖氣以為和。」[100]《道德經》又說：「多言數窮，不如守中。」[101]與老子齊名的莊子，其中和思想也屢見於其學說，例如：《莊子‧說劍》：「中和民意，以安四鄉。」[102]《莊子‧田子方》又說：「兩者交通成和而物生焉。」[103]於此可見，老莊學說，內含《易》道的中和哲理。

　　儒道二家，為中國學術思想的主流學派，影響後世深遠，《易經》的中和思想滲透儒道哲理中，所以《易》乃大道之源，可證中和思想之偉大。

---

100 朱謙之：《老子校釋》（北京市：中華書局，1984年11月第1版），第42章，頁174-175。

101 朱謙之：《老子校釋》（北京市：中華書局，1984年11月第1版），第5章，頁24。

102 〔清〕郭慶藩：〈說劍〉，《莊子集釋》，收入《諸子集成》（北京市：中華書局，1961年7月第1版），〈雜篇〉第30，頁1022。

103 〔清〕郭慶藩：〈田子方〉，《莊子集釋》，收入《諸子集成》（北京市：中華書局，1961年7月第1版），〈外篇〉第20，頁712。

《書經》與中和思想

一 前言

　　《書經》本稱《書》，或稱《尚書》，是我國現存最早的信史，為儒家六經之一。孔子為儒學之祖，有素王之稱，其政治理念強調「中和」。「中」的意義是不偏不倚，無太過或不及，權衡時中；「和」的意義是和睦共榮，上下無怨，行仁尚禮，並且和而不流。孔子十分推崇堯舜的中道治策及周代的尚和禮制，《中庸·第三十章》有載「仲尼祖述堯舜，憲章文武」之語。孔子嘗言：「疏通知遠，《書》教也。」[1]其旨意是通曉古代帝王的言誥史事，可作警惕和學習。《書經》所編選的內容，以堯、舜、禹、湯、文、武、周公等君臣議政言論為主。孔子深悟成功的治國之道，關鍵在於施政是否「中和」。《書經》是一本政治教育奇書，孔子嘗以此書用作教材，影響深遠，後世也列之為科場考科之一。西漢經學家，孔子十二世孫孔安國，在《書經》序言稱頌此書說：「《尚書》足以垂世立教，……恢弘至道，示人主以軌範。」[2]此書除有教化牧民作用外，更有裨益於帝王安邦治國。

　　《書經》是中國史書之首，其體例可分：典、謨、訓、誥、誓、命六類。書中所記史料，包括「虞、夏、商、周」四朝，歷時一千六百餘年，傳世篇數共五十八。是書為皇家府冊，除記載典章制度外，也記錄四朝明君賢

1　李學勤主編：《禮記正義》，收入《十三經注疏》（北京市：北京大學出版社，1999年12月第1版），冊下卷50，〈經解〉第26，頁1368。

2　李學勤主編：《尚書正義》，收入《十三經注疏》（北京市：北京大學出版社，1999年12月第1版）〈尚書正義序〉，頁3。

臣的政治理念及言行。他們安邦治國的共通點，都以「中和思想」為基本
原則。

　　周代以前，「中」與「和」雖分屬兩個概念，但「中」常寓「和」意，
「和」也常寓「中」意。《書經》一書，屢言「中」與「和」，卻無「中和」
一詞見載，但〈周書・冏命〉篇則載有「克和厥中」之語，其義即「致行中
和」。

　　本文撰寫目的，旨在揭示遠在堯舜至西周時代，中和思想已成為治道之
本，值得後人學習及反思！

二　唐虞夏時代的中和政治

　　堯帝為古五帝之一，首開帝位禪讓先河，古今稱頌，其人一生功業輝
煌，〈虞書・堯典〉有載：「欽、明、文、思、安安、允恭克讓，光被四表，
格于上下。克明俊德，以親九族。九族既睦，平章百姓，百姓昭明，協和萬
邦，黎民于變時擁」[3]。此言堯帝敬事節用，明辨是非，具治天下之才，思
慮聰敏，寬容溫和，信守誠諾、恭敬謙讓，其政績之光輝，照耀四方，並且
上達於天下達於地，其才德使家族和樂。他除使家族和睦外，又能辨明百官
職能，協和各邦族，使百姓和平相處。堯帝以「中和」治天下，萬民景仰，
萬邦咸服，更以帝位「禪讓」於賢者，不以天下為己有，其偉大之德性，受
到孔子褒揚，《論語・泰伯》說：「大哉，堯之為君也！巍巍乎！唯天唯大，
唯堯則之。蕩蕩乎！民無能名焉。巍巍乎！其有成功也；煥乎，其有文
章！」[4]所謂「文章」，喻意堯帝的典章制度，以中和為藍本。漢代司馬遷
《史記・五帝本紀》也稱頌堯帝「其仁如天，其知如神，就之如日，望之如
雲，富而不驕，貴而不舒，黃收純衣，彤車乘白馬，能明訓德，以親九族，

3　李學勤主編：《尚書正義》，收入《十三經注疏》（北京市：北京大學出版社，1999年12月第1
　　版），頁25-27。

4　〔宋〕朱熹：《論語・泰伯第八》，收入《四書集注》（北京市：中華書局，1983年10月第1版），
　　卷第4，頁107。

九族既睦，平章百姓，百姓昭明，合和萬國」[5]。在這段文字中，可見堯帝其人無論在個人品德、治民、治事、治國、治天下都洋溢著中和思想，一切言行舉止都以「中和」為依歸。

舜受堯禪讓帝位，並獲堯傳授「允執厥中」[6]四字為治國心法，其命意在「公允中正」，此為儒家中庸學說的濫觴。「公允執中」的意義，《尚書・洪範》具體指出：「無偏無陂，……無偏無黨……無黨無偏，王道平平，無反無側，王道正直。」[7]能夠「執中」，其效應是「和」。舜帝承傳先哲中道管治遺訓，〈虞書・大禹謨〉說：「臨下以簡，御眾以寬，罰不及嗣，賞延於世，刑故無小，罪疑惟輕，功疑為重，與其殺不辜，寧失不經；好生之德，洽於民心，茲用不犯於有司。」[8]此言舜帝施政寬和，「罰不及嗣」，其義是一人有罪，罪不及子孫，以合公理，至於「刑故無小」，是針對故意犯罪者，從嚴處理，可見其治律「寬中有嚴」。在刑律上，舜帝推行「五刑，以弼五教，期于予治，刑期于無刑，民協于中」[9]。所謂「五刑」，乃古代五種酷刑，分別是墨（面額刺青並染墨）、劓（割鼻）、刖（音月，斬腳或單或雙）、宮（割去生殖器）、大辟（死刑）。所謂五教，是父義、母慈、兄友、弟恭、子孝。舜帝以刑輔教，使民無刑，乃和道之治，有罪當刑，行中道之治。

在德育培訓方面，舜帝作出指示說：「教胄子，直而溫，寬而栗，剛而無虐，簡而無傲。」[10]其意是教育子弟，態度要正直而溫和，寬厚而莊嚴，剛正而不苛刻，簡易而不傲慢，總之不過直，不過寬，不過剛，不過簡，以

5　〔漢〕司馬遷：《史記》（北京市：北京燕山出版社，2007年6月），卷1，頁2。

6　〔宋〕朱熹：〈中庸章句序〉，《四書集注》（北京市：中華書局，1983年10月第1版），頁14。

7　李學勤主編：《尚書正義》，收入《十三經注疏》（北京市：北京大學出版社，1999年12月第1版），卷第11，頁311。

8　李學勤主編：《尚書正義》，收入《十三經注疏》（北京市：北京大學出版社，1999年12月第1版），卷第4，頁91。

9　李學勤主編：《尚書正義》，收入《十三經注疏》（北京市：北京大學出版社，1999年12月第1版），卷第4，頁91。

10　李學勤主編：《尚書正義》，收入《十三經注疏》（北京市：北京大學出版社，1999年12月第1版），卷第3，頁79。

中道行之。至於舜帝推行詩樂教化的成效,《尚書‧舜典》指出:「詩言志,歌永言,聲依永,律和聲。八音克諧,無相奪倫,神人以和。」[11]此言詩與樂皆以「和諧」為貴。舜帝知人善任,野無遺賢,「任賢勿貳」(〈虞書‧大禹謨〉),施政中和,「庶尹允諧」(〈虞書‧益稷〉),國民和樂,萬邦和睦,在位三十九年,盡顯一代明君風範。最難能可貴的,舜帝上承堯帝禪讓作風,履行「允執厥中」的祖訓,還把實踐「允執厥中」的經驗,予以總結並傳授給大禹,其要訣是「人心惟危,道心惟微,惟精惟一,允執厥中」[12]。此為儒門有名的「十六字心法」,其意思可理解為人心險惡,道心微妙,專心一意,公允中正。對於舜帝的政治執中評價,孔子說:「舜其大知也與!舜好問而察邇言,隱惡而揚善,執其兩端,用其中於民。」[13]舜帝的聰明睿智,執中理念,影響儒門中庸學說深遠。

　　舜帝在位三十九年,禪讓帝位給治水有功的大禹。〈虞書‧大禹謨〉載舜帝稱讚大禹說:

> 降水儆予,成允成功,惟汝賢,克勤於邦,克儉於家,不自滿假,惟汝賢,汝惟不矜,天下莫與汝爭能。汝惟不伐,天下莫與汝爭功。予懋乃德,嘉乃丕績,天之曆數在汝躬,汝終陟元后。[14]

上述引文,指出舜帝禪位於大禹的原因。舜帝讚揚大禹治水有功,勤於國事,持家節儉,不自滿,不自大,不爭能,不爭功,其豐功偉績,宜奉天命登天子 之位。

　　夏禹治國,秉承堯舜遺訓,恪守中和,認為「民可近,不可下,民惟邦

---

11 李學勤主編:《尚書正義》,收入《十三經注疏》(北京市:北京大學出版社,1999年12月第1版),卷第3,頁79。

12 李學勤主編:《尚書正義》,收入《十三經注疏》(北京市:北京大學出版社,1999年12月第1版),卷第4〈虞書‧大禹謨〉第3,頁93。

13 〔宋〕朱熹:《中庸章句》,收入《四書集注》(北京市:中華書局,1983年10月第1版),第5章,頁20。

14 李學勤主編:《尚書正義》,收入《十三經注疏》(北京市:北京大學出版社,1999年12月第1版)卷第4〈虞書‧大禹謨〉第3,頁93。

本，本固邦寧」[15]。〈虞書・大禹謨〉也有載夏禹治國之道：「德惟善政，政在養民。水、火、金、木、土、穀，惟修；正德、利用、厚生、惟和。」[16]此言夏禹善政養民。「水、火、金、木、土、穀」謂之六府，「正德、利用、厚生」謂之三事，孔穎達予以疏釋說：「政之所為，在於養民。養民者，使水、火、金、木、土、穀此六事惟當修治之。正身之德，利民之用，厚民之生，此三事惟當諧和之。修和六府三事，九者皆就有功。」[17]能夠「修和六府三事」，亦即為政之「九功」。

在選拔人才方面，大禹以「九德」作為選賢條件。所謂九德，即「寬而栗，柔而立，願而恭，亂而敬，擾而毅，直而溫，簡而廉，剛而塞，強而義」[18]。上述九種美德，「寬而栗」，即「待人寬厚而莊嚴」；「柔而立」，即「隨和而有主見」；「願而恭」，即「重原則而謙遜」；「亂而敬」，即「具大才而認真嚴肅」；「擾而毅」，即「能變通而剛毅果斷」；「直而溫」，即「正直而帶溫和」；「簡而廉」，即「坦率而有分寸」；「剛而塞」，即「剛正而理據充實」；「強而義」，即「強勢處事而符合公義」。九德修養，其內涵是中和，為治政者個人的基本素質。

夏禹登位以來，君臣間「協恭和衷」[19]，臣民又和衷共濟，雖然邦國林立，總算萬邦協和，民心向一。

---

15 李學勤主編：《尚書正義》，收入《十三經注疏》（北京市：北京大學出版社，1999年12月第1版）卷第7〈夏書・五子之歌〉第3，頁177。

16 李學勤主編：《尚書正義》，收入《十三經注疏》（北京市：北京大學出版社，1999年12月第1版）卷第4〈虞書・大禹謨〉第3，頁89。

17 李學勤主編：《尚書正義》，收入《十三經注疏》（北京市：北京大學出版社，1999年12月第1版）卷第4〈虞書・大禹謨〉第3，頁89。

18 李學勤主編：《尚書正義》，收入《十三經注疏》（北京市：北京大學出版社，1999年12月第1版）卷第4〈皋陶謨〉第4，頁104。

19 李學勤主編：《尚書正義》，收入《十三經注疏》（北京市：北京大學出版社，1999年12月第1版）卷第四〈皋陶謨〉第4，頁108。

三 商周時代的中和政治

夏禹在位十五年崩，由子啟（生卒不詳）繼位，從此中國帝制由禪讓轉為世襲，夏氏王朝十四傳至桀，為商湯所滅，國祚約四百七十年。

商湯（？-B.C.1588）又名湯武，或成湯，河南商丘人。商雖屬小國，但自湯武登位以後，雄心萬丈，積極擴充國力，得伊尹（B.C.1649-B.C.1549？）及仲虺（生卒年待考）二位賢相輔政，國勢崛起，「十一征而無敵於天下」[20]。夏朝末年，帝主夏桀（生卒年待考）無道，商湯基於「恤眾」之愛，吊民伐罪，以仁伐不仁，其〈湯誓〉名言：「時日曷喪，予及汝皆亡。」[21]其為民請命的大愛精神，感動夏民支持，一舉亡夏。〈商書·仲虺之誥〉指出：「有夏昏德，民墜塗炭，天乃錫王勇智，表正萬邦，纘禹舊服，茲率厥典，奉若天命。」[22]此言夏桀敗德，百姓陷於泥塘火坑，上天賜商湯勇氣與智慧，繼承大禹治國之道，遵循大禹典章制度，奉行天命。《史記·夏本紀》載：「湯修德，諸侯皆歸商。」[23]商湯親民的中和政治，《淮南子》稱譽其人：「夙興夜寐，以致聰明。輕賦薄斂，以寬民氓。布德施惠，以振困窮。吊死問疾，以養孤孀。百姓親附，政令流行。」[24]《商書·仲虺之誥》也讚譽商湯：「不邇聲色，不殖貨利，德懋懋官，功懋懋賞，用人惟己，改過不吝，克寬克仁，彰信兆民。」[25]商湯施政，首先從自己做起，不貪圖聲色財帛，德功獎賞分明，用人不疑，有過則改，待人寬厚仁愛，向萬

---

20 陳大齊：《孟子待解錄》（臺北市：臺灣商務印書館，1980年8月初版），頁130。

21 李學勤主編：《尚書正義》，收入《十三經注疏》（北京市：北京大學出版社，1999年12月第1版）卷第8〈湯誓〉第1，頁191。

22 李學勤主編：《尚書正義》，收入《十三經注疏》（北京市：北京大學出版社，1999年12月第1版）卷第42〈湯誓〉第1，頁191。

23 〔漢〕司馬遷：《史記》（北京市：北京燕山出版社，2007年6月），卷2，頁9。

24 何寧：《淮南子集釋》（北京市：中華書局，1998年10月），冊下，卷19〈脩務訓〉，頁1315。

25 李學勤主編：《尚書正義》，收入《十三經注疏》（北京市：北京大學出版社，1999年12月第1版）卷第8〈仲虺之誥〉第2，頁196-197。

民彰顯誠信。商湯「建中於民，以義制事，以禮制心，垂裕後昆」[26]。此外，商湯重視民意，以民為監督，〈商書‧酒誥〉說：「人無於水監，當於民監。」[27]「監」即鑑，此言以水為鑑則見己形，以民為鑑則知成敗。商湯為自省政務，刻銘於盆，其句曰：「苟日新，日日新，又日新。」此三句銘言傳頌千古，見載於《禮記‧大學》。商湯之後，中和政治續有發展，例如：

　　《商書‧咸有一德》：「其難其慎，惟和惟一。」[28]

此言治民要予以重視及慎重，應當和諧，應當專一。

　　《商書‧說命下》說：「若作和羹，爾惟鹽梅。」[29]

「和羹」是指五味調和的羹湯。「和」的文化除了應用於治國治家外，連生活上的膳食烹調技巧，也需要味「和」，其深層喻意「和」乃生活必需品。

　　殷商末年，紂（？-B.C.1046）王無道，「暴殄天物，害虐烝民」，周武王伐紂，大敗紂王說牧野。紂王兵敗自焚而死，商亡，享國祚三百餘年，周朝代之而起。

　　周武王（B.C.1087？-B.C.1043？）為周朝開國明君，以其弟周公旦輔政，推行「中和」政治為長期國策，〈周書‧酒誥〉載：「爾克永觀省，作稽中德。」[30]「中德」，指中正之德行，此言周公訓令官員以身作則，長期反省，言行「中德」，以利執行政令。〈周書‧蔡仲之命〉說：「懋乃攸績，睦

26　李學勤主編：《尚書正義》，收入《十三經注疏》（北京市：北京大學出版社，1999年12月第1版）卷第8〈仲虺之誥〉第2，頁198。

27　李學勤主編：《尚書正義》，收入《十三經注疏》（北京市：北京大學出版社，1999年12月第1版），卷第14〈酒誥〉第12，頁380。

28　李學勤主編：《尚書正義》，收入《十三經注疏》（北京市：北京大學出版社，1999年12月第1版），卷第8〈咸有一德〉第8，頁217。

29　李學勤主編：《尚書正義》，收入《十三經注疏》（北京市：北京大學出版社，1999年12月第1版）卷第10〈說命下〉第14，頁253。

30　李學勤主編：《尚書正義》，收入《十三經注疏》（北京市：北京大學出版社，1999年12月第1版），卷第13〈周書‧酒誥〉第12，頁376。

乃四鄰，以蕃王室，以和兄弟。康濟小民，率自中，無作聰明亂舊章。」[31]
此言周成王訓誡其臣蔡仲要努力於政務，爭取成績，和睦四方邦國，以作王
室的屏藩，並且和睦兄弟，安民濟世，要循中道行事，不要自作聰明，破壞
已有的制度。

　　《書經》載周穆王（？-B.C. 921）嘗訓誡大司徒君牙執「中」治民，
〈周書・君牙〉說：「弘敷五典，式和民則。爾身克正，罔敢弗正；民心罔
中，惟爾之中。」[32]其意是弘傳五常教育，應用和民法則。執政者己身能
正，民眾不敢不正；民心沒有中正標準，只考慮執政者的中正標準。在律法
上，周律強調中罰、適中、中正。〈周書・立政〉：「茲式有慎，以列用中
罰。」[33]此言量刑謹慎，依例刑罰適中。〈周書・君陳〉有載：「殷民在辟，
予曰辟，爾惟勿辟；予曰宥，爾惟勿宥；惟厥中。」[34]此言告誡下級官員勿
盲從上級旨意判案，宜作謹慎研判，執行刑法要適中。〈周書・呂刑〉說：
「哀敬折獄，明啟刑書，胥占，咸庶中正，其刑其罰，其審克之。」[35]此言
判案官員應以憐恤及敬慎態度判案，查證律例，認真反覆斟酌，符合中正，
其刑與罰都審慎考量，力求公正無偏。

　　「中」與「和」同時出現於《書經》上下文句中，都頗常見，但也有同
時見於一文句中，例如〈周書・畢命〉：「王曰：嗚呼！父師。邦之安危，惟
茲殷士。不剛不柔，厥德允修。惟周公克慎厥始，惟君陳克和厥中，惟公克
成厥終。」[36]上述引文中的「不剛不柔」，已含「中和」之意，「克和厥

---

31 李學勤主編：《尚書正義》，收入《十三經注疏》（北京市：北京大學出版社，1999年12月第1版）
　　卷第17〈蔡仲之命〉第19，頁453

32 李學勤主編：《尚書正義》，收入《十三經注疏》（北京市：北京大學出版社，1999年12月第1版）
　　卷第19〈周書・君牙〉第27，頁528。

33 李學勤主編：《尚書正義》，收入《十三經注疏》（北京市：北京大學出版社，1999年12月第1
　　版），卷第17〈周書・立政〉第21，頁698。

34 李學勤主編：《尚書正義》，收入《十三經注疏》（北京市：北京大學出版社，1999年12月第1
　　版），卷第17〈周書・君陳〉第23，頁492。

35 李學勤主編：《尚書正義》，收入《十三經注疏》（北京市：北京大學出版社，1999年12月第1
　　版），卷第19〈周書・呂刑〉第29，頁551。

36 李學勤主編：《尚書正義》，收入《十三經注疏》（北京市：北京大學出版社，1999年12月第1
　　版），卷第19〈周書・畢命〉第26，頁525。

中」，即「致行中和」，可說是「中和」一詞首見於古籍的濫觴。

在周代，「和」的字義地位跟「中」字一樣崇高，舉凡治國、治事、治人、治身以致天人相配，都以「和」為運作原則及以「和」為最終效果。茲據《周書》所載關於「和」的文獻，引錄如下：

〈周書·梓材〉：「王惟德用，和懌先後迷民。」[37]

上述二句，意謂用和悅方法教導不服於周的迷民，迷民，指未覺醒的殷民。

〈周書·洛誥〉：「和恒四方民」[38]

和恒即和悅，指和悅四方之民。

〈周書·無逸〉載「用咸和萬民」[39]

上句意謂使萬民生活和諧。

〈周書·周官〉：「庶政惟和，萬國咸寧……推賢讓能，庶官乃和，不和政厖。」[40]

此數語意謂以「和」掌國政，萬國安寧，有能者居之，以示公平，眾官要和諧相處，不和則政亂。

〈周書·顧命〉：「燮和天下，用答揚文武之光訓。」[41]

37　李學勤主編：《尚書正義》，收入《十三經注疏》（北京市：北京大學出版社，1999年12月第1版），卷第12〈周書·梓材〉第13，頁388。

38　李學勤主編：《尚書正義》，收入《十三經注疏》（北京市：北京大學出版社，1999年12月第1版），卷14〈周書·洛誥〉第15，頁412。

39　李學勤主編：《尚書正義》，收入《十三經注疏》（北京市：北京大學出版社，1999年12月第1版），卷第15〈周書·無逸〉第17，頁433。

40　李學勤主編：《尚書正義》，收入《十三經注疏》（北京市：北京大學出版社，1999年12月第1版），卷第18〈周書·周官〉第22，頁482-488。

41　李學勤主編：《尚書正義》，收入《十三經注疏》（北京市：北京大學出版社，1999年12月第1版），卷第18〈周書·顧命〉第24，頁512。

上述句意謂協和天下，以宣揚周文王、周武王之光明政令。

四　結語

　　中和思想是中華民族的優良傳統文化精神，歷久不衰，至今仍是安身立命的明燈。中和思想遠在堯舜夏禹時代已為治道原則，治邊則「協和萬邦」，治臣則「協恭和衷」，治政則「厚生惟和」，治民則「建中於民」，治刑則「使用中罰」，治事則「允執厥中」，治樂則「八音克諧，無相奪倫，神人以和」，治飲食則「和羹」。

　　商亡周興，除續推廣「中德」外，更以「中和」為國策，所以《毛詩正義》說：「中和，周之訓也。」

　　遠在四千四百多年前，即堯舜時代起，中和思想已發展成熟，成為治國治事及治身的南針，也是中華文化的核心價值。中和思想在歷史的長河中，綿延不斷向前奔湧，歷代的執政者，善用之者，則國運昌隆，人民安居樂業，不善用之者，則國運蹇弱，民生困苦，回顧歷史潮流，浩浩蕩蕩，順之者昌，逆之者亡。放眼當前國際社會，國與國的利益衝突、人與人的紛爭，無日無之，並且永無休止地鬥爭下去，委實令人不安與惶恐！反思周代以前，邦國林立，《呂氏春秋・用民》指出：「當禹之時，天下萬國，至於湯而三千餘國。」此外，另有數之不盡的部族各有據地，族群利益衝突，時有發生，導致干戈動武，兵戎相見，戰火從未停止，人獸草木同遭蹂躪，凡此種種禍劫，最後由王者推行中和思想化解一切仇恨與糾紛，締造一個和諧健康的社會，讓百姓安居樂業。緬懷四千多年前的歷史前賢，能夠建立起一個中和社會，為什麼我們今天不能！我們缺少了什麼？

《詩經》與中和思想

一 前言

在周代，帝王為瞭解地方民情，設有采詩之官，派遣各地收集民間民意及收集反映民意的地方歌謠，以利改革民生利弊，讓百姓安居樂業，建構一個和諧的社會。《漢書・藝文志》說：「故古有采詩之官，王者所以觀風俗，知得失，自考正也。」[1]「考正」的意義是考察糾正，其糾正的態度，力求公平合理，以「中」與「和」為立足點。《毛詩・序》說：「故正得失，動天地，感鬼神，莫近于詩。先王以是經夫婦，成孝敬，厚人倫，美教化，移風俗。」[2]此言《詩經》的教化功用，具中德及和德之美。《禮記・經解》亦說：「溫柔敦厚，詩教也。」所謂「溫柔敦厚」，內含「溫和」、「柔和」、「敦和」、「厚和」四義，皆以「和」為核心思想。

《詩經》古稱《詩》、《詩三百》，漢代毛亨、毛萇曾作注釋，故又稱《毛詩》，是西周至春秋中葉的一部詩歌集，為我國首部詩歌總集，可說是「總集之祖」或「韻文之祖」，也是我國北方文學代表的巨著。《詩經》收詩三百零五首，其內容據不同樂調而分為風、雅、頌三類。風者，乃民間地方歌謠，有十五國風，詩有一百六十首。雅者，以朝廷樂歌及公卿大夫作品為主，有大雅、小雅之分。《禮記・樂記》稱「方大而靜，疏達而信者，宜歌

---

1 〔漢〕班固撰，〔唐〕顏師古注：《漢書》（北京市：中華書局，1964年11月），第6冊，卷30，頁1708。

2 李學勤主編：《毛詩正義》（上中下），收入《十三經注疏》（北京市：北京大學出版社，1999年12月第1版），冊上，卷第1之1，〈毛詩・大序〉，頁10。

〈大雅〉；恭儉而好禮者，宜歌〈小雅〉」[3]，雅詩共有一百零五首。頌者，乃宗廟祭典或頌讚神明功德之樂歌，詩有四十首。《詩經》的風、雅、頌連同賦、比、興，稱為六義。風雅頌指內容而言，賦比興乃詩的表現技巧。賦者，敷陳直言其事；比者，以彼物喻此物；興者，先言他物而有所發揮。今存《詩經》通行本有漢代鄭玄箋，唐代孔穎達疏。

　　本文旨在深入瞭解《詩經》的中和文化，就孔子刪詩問題，以及《詩經》的諷刺詩、求偶詩、婚嫁詩、祭祀詩、君臣宴飲詩、兄弟宴飲詩、農事詩等作品，探究與中和思想的關係，冀盼拋磚引玉，有請方家賜正！

二　孔子刪《詩》與中和思想

　　《毛詩正義》說：「中和，周之訓也。」[4]所謂「周之訓」，是指周室以「中和」為國策，此國策在君臣合作下，締造了著名的治世，史稱「成康之治」。《竹書紀年》說：「成康之世，天下安寧，刑措四十年不用。」[5]《史記・周本紀》也說：「成康之際，天下安寧，刑錯四十餘年不用。」[6]

　　可惜，西周末年，周室衰微，周幽王寵信褒姒，廢申后及廢太子宜臼，另立褒姒子伯服，宜臼奔申求助外祖申侯。申侯大怒，聯合繒國及犬戎攻幽王。幽王及伯服父子被殺於驪山，宜臼被立，稱平王，遷都雒（洛）邑，是為東周。周平王因有弒父之嫌，共主地位為諸侯所覬。斯時禮崩樂壞，政治失和，殺戮成風，《史記・太史公自序》慨然說：「春秋之中，弒君三十六，亡國五十二，諸侯奔走不得保其社稷者，不可勝數。……夫不通禮義之旨，至於君不君，臣不臣，父不父，子不子。夫君不君則犯，臣不臣則誅，父不

3　李學勤主編：《毛詩正義》（上中下），收入《十三經注疏》（北京市：北京大學出版社，1999年12月第1版），冊下，《禮記正義》卷第39，〈樂記〉，頁1147。

4　李學勤主編：《毛詩正義》（上中下），收入《十三經注疏》（北京市：北京大學出版社，1999年12月第1版），冊中，《毛詩正義》卷9之2，〈小雅・鹿鳴〉，頁567。

5　〔南朝〕蕭統：《昭明文選・賢良詔》註引《竹書紀年》。見方詩銘等《古本竹書紀年輯證》（上海市：上海古籍出版社，2005年），頁45。

6　〔漢〕司馬遷：《史記》（北京市：燕山出版社，2007年6月），卷4，周本紀第4，頁17。

父則無道,子不子則不孝。此四行者,天下之大過也。」[7]君臣父子不守禮義,遂成亂世。孔子為挽救世道人心,力圖復古,並以周制為復古目標,嘗言:「周監於二代,郁郁乎文哉!吾從周。」[8]周代以中和政治聞於世,故此孔子刪詩有一目的,是倡行周代的禮樂制度。《史記·孔子世家》說:「古者詩三千餘篇,及至孔子,去其重,取可施於禮義,……三百五篇,孔子皆弦歌之。」[9]孔子「取可施於禮義」的詩篇入集,以作教學之用。

　　孔子對《詩經》頗多論評,例如《論語·為政》說:「子曰:『詩三百,一言以蔽之,曰思無邪。』」[10]所謂「無邪」,即雅正純和。《論語·泰伯》又言:『「子曰:興於詩,立於禮,成於樂。」』[11]此言以詩修身,以禮立身處世,以音樂涵泳育和德。「詩」、「禮」、「樂」三者,都以「和」為核心價值。孔子又進一步評價《詩經》,《論語·陽貨》載:「詩可以興,可以觀,可以群,可以怨,邇之事父,遠之事君,多識於鳥獸草木之名。」「興」、「觀」、「群」、「怨」四者,各有深層意義,「興」指「感發意志」,陶冶性情,以內心平和為本;「觀」,指觀察風俗盛衰得失,可培育客觀而公正的目光;「群」,指培養「和」及「和而不流」的情操;「怨」,指「怨刺上政」,怨刺不可太過,要適中。「事父」,當孝,孝當和顏悅色,「事君」,當忠,忠的首務應和睦上下及中正處事。至於「多識於鳥獸草木之名」,可理解為認識大自然各樣生態皆並行不悖而發展,以「和」為並存原則。

7　〔漢〕司馬遷:《史記》(北京市:燕山出版社,2007年6月),〈太史公自序〉第70,頁832。

8　〔宋〕朱熹:《論語章句集注》,收入《四書章句集注》(北京市:中華書局,1983年10月),〈八佾〉,頁65。

9　〔漢〕司馬遷:《史記》(北京市:燕山出版社,2007年6月),卷47,〈孔子世家〉第17,頁461。

10　〔宋〕朱熹:《論語章句集注》,《四書章句集注》(北京市:中華書局,1983年10月),〈為政〉,頁53。

11　〔宋〕朱熹:《論語章句集注》,《四書章句集注》(北京市:中華書局,1983年10月),〈泰伯〉,頁104-105。

三 諷刺詩與中和思想

　　歌謠乃民之喉舌，可反映社會實況，《毛詩・周南・關雎》詩序說：「情發於聲，聲成文謂之音，治世之音安以樂，其政和；亂世之音怨以怒，其政乖；亡國之音哀以思，其民困。」[12]「政和」者，其音「安以樂」，代表治世之音，政乖，即政不和，其音「怨以怒」，代表亂世。

　　當政者敗壞民生，造成社會不公及不和，歌謠便會或隱或晦地予以控訴，例如〈小雅・北山〉載：「大夫不均，我從事獨賢。」[13]此諷刺周幽王處理役使分工不公平，「獨賢」，是指獨勞。《毛詩・序》指出：「〈北山〉，大夫刺幽王（周幽王）也。役使不均，己勞於從事而不得養其父母也。」[14]〈大雅・桑柔〉又載：「民之罔極，職涼善背。」「罔極」，即無中，職，主也，涼，信也，《毛詩正義》鄭箋曰：「民之行失其中者，主由為政者信用小人，工相欺違。」孔疏曰：「民之無中正者，主由在上，信用小人之工善於相欺背者。」[15]其意謂民之所以沒有得到公平待遇，皆因主政者信用小人，彼等善於相互欺騙，違背公義公理，有乖中道。

　　歌謠反映民意，在《詩經》中，頗多針砭時弊之作，時弊以治道失中為主，例如：

　　〈小雅・節南山〉
　　節彼南山，維石巖巖。赫赫師尹，民具爾瞻。憂如之惔，不敢戲談，
　　國既卒斬，何用不監！（第一章）

---

12 李學勤主編：《毛詩正義》（上中下），《十三經注疏》（北京市：北京大學出版社，1999年12月第1版），冊上，卷第1之1，〈毛詩・大序〉，頁8。

13 李學勤主編：《毛詩正義》（上中下），《十三經注疏》（北京市：北京大學出版社，1999年12月第1版），冊中，卷第13之1，〈小雅・北山〉，頁796。

14 李學勤主編：《毛詩正義》（上中下），《十三經注疏》（北京市：北京大學出版社，1999年12月第1版），冊中，卷第13之1，〈小雅・北山〉，頁796。

15 李學勤主編：《毛詩正義》（上中下），《十三經注疏》（北京市：北京大學出版社，1999年12月第1版），冊下，卷第18之2，〈大雅・桑柔〉，頁1191。

節彼南山，有實其猗。赫赫師尹，不平謂何！天方薦瘥，喪亂弘多。
民言無嘉，憯莫懲嗟。（第二章）

尹氏大師，維周之氐；秉國之鈞，四方是維。天子是毗，俾民不迷。
不弔昊天，不宜空我師。（第三章）

弗躬弗親，庶民弗信。弗問弗仕，勿罔君子。式夷式己，無小人殆。
瑣瑣姻亞，則無膴仕。（第四章）

昊天不傭，降此鞠訩。昊天不惠，降此大戾。君子如屆，俾民心闋。
君子如夷，惡怒是違。（第五章）

不弔昊天，亂靡有定，式月斯生，俾民不寧。憂心如酲，誰秉國成？
不自為政，卒勞百姓。（第六章）

駕彼四牡，四牡項領，我瞻四方，蹙蹙靡所騁。（第七章）

方茂爾惡，相爾矛矣。既夷既懌，如相酬矣。（第八章）

昊天不平，我王不寧。不懲其心，覆怨其正。（第九章）

家父作誦，以究王訩。式訛爾心，以畜萬邦。（第十章）

上詩成於西周末，為周大夫家父所作，《毛詩正義》指出：「家父刺幽王
也。」[16] 作者除諷周幽王外，還痛陳權臣尹太師弄權，害得百姓飽受人禍與
天災，弄至「民不寧」、「天不平」、「王不寧」。此詩有如討檄文章，足可使
為政者誡！

全詩為十章，首六章每章八句，後四章每章四句。

詩中開首以南山高峻起興，諷喻權臣尹太師權高，又以陵地不平諷喻尹
太師主政「不平」，是詩更言「昊天不平」，此乃諷天子處事不公平之語。
「不平」二字乃全詩眼目所在。所謂「不平」，即不中正，治道之大忌也。

是詩主要內容，是諷刺尹太師未能善用職能造福百姓，反而弄權，任用
親信，敗壞朝綱，民怨「不平」，又遇上飢饉與疫症等天災迭至，百姓苦喊
天不仁。民間有不平之事，天則降災警戒天子，故天子也不得安寧。作者又

16　李學勤主編：《毛詩正義》（上中下），《十三經注疏》（北京市：北京大學出版社，1999年12月第1
版），冊中，卷第12之1，〈小雅‧節南山〉，頁696。

諷尹太師不自懲邪心,反而怨怒民聲對其規正。詩末,作者呼籲君王究辦元兇,並洗心革面,親掌政事,振興國邦。

四 求偶詩見中和

　　《詩經》的婚姻愛情詩,其數量相當豐富,凡一百一十六首,當中包括男女思慕、求偶、戀情,婚嫁等作品,充分反映了人世間愛情的悲歡離合。《詩經》的男女求偶詩,其情感的施與收,守禮而行,合乎中道,其特色是溫柔敦厚,樂而不淫,哀而不傷。關於《詩經》的求偶詩,可誦者很多,典範之作如《國風‧周南‧關雎》與《國風‧召南‧摽有梅》,都是傳頌千古的名作,茲舉《詩經》中的〈關雎〉為例,從「中和思想」的角度欣賞此詩,詩如下:

> 《國風‧周南‧關雎》
> 關關雎鳩,在河之洲,窈窕淑女,君子好逑。
> 參差荇菜,左右流之。窈窕淑女,寤寐求之。
> 求之不得,寤寐思服,悠哉悠哉,輾轉反側。
> 參差荇菜,左右采之。窈窕淑女,琴瑟友之。
> 參差荇菜,左右芼之。窈窕淑女,鐘鼓樂之。

上詩是一首耳熟能詳的求偶情詩,以雎鳩鳥比興淑女,淑女受到君子追求。君子求偶歷程為:「君子好逑」,此為緣遇;「寤寐求之」,此為緣求;「輾轉反側」,此為緣思;「琴瑟友之」,此為緣悅;「鐘鼓樂之」,此為緣成。君子求偶委婉含蓄,孔子說:「〈關雎〉樂而不淫,哀而不傷。」魏何晏《論語集解》引孔安國注云:「樂不至淫,哀不至傷,言其和也。」[17]南宋朱熹《集注》進一步闡釋說:「淫者,樂之過而失其正者也。傷者哀之過而害和者

---

17 李學勤主編:《論語注疏》,收入《十三經注疏》(北京市:北京大學出版社,1999年12月第1版),卷第3〈八佾〉第3,頁42。

也。」¹⁸「失其正」,及「害和」,都是有違中和美德。

《毛詩・序》對此詩另有見解說:「〈關雎〉,后妃之德也,風之始也,所以風天下而正夫婦也。故用之鄉人焉,用之邦國焉。」¹⁹其義是指〈關雎〉的詩旨具「和」德,此德有如「后妃之德」,可教化家庭,端正夫婦人倫,及教化邦民。《毛詩・序》又說:「〈周南〉、〈召南〉,正始之道,王化之基。是以〈關雎〉樂得淑女以配君子,憂在進賢,不淫其色,哀窈窕,思賢才,而無傷善之心焉,是〈關雎〉之義也。」²⁰《毛詩・序》把求偶對象,視為「進賢」對象,此乃比興思維,合乎《詩經》六義精神。

是詩用詞洋溢「和道」文化,例如「關關」乃「和」聲也;「雎鳩」水鳥,貞潔情匹,篤於伉儷情,情鳥也,其情建於「和」;「淑女」與「君子」其德「和」;「琴瑟」與「鐘鼓」,其聲協「和」,才可共鳴。此外,此首情詩,雙聲疊韻,音調和諧,情致祥和,百誦不厭。

五　婚嫁詩見中和

婚嫁乃男女終身大事,適時而婚嫁乃禮行之一。周代男女適婚年齡,據《周禮注疏・媒氏》有載:「令男三十而娶,女二十而嫁。」²¹夫妻結合,需經過媒妁之言,以及三書六禮等程序,才可結成夫婦。《禮記・昏義》指出:「敬慎重正,而後親之,禮之大體,而所以成男女之別,而立夫婦之義也。男女有別,而後夫婦有義;夫婦有義,而後父子有親,父子有親,而後君臣有正。故曰,昏(通婚)禮者,禮之本也。」唐孔穎達疏其義說:「敬

---

18 〔宋〕朱熹:《論語章句集注》,收入《四書章句集注》(北京市:中華書局,1983年10月),〈八佾〉,頁66。

19 李學勤主編:《毛詩正義》(上中下),收入《十三經注疏》(北京市:北京大學出版社,1999年12月第1版),冊上,卷第1之1,〈毛詩・大序〉,頁5。

20 李學勤主編:《毛詩正義》(上中下),《十三經注疏》(北京市:北京大學出版社,1999年12月第1版),冊上,卷第1之1,〈毛詩・大序〉,頁21。

21 李學勤主編:《周禮注疏》(上下),《十三經注疏》(北京市:北京大學出版社,1999年12月第1版),冊上,卷第14〈媒氏〉,頁361。

慎重正者，言行昏禮之時，必須恭敬謹慎，尊重正禮，而後男女相親。若不敬慎重正，則夫婦久必離異，不相親也。……所以昏禮為禮本者，昏姻得所，則受氣純和，生子必孝，事君必忠。孝則父子親，忠則朝廷正。」[22] 夫妻乃五倫之一，夫妻生活和諧，對穩定社會秩序，起著示範作用。禮以「和」為核心，故此在婚禮中，重禮亦即重「和」，「和」為一切幸福基礎。

在《詩經》的婚嫁詩中，題材豐富，比興賦情，描寫新婚男女互相傾慕的詩篇，例如〈唐風‧綢繆〉有句云：「綢繆束薪，三星在天。今夕何夕？見此良人……三星在戶，今夕何夕，見此粲者。」描寫婚姻生活和諧的詩篇，例如〈鄭風‧女曰雞鳴〉有句云：「宜言飲酒，與子偕老。琴瑟在御，莫不靜好……知子之好之，雜佩以報之。」最能展現以「和」為主體思想的詩篇，〈周南‧桃夭〉詩可稱代表，作品如下：

> 《周南‧桃夭》
> 桃之夭夭，灼灼其華，之子于歸，宜其室家。（第一章）
> 桃之夭夭，有蕡其實。之子于歸，宜其家室。（第二章）
> 桃之夭夭，其葉蓁蓁。之子于歸，宜其家人。（第三章）

上詩共為三章，每章四句，每章首句皆為複唱句。此詩唱誦於婚禮，祝賀新娘婚嫁及時，家庭和諧，並有開花結果，開枝散葉的祝願。「宜」是本詩的詩旨，「宜」者，和順，和善也。「室家」與「家室」，其義同，屬於倒文協韻。上詩質樸天然，洋溢和諧，「之子于歸，宜室宜家」句，為後世女子出嫁的祝婚金句。

詩中首章言桃樹苗壯，桃花紅艷，喻女子婚嫁及時，與夫婿結合，家庭和睦。次章言女子婚後多添貴子，家庭和睦美滿。末章言女子婚後開枝散葉，與夫家親人和睦一起。

《毛詩‧序》說：「〈桃夭〉，后妃之所致也。不妒忌，則男女以正，婚

---

22 李學勤主編：《禮記正義》（上中下），收入《十三經注疏》（北京市：北京大學出版社，1999年12月第1版），冊下，卷第61〈昏義〉第44，頁1620。

姻以時，國無鰥民也。」「后妃之所致」句，是稱頌后妃有內賢美德之語，唐孔穎達疏釋說：「此雖文王化使之然，亦由后妃內賢之致。」[23]此言周文王教化之德，加上后妃賢慧所致。所謂「不妒忌」及「國無鰥民」，內蘊「和德」，「男女以正」及「婚姻以時」，內蘊「中德」，俱為中和精神也。

六　祭祀詩見中和

中國古禮，祭禮居首，《國語・魯語上》：「國之大節也；而節，政之所成也。故慎制祀，以為國典。」[24]國典者，國家法規也，宜遵奉照行。有關祭祀儀式的細節，更有嚴格規限，不得越池，甚至連主祭者及參祭者的儀容服飾及神情氣色都要配合儀式進行。《詩經》的祭祀詩，配合樂器，頌唱於祭禮中，場面蕭穆莊嚴。頌詩內容以贊頌神靈祖宗、祈福禳災為主。

祭禮除具慎終追遠、祈福感恩、弘揚天德等意義外，更重要的是弘揚禮樂文化，確立君臣、父子、尊卑的輩份地位，《禮記・禮運》指出：「以正君臣，以篤父子，以睦兄弟，以齊上下，夫婦有所。」通過祭禮，更可凝聚團結力，促進君臣、臣民及宗族和諧。此外，祭禮具教化作用，《禮記・祭統》說：「祭者，教之本也已。」[25]《禮記・祭統》又說：「祭敬，則竟內之子孫莫敢不敬矣。」[26]於此可見，古代祭禮教民和順守規，明白上下尊卑之道，有利於管治。

華夏祭禮，代代相傳，成為一種傳統風俗，展現華夏百姓尊天敬祖，好禮尚和的民族特色。在《詩三百》中，祭祀周文王的詩有六首，舉其一如下：

23　李學勤主編：《毛詩正義》（上中下），收入《十三經注疏》（北京市：北京大學出版社，1999年12月第1版），冊上，卷第1之2，〈桃夭〉，頁45。

24　徐元誥：《國語集解》（北京市：中華書局，2002年），卷4，〈周語〉，頁154-155。

25　李學勤主編：《禮記正義》（上中下），收入《十三經注疏》（北京市：北京大學出版社，1999年12月第1版），冊下，卷49〈祭統〉第25，頁1354。

26　李學勤主編：《禮記正義》（上中下），收入《十三經注疏》（北京市：北京大學出版社，1999年12月第1版），冊下，卷49〈祭統〉第25，頁1361。

〈周頌・清廟之什・維天之命〉

維天之命，於穆不已。

於乎不顯，文王之德之純。

假以溢我，我其收之。

駿惠我文王，曾孫篤之。

上詩應用於宗廟祭典，祭祀的對象，是周朝開國國君周文王。周文王是中和思想的道統傳承者，孟子有言：「由堯舜至於湯，⋯⋯由湯至於文王，⋯⋯由文王至於孔子。」[27]周文王承傳堯舜中和思想，並予以深化研究，寫成《周易》一書，揭示《易》道中和之理。《易》道即天之道，以中和為核心價值。周文王畢生以推行「中和思想」為志業，為禮制奠下扎實的根基，死前留有遺言給其子姬發，即周武王，其文曰：「順測陰陽之物，咸順不逆，舜即得中。」[28]遺言勉其子傳承舜帝的中和治道。

本詩旨在頌揚周文王承先啟後，弘揚天道的和德，澤及萬民，並庇祐子孫遵行其道。

是詩首二句「維天之命，於穆不已」，《毛詩正義》箋云：「命，猶道也。天之道于乎美哉！動而不止，行而不已。」[29]所謂「美」，是指中和之美，此乃天德，其運行永無休止。周文王承天命，行天德，其德既顯且純，顯乃明德，純乃和德，內蘊中和之義。《詩經正義》疏「維天之命」說：「文王德既顯大，而亦行之不已，與天同功，又以此嘉美之道，以戒慎我子孫，言欲使子孫謹慎行其道。」[30]周文王把懿德善行留傳後人，並訓勉子孫慎行其道。周室中和祖訓傳承任務，常見於祭祀典禮，代代相傳，民間也予以弘揚，促使華夏成為禮義之邦，凸顯中華民族是一個愛好和平的民族。

---

27 〔宋〕朱熹：《孟子章句集注》，收入《四書章句集注》（北京市：中華書局，1983年10月），〈盡心下〉，頁376。

28 李學勤：〈清華簡保訓釋讀補正〉，《中國史研究》2009年第3期（2009年8月），頁8。

29 李學勤主編：《毛詩正義》（上中下），收入《十三經注疏》（北京市：北京大學出版社，1999年12月第1版），冊下，卷第19（十九之一）〈維天之命〉，頁1284。

30 李學勤主編：《毛詩正義》（上中下），收入《十三經注疏》（北京市：北京大學出版社，1999年12月第1版），冊下，卷第19（19之1）〈維天之命〉，頁1284。

七　君臣宴飲詩見中和

　　《詩經》的宴飲詩，別稱宴饗詩，反映了周代宴飲文化的特色，就是以「禮」為本。「禮」的踐行不可過度或不及，以適中恰當為宜，其作用是和合別人，壯大凝聚力。在周代的君臣宴飲場合，也是臣子輸誠時機，〈大雅·生民之什·公劉〉說：「食之飲之，君之宗之。」[31]在宴飲中，滿堂吉慶，賞賜與祝賀例不可少，天子為表示對有功的大臣關愛，常以兄弟之禮待之，〈小雅·白華之什·蓼蕭〉：宜兄宜弟，……和鸞雝雝。」[32]前句指情和如兄弟，後句指車上的和鸞二鈴，其聲和諧，喻人之共處和諧。君臣宴飲，所奏放的詩歌，內容以吉祥及歌頌豐年為主，例如〈小雅·白華之什·魚麗〉開首有句：「魚麗于罶，鱨鯊。君子有酒，旨且多。」《毛詩·序》云：「美萬物盛多，能備禮也。」《箋》云：「酒美而此魚又多也。」[33]「禮」，具中和意義，是周室治道原則，下詩可為例：

　　　　〈小雅·鹿鳴之什·鹿鳴〉
　　　　呦呦鹿鳴，食野之苹。我有嘉賓，鼓瑟吹笙。吹笙鼓簧，承筐是將。
　　　　人之好我，示我周行。（第一章）
　　　　呦呦鹿鳴，食野之蒿。我有嘉賓，德音孔昭。視民不恌，君子是則是
　　　　效，我有旨酒，嘉賓式燕以敖。（第二章）
　　　　呦呦鹿鳴，食野之芩。我有嘉賓，鼓瑟鼓琴。鼓瑟鼓琴，和樂且湛。
　　　　我有旨酒，以燕樂嘉賓之心。（第三章）

31　李學勤主編：《毛詩正義》（上中下），收入《十三經注疏》（北京市：北京大學出版社，1999年12月第1版），冊中，卷第17（17之3）〈公劉〉，頁1116。

32　李學勤主編：《毛詩正義》（上中下），收入《十三經注疏》（北京市：北京大學出版社，1999年12月第1版），冊中，卷第10（10之1）〈蓼蕭〉，頁619-620。

33　李學勤主編：《毛詩正義》（上中下），收入《十三經注疏》（北京市：北京大學出版社，1999年12月第1版），冊中，卷第9（9之4）〈魚麗〉，頁605-606。

上詩為〈小雅〉之首，全詩共三章，每章八句，每章皆見和樂氣氛。此詩原
為周天子宴請群臣之歌，《詩經正義》指出：「作〈鹿鳴〉詩者，燕（宴）群
臣嘉賓也。言人君之于群臣嘉賓既設饗以飲之，陳饌以食之，又實幣帛于筐
篚而酬侑之，以行其厚意，然後忠臣嘉賓荷恩德，皆得盡其忠誠之心以事上
焉。明上隆下報，君臣盡誠，所以為政之美也。」[34] 此言宴飲之際，周王賞
賜「忠臣嘉賓」，除彰顯「君臣盡誠」外，也揭示「政之美」，喻其政中和也。

〈鹿鳴〉詩洋溢和諧氣氛，適用於任何宴飲場合，《毛詩正義》說：
「〈鹿鳴〉等三篇，皆燕（宴）勞臣子，為政之大務，後世常歌之，故鄉飲
酒，燕（宴）禮皆歌此三篇。」[35]「後世常歌之」，可見此詩是非常受歡迎的。

是詩三章首句，皆以「呦呦鹿鳴」起興，「呦呦」，乃鹿鳴之「和」聲，
其聲由衷，充滿誠意，容易引起共鳴；鹿，乃仙獸，其壽長，寓意吉祥。詩
中所言的「食野之苹」、「食野之蒿」、「食野之芩」，「食野」，是指鹿兒在寧
靜的原野覓食，鹿兒所吃的「苹」草，或「蒿」草，或「芩」草，皆綠色香
草，其態順和。各章首二句，活現一幅原野閒鹿吃草圖在眼前。

首章的「鼓瑟」、「吹笙」、「鼓簧」，一片和諧歡樂聲，主人又餽送禮
品，倍添宴請誠意，末句言主人獲賓客授以明道和良言。次章頌揚嘉賓具有
德行與名聲，可作楷模，主人奉上美酒娛賓，場面和樂。末章連用「鼓瑟鼓
琴」為句，進一步提升和樂氣氛，最後言主人奉上的美酒，致使嘉賓盡興
開懷。

〈鹿鳴〉詩以一個「和」字貫串全詩，魏曹操酷愛此詩「呦呦鹿鳴，
食野之苹。我有嘉賓，鼓瑟吹笙」等句，在其名作〈短歌行〉，也予以套用
入詩。

---

34 李學勤主編：《毛詩正義》（上中下），收入《十三經注疏》（北京市：北京大學出版社，1999年12
　月第1版），冊中，卷第9（9之2）〈鹿鳴〉，頁555。
35 李學勤主編：《毛詩正義》（上中下），收入《十三經注疏》（北京市：北京大學出版社，1999年12
　月第1版），冊中，卷第9（9之1）〈鹿鳴之什〉，頁541。

八 兄弟宴飲詩見中和

　　周人社會，尚禮儀、重親情，篤友誼，常見於宴飲聚會，主客皆為禮而聚，「非專為飲食也，為行禮也」[36]。「行禮」宜「適度」及「誠敬」，皆中和思想之義也。對於兄弟情誼，《顏氏家訓·兄弟》說：「兄弟者，分形連氣之人也。」[37]所謂「連氣」，是指兄弟皆為父母精血所生，具血脈相連之氣。錢鍾書嘗釋《詩經·谷風》說：「蓋初民重血族之遺意也。就血胤論之，兄弟天倫也，夫婦則人倫耳；是以友於骨肉之親當過於刑於室家之好。……觀〈小雅·常棣〉，兄弟之先於妻子，較然可識。」[38]古人重兄弟情，於此可見。在《詩經》中，頌揚兄弟情的作品很多，例如：

> 〈小雅·鹿鳴之什·常棣〉
>
> 常棣之華，鄂不韡韡。凡今之人，莫如兄弟。（第一章）
>
> 死喪之威，兄弟孔懷。原隰裒矣，兄弟求矣。（第二章）
>
> 脊令在原，兄弟急難。每有良朋，況也永歎。（第三章）
>
> 兄弟鬩于牆，外禦其侮。每有良朋，烝也無戎。（第四章）
>
> 喪亂既平，既安且寧，雖有兄弟，不如友生？（第五章）
>
> 儐爾籩豆，飲酒之飫。兄弟既具，和樂且孺。（第六章）
>
> 妻子好合，如鼓瑟琴。兄弟既翕，和樂且湛。（第七章）
>
> 宜爾室家，樂爾妻帑。是究是圖，亶其然乎？（第八章）

上詩作者，相傳為周公旦平定三監之亂後，有感於兄弟相殘而作，《毛詩正義·序》說：〈常棣〉，燕（宴）之兄弟也，閔管蔡之失，故作〈常棣〉。」[39]

36　李學勤主編：《毛詩正義》（上中下），收入《十三經注疏》（北京市：北京大學出版社，1999年12月第1版），冊下，卷第61〈鄉飲酒義第四十五〉，頁1631。

37　〔北齊〕顏之推：《顏氏家訓》（北京大學圖書館館藏線裝本）第1卷，〈兄弟篇〉第3，頁8。

38　錢鍾書：《管錐篇》（北京市：中華書局，1986年），頁83。

39　李學勤主編：《毛詩正義》（上中下），收入《十三經注疏》（北京市：北京大學出版社，1999年12月第1版），冊中，卷第9（9之2）〈小雅·鹿鳴之什·常棣〉，頁568。

事緣周武王崩，成王年幼登基，周公輔政，其同父異母三兄管叔、五弟蔡
叔、七弟霍叔不滿，聯合在商畿地區叛變，並放流言，誣「公（周公）將不
利於孺子」[40]，史稱管蔡之亂，三年而亂平。

　　有關〈常棣〉的作者問題，有另一說為周宣王大臣召穆公所作，事見
《左傳・僖公二十四年》有載：「召穆公思周德之不類，故糾合親族成於
周，而作詩曰：常棣之華，鄂一韡韡，凡今之人，莫如兄弟。……」[41]

　　本詩詩旨在歌頌兄弟情誼偉大，正如詩中所言「凡今之人，莫如弟
兄」。全詩共八章，每章四句，每章都以「和」為中心思想。首章以常棣花
起興，常棣一樹生兩萼，兩兩相麗，有同生之義，寓意兄弟情誼篤睦。兄弟
相親相和，乃天倫之德，人情無法可比。詩中的二、三、四章，由衷述說兄
弟情誼可貴，例如：兄弟死喪則相收，兄弟急難則相救，兄弟遇外侮則相
禦。第三章所言的「脊令」鳥，乃義鳥，飛則鳴，行則搖尾，喜群飛，若有
離群者，其餘則鳴叫呼援，世人以此喻兄弟遇難能相助。第五章言兄弟曾共
度患難，而今一起安寧生活，益添兄弟情誼，此種情誼，非友情可以比擬。
第六章言兄弟一起飲宴，和樂歡欣。第七章述說家和，包括夫妻和，兄弟
和，一家和樂之情深厚。末章續承上章詩意，指出家庭和諧，妻兒快樂，是
以兄弟和睦為基本條件。

九　農事詩見天人和

　　周禮體制完備，尤重祭禮，並成風俗，祭祀名目頗多，例如籍（藉）田
禮、社祭、稷祭、臘祭、寒祭等。在周代，「民之大事在農」，在朝廷各種祭
禮中，屬於吉禮的籍（一作藉）田禮特別隆重，需由天子主禮。籍田祭禮，
每年春秋二季舉行，春耕前稱「祈年」，祈求風調雨順，秋收後稱「秋報」，

40　李學勤主編：《尚書正義》，收入《十三經注疏》（北京市：北京大學出版社，1999年12月第1
　　版），卷第13〈周書・金縢〉，頁337。

41　李學勤主編：《左傳春秋正義》，收入《十三經注疏》（北京市：北京大學出版社，1999年12月第1
　　版），卷第15，頁337。

答謝神恩眷庇。《詩經・周頌・載芟序》：「〈載芟〉，春籍田而祈社稷也。」
孔穎達疏：「既謀事求助，致敬民神，春祈秋報，故次〈載芟〉、良耜
也。」[42]《禮記・月令》指出：「是月也，天子乃以元日，祈穀於上帝，乃
擇元辰，天子親載耒耜，措之於參、保介之御間，帥三公九卿諸侯大夫躬耕
帝籍。天子三推，三公五推，卿諸侯九推。」[43]天子親率王侯公卿主持始耕
大典，並率頭作農耕示範，顯示天子重視農務發展。在祭典中，誦唱農事
詩，乃儀式重要項目。《詩經》的農事詩，洋溢著「和」的文化，包括：天
人和、君臣和、臣民和、家和及人和等。

　　茲舉《詩經》的農事詩如下：

〈周頌・閔予小子之什・載芟〉

載芟載柞，其耕澤澤，千耦其耘，徂隰徂畛。侯主侯伯，侯亞侯旅。
侯彊侯以，有嗿其饁。思媚其婦，有依其士。有略其耜，俶載南畝。
播厥百穀。實函斯活。驛驛其達。有厭其傑。厭厭其苗，綿綿其麃。
載穫濟濟，有實其積，萬億及秭。
為酒為醴，烝畀祖妣，以洽百禮。有飶其香。邦家之光。有椒其馨，
胡考之寧。匪且有且，匪今斯今，振古如茲。

　　是詩為周代國君親率王侯公卿等於籍田典禮中，用作誦唱的樂歌。詩中
洋溢和諧氣息，上半部首述農民們一起開墾耕地，展現了和諧與團結的力
量，次述家主帶同子孫也參與農務工作，又一起共享膳食，流露出家和的樂
趣。耕地在共同的努力下，禾稻收穫豐富，有賴於人和與天和，進而達至天
人和。詩中下半部述說祭典報恩，恭備醇酒佳餚，答謝土神、穀神，賜福庇
蔭，使天子治百禮，邦國光輝，耆老有養。此種禮制，源遠流長，非始於今。

　　上詩屬賦體詩，鋪陳有序，在修辭上，無論虛字與實詞，用得生動傳

42　李學勤主編：《毛詩正義》（上中下），收入《十三經注疏》（北京市：北京大學出版社，1999年12
　　月第1版），冊下，卷第19（十九之四）〈周頌・載芟〉，頁1352。

43　李學勤主編：《禮記正義》，《十三經注疏》（北京市：北京大學出版社，1999年12月第1版）卷第
　　14〈月令〉第6，頁461。

神，明孫月峰《評詩經》說：「此描寫苗處尤工絕。『函』、『傑』是險字，『厭厭』、『綿綿』得態。語不多而意狀飛動，所以妙。」清代龍起濤《詩經本事》評此詩「有堅強不息之神焉，有合眾齊力之道焉」。所謂「合眾齊力」，非「和」不成。是詩影響深遠，成為後世各朝「郊祀歌」楷模。

十 結語

孔子生於禮崩樂壞、世道衰微的春秋時代，有志救民於水火，匡扶正道，恢復周禮，推行中和治國理念。歷史證明，「禮，周之訓也」，促成「成康之治」，四十年棄用刑具，百姓活在太平日子。孔子洞悉時艱，鼓吹恢復周禮以澄天下，在文化的戰線上，嘗刪六經，旨在重整有利於治道的文獻，為當世及後世創造治道文化。六經之首的《詩經》，經孔子刪削後，從三千多首被刪減至現存的三百零五首，約為原數的十分之一，所編選的詩歌，不乏洋溢中和氣息的作品。《詩經》在內容分類上，可分為「風、雅、頌」三類，每類所選的詩歌，除來自民間民謠，也有來自諸侯大夫之作。

本文所論述詩經的諷刺詩、求偶詩、婚嫁詩、祭祀詩、君臣宴飲詩、兄弟宴飲詩、農事詩等，其詩旨都涉及中和思想。

遠在堯舜時代，中和思想已是治國、治事、修身、處世的普及文化，其後迭經禹、湯、文、武、周公、孔子的持續傳承，奠定了中國文化及哲學的道統。中和思想乃治道的大本，對後世執政者提供了明確的指引。

《詩經》乃韻文之祖，是後世詩歌創作的典範。「在心為志，發言為詩」，對於情感的宣洩，孔子認為最高境界是「溫柔敦厚」，「樂而不淫，哀而不傷」，此種境界，內蘊中和意義。中國文學的發展，尤其是韻文更多彩多姿，例如漢賦、唐詩、宋詞、元曲，雖然體制及格律不同，莫不受《詩經》影響。中國歷代士人皆以《詩經》為學習對象，無形中《詩經》的中和思想融入於每一個讀書人的腦海中，培育了士人的「執中尚和」的高尚品德，雖然歷朝也有不少不肖的讀書人，漠視禮義，但無損中和思想的持續發展，代代傳承。

先秦道家與中和思想

一　前言

　　先秦道家以老子及莊子為代表。老子（B.C. 571？- B.C. 471？）與孔子（B.C. 551-B.C. 479）同屬春秋時代顯學代表人物。道家與儒家的中和觀源出《周易》，以陰陽中和為主體，強調天人合一。儒道對「中」與「和」的理解，其共通點是「中」寓意於「和」，「和」寓意於「中」。儒家崇陽主剛，道家貴陰主柔。儒家認為「中」是中正、不偏不倚、無太過或不及，力主居中位，重視時中，權衡變通而不傷義。道家視「中」若虛，虛則不滿，能包容萬物，對時中觀念不及儒家積極和刻意，採取自然無為態度。莊子更以超然物外態度順其自然，在自然無為中取中和。具體而言，儒家以禮樂致中和，而道家則以無為致中和，前者具約束性，後者則無為，任其自然。

二　道家尚中

　　老子年代，「中」與「和」的概念互通，對於「中」的哲理，道家頗多發揮。老子說：「多言數窮，不如守中。」[1]「守中」即「守虛」，以守虛不盈為其道。老子又言：「道沖，而用之或不盈。」[2]「沖」，古作盅，解作虛、空，言用之不盡。老子更具體指出：「大成若缺，其用不弊。大盈若

1　朱謙之：《老子校釋》（北京市：中華書局，1984年11月第1版），第5章，頁24。

2　朱謙之：《老子校釋》（北京市：中華書局，1984年11月第1版），第4章，頁18。

沖，其用不窮。大直若屈，大巧若拙，大辯若訥。」[3]「若虛」、「若沖」、「若屈」、「若訥」等態度，都是「守中」持虛，鋒芒不外露，以追求更高的成效。老子又嘗言：「治大國，若烹小鮮」[4]，取其適中之法以處事。

莊子（B.C. 369-B.C. 286）〈齊物論〉說：「樞始得其環中，以應無窮。」[5]郭慶藩予以注釋說：「夫是非反復，相尋無窮，故謂之環。環中，空矣，今以是非為環而得其中者，無是無非也。無是無非，故能應夫是非。是非無窮，故應亦無窮也。」[6]「空」即虛空，可包容一切，具無為而無所不為之功。老子門人文子（生卒年不詳）也有尚中之見，其《文子・道原》說：「得道之統，立於中央。」[7]此言道之本質在「中」，又說：「中之得也，五藏寧，思慮平，筋骨勁強，耳目聰明。」[8]此言形體之五臟及情志調和，陰陽氣血也平和，筋骨耳目就會健康無病。《文子・上德》又說：「萬物負陰以抱陽，沖氣以為和，和居中央。」[9]此說源出老子，並啟悟「和居中央」的新見。

三　道家貴和

老子的哲學核心是「道」。道的內涵是陰陽和，繼而「道生一，一生二，二生三，三生萬物。萬物負陰而抱陽，沖氣以為和。」[10]「一」為萬物

3　朱謙之：《老子校釋》（北京市：中華書局，1984年11月第1版），第45章，頁181-182。

4　朱謙之：《老子校釋》（北京市：中華書局，1984年11月第1版），第60章，頁244。

5　〔清〕郭慶藩：〈齊物論〉，《莊子集釋》，收入《諸子集成》（長沙市：嶽麓書社，1996年10月第1版），內篇，第二，頁34。

6　〔清〕郭慶藩：〈齊物論〉，《莊子集釋》，收入《諸子集成》（長沙市：嶽麓書社，1996年10月第1版），內篇，第二，頁35。

7　《續修四庫全書》（上海市：上海古籍出版社，2002年4月第1版），冊958，子部，道家類，《文子》卷1〈道原〉，頁647。

8　《續修四庫全書》（上海市：上海古籍出版社，2002年4月第1版），冊958，子部，道家類，《文子》卷1〈道原〉，頁647。

9　《續修四庫全書》（上海市：上海古籍出版社，2002年4月第1版），冊958，子部，道家類，《文子》卷6〈上德〉，頁699。

10　朱謙之：《老子校釋》（北京市：中華書局，1984年11月第1版），第42章，頁174-175。

之始，而萬物皆有陰陽二氣，陰陽二氣沖和，才可化生萬物。老子進一步指出：「天得一以清；地得一以寧；神得一以靈；穀得一以盈，萬物得一以生；侯王得一以為天下正。」[11]上述的「一」，都以和為核心條件，才可產生「清」、「寧」、「靈」、「盈」、「生」、「正」的成果。

老子頗多「和」的名句，例如：「六親不和，有孝慈」[12]；「挫其銳，解其紛，和其光，同其塵」[13]；「終日號而不嘎，和之至也。知和曰常，知常曰明」[14]；「和大怨，必有餘怨」[15]；「聲音相和」[16]；以上的「和」，都具和諧、調和意義。老子也以不爭不欲以致和，如：「不尚賢，使民不爭；不貴難得之貨，使民不為盜；不見可欲，民心不亂。……常使民無知無欲。……為無為，則無不治。」[17]老子又鼓吹「見素抱樸，少私寡欲」，目的在使民復「樸」，無爭無戰，過著簡樸和諧的生活。《道德經》更明言：「甘其食，美其服，安其居，樂其俗。鄰國相望，雞犬之聲相聞，民至老死，不相往來。」[18]春秋之世，戰禍頻仍，老子推出和諧式生活，是民之所盼。對於「無欲」及「樸素」之論，莊子也嘗言：「同乎無知，其德不離；同乎無欲，是謂素樸。素樸而民性得矣。」[19]莊子〈天道〉外篇也指出「樸素而天下莫能與之爭美」[20]，「樸素」出自天然，其質至和，其形至美，故莫能與之爭。

老子的哲學思想標榜自然及無為，所謂「人法地，地法天，天法道，道

11 朱謙之：《老子校釋》（北京市：中華書局，1984年11月第1版），第39章，頁154-155。

12 朱謙之：《老子校釋》（北京市：中華書局，1984年11月第1版），第18章，頁72。

13 朱謙之：《老子校釋》（北京市：中華書局，1984年11月第1版），第56章，頁228。

14 朱謙之：《老子校釋》（北京市：中華書局，1984年11月第1版），第55章，頁222-224。

15 朱謙之：《老子校釋》（北京市：中華書局，1984年11月第1版），第79章，頁304。

16 朱謙之：《老子校釋》（北京市：中華書局，1984年11月第1版），第2章，頁10。

17 朱謙之：《老子校釋》（北京市：中華書局，1984年11月第1版），第3章，頁14。

18 朱謙之：《老子校釋》（北京市：中華書局，1984年11月第1版），第18章，頁309。

19 〔清〕郭慶藩：〈馬蹄〉，《莊子集釋》，收入《諸子集成》（長沙市：嶽麓書社，1996年10月第1版），外篇第九，頁163。

20 〔清〕郭慶藩：〈天道〉，《莊子集釋》，收入《諸子集成》（長沙市：嶽麓書社，1996年10月第1版），外篇第十三，頁220。

法自然。」[21]「自然」即自然而然，順其自然，無偏無過，此乃中和的基本條件。天道貴中和。老子說：「天之道，其猶張弓歟？高者抑之，下者舉之；有餘者損之，不足者補之。」[22]「天之道」，道出天然，以自動調節平衡為機制，「過高」、「過下」、「有餘」、「不足」都有失常態，宜作出平衡，此乃天道規律，其旨在中和。老子力主自然，例如：「夫莫之命而常自然」[23]、「天下將自正」[24]、「我無為，而民自化；我好靜，而民自正；我無事，而民自富；我無欲，而民自樸」[25]，以上指出自然及無為可致中和。老子又進一步指出「自然」非人力所能左右，並舉自然現象下雨為例，《道德經》說：「天地相合，以降甘露，民莫之命而自均。」[26]天降甘露，乃自然界自然而然之事，與民命無關。老子又認為「和」，發於自然為貴，舉嬰孩哭聲為例說：「終日號而不嗄，和之至也。」[27]莊子也認同說：「兒子終日嗥而嗌不嗄，和之至也。」[28]莊子論和，其文字表達較老子直接，例如：

　　《莊子・繕性》：陰陽和靜，鬼神不擾。[29]

　　《莊子・天運》：一清一濁，陰陽調和。[30]

　　《莊子・田子方》：兩者交通成和而物生焉。[31]

21　朱謙之：《老子校釋》（北京市：中華書局，1984年11月第1版），第25章，頁103。

22　朱謙之：《老子校釋》（北京市：中華書局，1984年11月第1版），第77章，頁298-299。

23　朱謙之：《老子校釋》（北京市：中華書局，1984年11月第1版），第51章，頁203。

24　朱謙之：《老子校釋》（北京市：中華書局，1984年11月第1版），第37章，頁147。

25　朱謙之：《老子校釋》（北京市：中華書局，1984年11月第1版），第57章，頁232。

26　朱謙之：《老子校釋》（北京市：中華書局，1984年11月第1版），第32章，頁130。

27　朱謙之：《老子校釋》（北京市：中華書局，1984年11月第1版），第55章，頁222。

28　〔清〕郭慶藩：〈庚桑楚〉，《莊子集釋》，收入《諸子集成》（北京市：中華書局，1983年10月第1版），雜篇第二十三，頁373

29　〔清〕郭慶藩：〈繕性〉，《莊子集釋》，收入《諸子集成》（北京市：中華書局，1983年10月第1版），外篇第十六，頁262。

30　〔清〕郭慶藩：〈天運〉，《莊子集釋》，收入《諸子集成》（北京市：中華書局，1983年10月第1版），外篇第十四，頁240。

31　〔清〕郭慶藩：〈田子方〉，《莊子集釋》，收入《諸子集成》（北京市：中華書局，1983年10月第1版），外篇第二十，頁338。

《莊子・天下》：和天下，澤及百姓。[32]

《莊子・說劍》：中和民意，以安四鄉。[33]

《莊子・徐無鬼》：抱德煬和，以順天下。[34]

《莊子・繕性》：夫德，和也；道，理也。[35]

《莊子・天道》：與人和者，謂之人樂；與天和者，謂之天樂。[36]

《莊子・天地》：無聲之中，獨聞和焉。[37]

以上莊子所說的「和」，有寓意和靜、調和、成和、協和、中和、和諧、煬和、德和、處和、人和、天和、聞和等。在量方面，莊子論「和」較老子多。按：「中和」一詞，首見於《管子・正第》的「中和慎敬」，次見於《莊子・說劍》的「中和民意」一語，三見於子思《中庸》的「致中和，天地位焉，萬物育焉」。

　道家翹楚文子，《漢書・藝文志》載為「老子弟子，與孔子同時」，其思想深受老子影響，崇尚自然無為。他論四時陰陽之和說：「天地之氣，莫大於和。和者，陰陽調，日夜分，故萬物春分而生，秋分而成，生與成，必得和之精。故積陰不生，積陽不化，陰陽交接，乃能成和。」[38]文子指出四時陰陽之和，其源出於自然。《文子・上仁》又說：

32　〔清〕郭慶藩：〈天下〉，《莊子集釋》，收入《諸子集成》（北京市：中華書局，1983年10月第1版），雜篇第三十三，頁507。

33　〔清〕郭慶藩：〈說劍〉，《莊子集釋》，收入《諸子集成》（北京市：中華書局，1983年10月第1版），雜篇第三十，頁485。

34　〔清〕郭慶藩：〈徐無鬼〉，《莊子集釋》，收入《諸子集成》（北京市：中華書局，1983年10月第1版），雜篇第二十四，頁410。

35　〔清〕郭慶藩：〈繕性〉，《莊子集釋》，收入《諸子集成》（北京市：中華書局，1983年10月第1版），外篇第十六，頁261。

36　〔清〕郭慶藩：〈天道〉，《莊子集釋》，收入《諸子集成》（北京市：中華書局，1983年10月第1版），外篇第十三，頁220。

37　〔清〕郭慶藩：〈天地〉，《莊子集釋》，收入《諸子集成》（北京市：中華書局，1983年10月第1版），外篇第十二，頁198。

38　《續修四庫全書》（上海市：上海古籍出版社，2002年4月第1版），冊958，子部，道家類，《文子》卷1〈上仁篇〉，頁726。

是以聖人之道，寬而栗，嚴而溫，柔而直，猛而仁。夫太剛則折，太柔則卷，道正在於剛柔之間。夫繩之為度也，可卷而懷也，引而申之，可直而布也，長而不橫，短而不窮，直而不剛，故聖人體之。夫恩推即懦，懦即不威；嚴推即猛，猛即不和；愛推即縱，縱即不令；刑推即禍，禍即無親，是以貴和也。[39]

這段文字論述「和」與「不和」，可謂淋漓盡致。「和」的條件是「寬而栗，嚴而溫，柔而直，猛而仁」，「道正在於剛柔之間」。「失和」的表現是「恩推」、「嚴推」、「愛推」、「刑推」，故此要謹而慎之。凡事太過則不和，宜取中道，以和為貴。文子其他論和之說也頗多，如：「陰陽和，萬物生矣」[40]、「和陰陽，節四時，調五行」[41]、「上唱下和，四海之內，一心同歸」[42]、「知養生之和者，即不可懸以利」[43]、「君臣不和，聖人不能以為治」[44]。上述文子各引句，明言「和」則有利，「不和」則有害，尤以君臣不和，其害最烈。

　　《文子‧精誠》又說：「大人與天地合德，與日月合明，與鬼神合靈，與四時合信，懷天心，抱地氣，執沖含和。」[45]「合德」、「合明」、「合靈」、「合信」都是「和」的表現，「執沖含和」，即執中而致祥和之氣，得中和之旨。

39　《續修四庫全書》（上海市：上海古籍出版社，2002年4月第1版），冊958，子部，道家類，《文子》卷10〈上仁篇〉，頁726。

40　《續修四庫全書》（上海市：上海古籍出版社，2002年4月第1版），冊958，子部，道家類，《文子》卷2〈精誠〉，頁658。

41　《續修四庫全書》（上海市：上海古籍出版社，2002年4月第1版），冊958，子部，道家類，《文子》卷1〈道原〉，頁647。

42　《續修四庫全書》（上海市：上海古籍出版社，2002年4月第1版），冊958，子部，道家類，《文子》卷12〈上禮〉，頁138。

43　《續修四庫全書》（上海市：上海古籍出版社，2002年4月第1版），冊958，子部，道家類，《文子》卷3〈九守〉，頁761。

44　《續修四庫全書》（上海市：上海古籍出版社，2002年4月第1版），冊958，子部，道家類，《文子》卷11〈上義〉，頁730。

45　《續修四庫全書》（上海市：上海古籍出版社，2002年4月第1版），冊958，子部，道家類，《文子》卷2〈精誠〉，頁659。

四　道家論太過

　　凡事太過則有違中和之旨，春秋時代，老子反對太過，所以提出知足論。《道德經》嘗言「知足者富」[46]，又言「知足不辱，知止不殆，可以長久」[47]，並指出「禍莫大於不知足，咎莫大於欲得。故知足之足，常足矣」[48]。《道德經》又說：「是以聖人去甚、去奢、去泰」[49]；「兵強則不勝（一作不滅），木強則共（一作折）」[50]；「果而勿矜、果而勿伐、果而勿驕、果而不得已、果而勿強」[51]；「保此道者，不欲盈」[52]。上述各句，都是針對太過而言。

　　莊子對於太過的看法，其《莊子・山木》載：「材與不材之間，似之而非也，故未免乎累」[53]。「未免乎累」，意謂免受害。莊子又說天下之事，太過則害，無過則利，其〈在宥〉篇說：「人大喜邪，毗於陽；大怒邪，毗於陰。陰陽並毗，四時不至，寒暑之和不成，其反傷人之形乎！使人喜怒失位，居處無常，思慮不自得，中道不成章，於是乎天下始喬詰卓鷙。」[54]此言形體過喜傷陽，過怒傷陰，臟屬陰，腑屬陽，情志太過則傷臟腑。四時寒暑太過，人身應自然，也會使人喜怒失常，生活失常，思緒紛亂，正常心態失去方寸，引申言之，就會出現奸詐、乖戾等異常行為。以養生而言，更不

46　朱謙之：《老子校釋》（北京市：中華書局，1984年11月第1版），第33章，頁134。

47　朱謙之：《老子校釋》（北京市：中華書局，1984年11月第1版），第44章，頁180。

48　　朱謙之：《老子校釋》（北京市：中華書局，1984年11月第1版），第46章，頁193。

49　朱謙之：《老子校釋》（北京市：中華書局，1984年11月第1版），第29章，頁118。

50　朱謙之：《老子校釋》（北京市：中華書局，1984年11月第1版），第76章，頁295。

51　朱謙之：《老子校釋》（北京市：中華書局，1984年11月第1版），第30章，頁121-122。

52　朱謙之：《老子校釋》（北京市：中華書局，1984年11月第1版），第15章，頁62。

53　〔清〕郭慶藩：〈山木〉，《莊子集釋》，收入《諸子集成》（北京市：中華書局，1983年10月第1版），外篇第二十，頁318。

54　〔清〕郭慶藩：〈在宥〉，《莊子集釋》，收入《諸子集成》（北京市：中華書局，1983年10月第1版），外篇第十一，頁365。

可太過,莊子說:「無勞女形,無搖女精,乃可以長生。」[55]意謂勿太過勞動形體,勿太過耗損精氣,乃可長有生命。莊子又說:「我守其一,以處其和。」[56]「守一」,義近老子的「抱一」,同具中和意義。莊子把「一」分為三等,即「大一」、「一」、「小一」,《莊子·秋水》說:「至大無外,謂之大一;至小無內,謂之小一。」「一」居大一與小一之間,具中道意義。

老子強調事物發展到極點,物極則反,其害無窮,例如《老子》第三十九章說:「其致之,天無以清,將恐裂;地無以寧,將恐廢;神無以靈,將恐歇;穀無以盈,將恐竭;萬物無以生,將恐滅;侯王無以為貞,將恐蹶。」[57]「無以」,其義是比太過更嚴重,已到極限,導致物極必反之害。莊子亦說:「克核大至,則必有不肖之心應之,而不知其然也。」[58]莊子的句意謂限制或壓迫太過,則人必有不肖之心起而相應,這種相應是不知其然而然的。文子也說:「天地之道,極則反,益則損。」[59]文子的物極必反之見,與老子同。

老子無為而治,道法自然,隨機應變,順勢行事,有「動善時」[60]之語,其意謂行動要掌握時機,中道而行,具「時中」哲理。莊子也強調「故禮義法度者,應時而變者也」[61],又說:「和之以天倪,因之以曼衍。」[62]此兩句意謂和之以自然,因應其延伸的變化,委曲隨順。莊子又說:「無譽無

---

55 〔清〕郭慶藩:〈在宥〉,《莊子集釋》,收入《諸子集成》(北京市:中華書局,1983年10月第1版),外篇第十一,頁185。

56 〔清〕郭慶藩:〈在宥〉,《莊子集釋》,收入《諸子集成》(北京市:中華書局,1983年10月第1版),頁185。

57 朱謙之:《老子校釋》(北京市:中華書局,1984年11月第1版),第39章,頁156-157。

58 〔清〕郭慶藩:〈人間世〉,《莊子集釋》,收入《諸子集成》(北京市:中華書局,1983年10月第1版),內篇第四,頁78。

59 《續修四庫全書》(上海市:上海古籍出版社,2002年,4月第1版),冊958,子部,道家類,《文子》卷12〈上禮〉,頁737。

60 朱謙之:《老子校釋》(北京市:中華書局,1984年11月第1版),第八章,頁71。

61 〔清〕郭慶藩:〈天運〉,《莊子集釋》,收入《諸子集成》(北京市:中華書局,1983年10月第1版),外篇第十四,頁245。

62 〔清〕郭慶藩:〈齊物論〉,《莊子集釋》,收入《諸子集成》(北京市:中華書局,1983年10月第1版),內篇第二,頁54。

訾,一龍一蛇,與時俱化,而無肯專為;一上一下,以和為量。」[63]全句意謂無譽無辱,或如龍蛇或現或伏,順時勢而變化,不偏滯於某一方,或屈或伸而進退,取其順和而行動。

五　老莊取和技巧

老子取和之道,著重貴柔居下,《道德經》說:「上善若水。水善利萬物而不爭,處眾人之所惡,故幾於道。」[64]水性至柔向下,有利於萬物而不爭,並甘願處眾人不願的下位,其取「和」之技巧極為高明。

莊子取「和」技巧,大別於老子,他以超然物外的姿態而取之,由於態度超然,則無所謂是非真假。〈齊物論〉說:「方生方死,方死方生;方可方不可,方不可方可;因是因非,因非因是。是以聖人不由,而照之於天,亦因是也。是亦彼也,彼亦是也。彼亦一是非,此亦一是非。」[65]莊子以超然態度看生與死、可與不可、是與非、彼與此等問題,由於不參與其內,只是在對立層面之上探索問題,順其自然而取其和,可謂別樹一格。

六　結語

春秋時代,「中」與「和」思想大放異彩,二者常互通互用,**漸趨合**流。道家強調「守中」,即「守虛」,「虛」才可包容萬物;又認為天之道,道出陰陽,而萬物皆有陰陽,陰陽和,才可化生萬物。老子指出消弭戰爭的先決條件是回歸樸素,重返自然,不爭不欲,無知無欲,其理想的烏托邦是「甘其食,美其服,安其居,樂其俗。鄰國相望,雞犬之聲相聞,民至老

63　〔清〕郭慶藩:〈山木〉,《莊子集釋》,收入《諸子集成》(北京市:中華書局,1983年10月第1版),外篇第二十,頁318。

64　朱謙之:《老子校釋》(北京市:中華書局,1984年11月第1版),第8章,頁71。

65　〔清〕郭慶藩:〈齊物論〉,《莊子集釋》,收入《諸子集成》(北京市:中華書局,1983年10月第1版),內篇第二,頁34。

死，不相往來。」這種樸素生活，乃和的表現，莊子也予以認同，並認為「樸素而天下莫能與之爭美」。

老子認為天道規律，出於自然，具自然調控規律以制「不中」或「不和」。莊子對於「和」之見，頗多發揮，例如「陰陽和靜，鬼神不擾」、「與人和者，謂之人樂；與天和者，謂之天樂」。此外，莊子繼管子之後，把「中」與「和」兩個哲學概念，融合為一，提出「中和民意，以安四鄉」。老子門人文子，深得老子道學精髓，指出「道正於剛柔之間」，吻合中和思想精神。

凡事物太過，即失中，老子提出「知足者富」及「知足不辱」以作箴言。莊子又提出太過之弊，以人而言，情志太過，可以影響臟腑失衡而生病；以自然氣象而言，四時陰陽失和，可影響生態常道發展。故此，天地萬物的發展，必須中和狀態，太過或不及，皆為災害。至於取和技巧，老子上善若水，莊子超然物外，各有其趣。

先秦儒家與中和思想

一　前言

　　春秋戰國時代，百家爭鳴，談士蜂起，論辯之風盛行，由「和」而衍生的「同」，也成為論辯命題。在概念上，「和」與「同」的表面意義，相差不大，容易混淆，但深層意義及旨要卻大有差別。在春秋時代，發生了二則「和」「同」之辯的歷史個案。《國語‧鄭語》載周太史史伯（生卒不可考）與鄭桓公（？-B.C. 771）論周室興衰，史伯指出周室敗因說：

> 今王（周幽王）棄高明昭顯，而好讒慝暗昧；惡角犀豐盈，近頑童窮固；去和而取同。夫和實生物，同則不繼，以他平他謂之和，故能豐長而物歸之；若以同裨同，盡乃棄矣。故先王以土與金木水火雜，以成百物。是以和五味以調口……，和六律以聰耳，……[1]

　　史伯總結周幽王衰敗之因，在「棄高明昭顯」、「好讒慝暗昧」、「去和取同」。他力陳「和」與「同」之利弊，其話題強調能和諧地包容異物異見，才能有新發展，進而得利，若單取「同」，其發展不會持續，並舉五行相生為例，以和合他物，才能生成百物，又舉五味及六律為例，皆以和為貴。

　　春秋時，另一則「和同」之論，是晏嬰（？-B.C. 500）與齊景公（B.C. 547-B.C. 490）之有名對話，事件載於《左傳‧昭公二十年》晏子論「和」與「同」：

1　上海師範大學古籍研究所校點：《國語》（上海市：上海古籍出版社，1998年3月第1版），卷16，〈鄭語〉，〈史伯為桓公論興衰〉，頁515。

公（齊景公）曰：唯據（齊侯侍臣，梁丘據）與我和夫？子對曰：據
亦同也，焉得為和？公曰：和與同異乎？對曰：異。……今據不然。
君所謂可，據亦曰可；君所謂否，據亦曰否。若以水濟水，誰能食
之？若琴瑟之專壹，誰能聽之？同之不可也如是。[2]

上述引文，晏子暢論「和」與「同」之異，並舉「可」與「否」作為對
話焦點，「可」代表「同」，並非「和」；「否」代表反對聲音，君臣之間一味
「同」，臣不能持反對聲音，即今謂之「一言堂」，最終是助長單邊勢力，導
致政治不和。晏子更舉例「若以水濟水，誰能食之？若琴瑟之專壹，誰能聽
之」為例，指出「同」之弊。

關於「和同」之見，孔子強調「君子和而不同，小人同而不和。」[3]
《中庸》又引孔子之言，說道：「故君子和而不流，強哉矯。中立而不倚，
強哉矯。」[4]上述名言，後世奉為處世箴言。

二　孔子論中和

孔子的政治思想，遠承堯舜，近取文武，《四書·中庸》說：「仲尼祖述
堯舜，憲章文武，上律天時，下襲水土。」[5]堯舜「允執厥中」，文武「克和
厥中」，皆以中和治道為出發點，而陰陽四時五行的運動，也以中和為本。
孔子又說：「周監於二代，郁郁乎文哉！吾從周。」[6]此乃孔子讚賞周制之

2　上海古籍出版社編：《十三經注疏》（上海市：上海古籍出版社，1997年7月第1版），冊下，《春
　　秋左傳正義》卷49（昭公二十年），頁2093。

3　〔宋〕朱熹：《論語章句集注》，收入《四書章句集注》（北京市：中華書局，1983年10月第1
　　版），卷7〈子路〉第十三，頁147。

4　〔宋〕朱熹：《中庸章句》，收入《四書章句集注》（北京市：中華書局，1983年10月第1版），第
　　九章，頁21。

5　〔宋〕朱熹：《中庸章句》，收入《四書章句集注》（北京市：中華書局，1983年10月第1版），第
　　二十九章，頁37。

6　〔宋〕朱熹：《論語章句集注》，收入《四書章句集注》（北京市：中華書局，1983年10月第1
　　版），卷2〈八佾〉第三，頁65。

語，《毛詩正義》說：「中和，周之訓也。」[7]周禮尚中貴和，並以之為治策。

　　春秋末，禮崩樂壞，孔子以復興周禮為己任，重整社會秩序，提倡中德，《論語・雍也》載：「子曰：中庸之為德也，其至矣乎！民鮮久矣。」[8]「中」，中和也，庸，用也，常也，言中和之德，乃常德，此德至善，但民鮮用，誠為可惜，觀乎孔子之語氣，帶有感慨！對於行為表現，孔子要求中庸之道，《論語・述而》說：「溫而厲，威而不猛，恭而安。」[9]此言行表現，要溫和中見嚴肅，有威儀而不兇猛，莊重中見安詳。孔子與人論事，首先要求自己四毋，毋即無，《論語・子罕》說：「子絕四：毋意，毋必，毋固，毋我」[10]。全句意謂君子與人交，應戒絕四毋，即不臆測別人意見，不期盼己見實現，不固執己見，不以己見為是。總之，以和為貴，立場中庸，具意見而不主觀，謹慎而不固執，包容一切。

　　孔子除尚「中」外，也尚「和」，「和」始於天地，嘗言：「天地不合，萬物不生。」[11]所謂「天地不合」，指天地不和，即陰陽二氣失調，影響自然生態發展，無法生長萬物。《孝經・開宗明義章》載孔子論和的功用說：「先王有至德要道，以順天下，民用和睦，上下無怨。」[12]孔子又言：「溫柔敦厚，詩教也……；恭儉莊敬，禮教也。……」[13]這些美德善行，其內涵都是以「和」為基礎。孔子重視「和」的教育，門人多所發揮，例如有子曰：

7　上海古籍出版社編：《毛詩正義》，收入《十三經注疏》（上海市：上海古籍出版社，1997年7月第1版），冊上，卷9之2，〈小雅〉，〈皇皇者華〉，頁407。

8　〔宋〕朱熹：《論語章句集注》，收入《四書章句集注》（北京市：中華書局，1983年10月第1版），卷3〈雍也〉第六，頁91。

9　〔宋〕朱熹：《論語章句集注》，收入《四書章句集注》（北京市：中華書局，1983年10月第1版），卷4〈述而〉第七，頁102。

10　〔宋〕朱熹：《論語章句集注》，收入《四書章句集注》（北京市：中華書局，1983年10月第1版），卷5〈子罕〉第九，頁109。

11　上海古籍出版社編：《禮記正義》，收入《十三經注疏》（上海市：上海古籍出版社，1997年7月第1版），冊下，卷50〈哀公問〉，頁1611。

12　〔唐〕李隆基注，〔宋〕邢昺疏，鄧洪波整理：《孝經注疏》，收入《十三經注疏整理本》（北京市：北京大學出版社，2000年），冊26，卷1，頁3。

13　〔唐〕孔穎達：《禮記注疏》（臺北市：藝文印書館，1981年1月《十三經注疏》本第8版），《禮記・經解》，頁845。

「禮之用，和為貴。」[14]孟子也說：「天時不如地利，地利不如人和。」[15]
「和為貴」與「人和」二詞，影響深遠，成為家喻戶曉的處世南針。思孟學
派出土文物帛書〈五行〉說：「德之行，五和謂之德；四行和，謂之善。
善，人道也；德天道也。」[16]「五行」是指「仁、義、禮、智，聖」，「五行
和」謂之「德」；「四行」是指「仁、義、禮、智」，「四行和」，謂之「善」。
「德」與「善」，均具「和」的美德，只是層次不同。

　　儒家另一代表荀子，也頗多中和之見，例如「禮之敬文也，樂之中和
也，詩書之博也」[17]；「故公平者，聽之衡也，中和者，聽之繩也」[18]；「然
後中和察斷以輔之，政之隆也」[19]。荀子發揮中和思想應用於樂教，其《荀
子・樂論》說：「樂者，天下之大齊也，中和之紀也，人情之所必不免
也。」[20]「大齊」，即大同也，此言樂教有利於中和政治。此外，荀子對
「和」的意見是「和則一，一則多力，多力則強，強則勝物」[21]；其〈天
論〉又言「萬物各得其和以生，各得其養以成」[22]。荀子重和之說，其見與
孔孟同。

---

14 〔宋〕朱熹：《論語章句集注》，收入《四書章句集注》（北京市：中華書局，1983年10月第1
　　版），卷1〈學而〉第一，頁51。

15 〔宋〕朱熹：《孟子章句集注》，收入《四書章句集注》（北京市：中華書局，1983年10月第1
　　版），卷4〈公孫丑〉下，頁241。

16 龐樸：《帛書五行篇研究》（濟南市：齊魯書社，1988年），頁44。

17 〔清〕王先謙：《荀子集解》（北京市：中華書局，1988年9月第1版），卷1，〈勸學〉第一，頁
　　12。

18 〔清〕王先謙：《荀子集解》（北京市：中華書局，1988年9月第1版），卷5，〈王制〉第九，頁
　　151。

19 〔清〕王先謙：《荀子集解》（北京市：中華書局，1988年9月第1版），卷9，〈致仕〉第十四，頁
　　262。

20 〔清〕王先謙：《荀子集解》收入《諸子集成》（長沙市：嶽麓書社，1956年10月第1版），冊3，
　　卷14〈樂論〉第二十，頁276。

21 〔清〕王先謙：《荀子集解》（北京市：中華書局，1988年9月第1版），卷5，〈王制〉第九頁
　　164。

22 〔清〕王先謙：《荀子集解》（北京市：中華書局，1988年9月第1版），卷11，〈王制〉第十七，
　　頁309。

三　孔子論太過與不及

　　春秋之世，孔子不滿當時刑罰寧枉無縱，處罰不中或不公，《論語·子路》說：「刑罰不中，則民無所措手足。」[23]此言刑罰「不中」，即有太過或不及，百姓惶惶不安，手足無措，畏懼司法不公。孔子認為施政宜中宜和，嘗言：「善哉！政寬則民慢，慢則糾之以猛，猛則民殘。殘則施之以寬。寬以濟猛，猛以濟寬，政是以和。」[24]此言施政無過緊或過寬，寬緊皆有其害，宜行中治，才能「政是以和」。

　　孔子又針對過偏行為表現說：

　　　　子貢問：「師與商也孰賢？」子曰：「師也過，商也不及。」曰：「然則師愈與？」子曰：「過猶不及。」[25]

　　孔子認為學生「師」（子張）過賢，而另一學生「商」（子夏）則不及，都是不合中庸之道，故有「過猶不及」之語。孔子又進一步論評人的素質高低，嘗言：

　　　　道之不行也，我知之矣，知者過之，愚者不及也；道之不明也，我知之矣，賢者過之，不肖者不及也。[26]

　　智者與賢者，其弊在「太過」，愚者與不肖者，其弊在「不及」，二者都是有失中庸之道。孔子又舉文章為例，指出「文」與「質」太過之害，《論

23　〔宋〕朱熹：《論語章句集注》，收入《四書章句集注》（北京市：中華書局，1983年10月第1版），卷7〈子路〉第十三，頁142。

24　〔周〕左丘明傳，〔晉〕杜預注，〔唐〕孔穎達正義，浦衛忠等整理：《春秋左傳正義》，收入《十三經注疏整理本》（北京市：北京大學出版社，2000年），冊17，卷49，頁1621。

25　〔宋〕朱熹：《論語章句集注》，收入《四書章句集注》（北京市：中華書局，1983年10月第1版），卷6〈先進〉第十一，頁126。

26　〔宋〕朱熹：《中庸章句》，收入《四書章句集注》（北京市：中華書局，1983年10月第1版），第三章，頁19。

語・雍也》說：「質勝文則野，文勝質則史。文質彬彬，然後君子。」[27]
「勝」，過也，「文」太過質樸，流於粗野，但「文」太過修飾，則流於華麗
而失真，故此「文」與「質」要恰到好處，即彬彬也，才合中庸之道。孔子
也要求行為表現要符合中庸之道，在《禮記・哀公問》中，孔子答哀公問敬
身一事，強調「君子言不過辭，動不過則」[28]，言行要適中，不可越過限度
和原則，否則其弊在太過。孔子又說：「隨心所欲，不逾矩。」[29]「逾矩」
是超越規矩，犯上太過之弊，不合中庸。孔子對於情感的流露，也要求適中
合禮。他讚賞《詩經・關雎》「樂而不淫，哀而不傷」[30]，發乎情而不過，
止乎禮而不拘謹，合乎中節。

　　《禮記・仲尼燕居》中，有載孔子強調「禮所以制中也」之語。「制
中」，其義是執中，恪守中道，無太過或不及。此外，禮也可制「和」，《論
語・學而》說：「知和而和，不以禮節之，亦不可行也。」[31]「以禮節之」
的目的是使其毋太過或不及。《禮記・樂記》又指出：「樂者，天地之和也；
禮者，天地之序也。和故百物皆化；序故群物皆別。樂由天作，禮以地制。
過制則亂，過作則暴。……中正無邪，禮之質也，莊敬恭順。」[32]儒家強調
以禮制「過」，避免「亂」和「暴」，才可「中正」致和。

---

27 〔宋〕朱熹：《論語章句集注》，收入《四書章句集注》（北京市：中華書局，1983年10月第1
　　版），卷3〈雍也〉第六，頁89。

28 上海古籍出版社編：《禮記正義》，收入《十三經注疏》（上海市：上海古籍出版社，1997年7月
　　第1版），冊下，卷50〈哀公問〉，頁1612。

29 〔宋〕朱熹：《論語章句集注》，收入《四書章句集注》（北京市：中華書局，1983年10月第1
　　版），卷1〈為政〉第二，頁54。

30 〔宋〕朱熹：《論語章句集注》，收入《四書章句集注》（北京市：中華書局，1983年10月第1
　　版），卷2〈八佾〉第三，頁66。

31 〔宋〕朱熹：《論語章句集注》，收入《四書章句集注》（北京市：中華書局，1983年10月第1
　　版），卷1〈學而〉第一，頁51。

32 上海古籍出版社編：《禮記正義》，收入《十三經注疏》（上海市：上海古籍出版社，1997年7月
　　第1版），冊下，卷37〈樂記〉，頁1530。

四 時中

　　孔子有「聖之時者也」之譽，並且是古聖時中智慧之集大成者。所謂「時中」，其源於《易》，可以理解為不拘常規，善於變通，適時執中，《中庸》引孔子之言：「君子之中庸也，君子而時中，小人之中庸也，小人無忌憚也。」[33]此言君子與小人對中庸的態度，君子適時而中，並以禮節之，使其不過，小人無禮，故此無忌憚。在擇友交朋方面，孔子持時中之道，《論語・子路》說：

> 子曰：不得中行而與之，必也狂狷乎！狂者進取，狷者有所不為也。[34]

此則論擇友條件，如無「中行」之友，則求其次，「狂狷」之士也要接納。「中行」是指行事中庸，不偏不過，「狂」者過於進取，只知進不知退，「狷」者過於拘謹，有所不為。狂者太過，狷者不及，二者雖皆非中庸，但不可苛求，應因時制宜，予以變通接納，此舉內含時中哲理。

　　孔子把時中理念提升至「無可無不可」[35]的境界，不拘常規，善於變通，適時執中，《論語・里仁》說：「子曰：君子之于天下也，無適也，無莫也，義之與比。」[36]「無適無莫」與「無可無不可」的境界相同。孟子舉證孔子仕途的出處具時中精神，《孟子・公孫丑上》說：「可以仕則仕，可以止則止，可以久則久，可以速則速，孔子也。」道之行也，「道」常變，但變

33　〔宋〕朱熹：《中庸章句》，收入《四書章句集注》（北京市：中華書局，1983年10月第1版），第三章，頁19。

34　〔宋〕朱熹：《論語章句集注》，收入《四書章句集注》（北京市：中華書局，1983年10月第1版），卷7〈子路〉第十三，頁147。

35　〔宋〕朱熹：《論語章句集注》，收入《四書章句集注》（北京市：中華書局，1983年10月第1版），卷9〈微子〉第九，頁186。

36　〔宋〕朱熹：《論語章句集注》，收入《四書章句集注》（北京市：中華書局，1983年10月第1版），卷2〈里仁〉第二，頁71。

中有常,時中屬常。君子處世宜權衡利害,適時而變,適時執中。孔子說:「可與共學,未可與適道;可與適道,未可與立;可與立,未可與權。」[37]明顯地,「權」的掌握較「學」、「道」、「立」更難。所謂「權」是指權衡利弊,取其中庸者而為之,亦即時中也。孟子就「權」的觀點上,進一步指出說:「子莫執中,執中為近之,執中無權,猶執一也。所惡執一者,為其賊道也,舉一而廢百也。」[38]「執中無權」是指未經權衡利害而「執中」,造成執中而害道,舉一而廢百,亦非中庸之道。故此,君子執中需懂權衡之術,宜利不宜害。孟子舉例說:「嫂溺不援,是豺狼也。男女授受不親,禮也;嫂溺援之以手者,權也。」[39]嫂遇溺,叔伸手援之,此乃義也,能權衡輕重而變通處理,亦「時中」精神表現。荀子亦說:「與時遷徙,與世偃仰。千舉萬變,其道一也。」[40]又說:「與時屈伸,……以義應變。」[41]指出因應時空,擇其所宜而應變。

尚中貴和思想在春秋時代,甚為普遍,「中」與「和」的概念已達致互用,即「中」亦「和」,「和」亦「中」。孔子論述中庸之道,散見於儒門著作中,在《論語》中只有一次提及「中庸」一詞,見載於《論語‧雍也》:「中庸之為德也,其至矣乎,民鮮久矣。」及至孔子嫡孫子思(B.C. 483-B.C. 402),整合前賢「中」與「和」之見,編撰《中庸》一書,奠定中庸學說基礎。所謂「中庸」,東漢鄭玄(127-200)予以注之曰:「以其記中和之為用也;庸,用也。孔子之孫子思作之,以昭明聖祖之德也。」[42]〔東

37 〔宋〕朱熹:《論語章句集注》,收入《四書章句集注》(北京市:中華書局,1983年10月第1版),卷5〈子罕〉第九,頁116。

38 〔宋〕朱熹:《孟子章句集注》,收入《四書章句集注》(北京市:中華書局,1983年10月第1版),卷13〈盡心〉章句上,頁357。

39 〔宋〕朱熹:《孟子章句集注》,收入《四書章句集注》(北京市:中華書局,1983年10月第1版),卷7〈離婁〉章句上,頁284。

40 〔清〕王先謙:《荀子集解》收入《諸子集成》(長沙市:嶽麓書社,1956年10月第1版),卷4〈儒效篇〉第八,頁100。

41 〔清〕王先謙:《荀子集解》收入《諸子集成》(長沙市:嶽麓書社,1956年10月第1版),卷1〈不苟篇〉第三,頁30。

42 上海古籍出版社編:《禮記正義》,收入《十三經注疏》(上海市:上海古籍出版社,1997年7月

漢〕鄭玄在書的註釋中，明言中庸即中和之用。《中庸》一書，專論中和，為儒家中和思想的代表作，亦為儒家學說重要的核心思想，對後世影響很大。《中庸》一書原收編於《禮記》內，到了宋代，大儒朱熹（1130-1200）將其抽出，與《大學》、《孟子》，《論語》合編一冊，稱為《四書》。朱熹並為《中庸》作序，解釋「中庸」的含義說：「中者，不偏不倚、無過不及之名。庸，平常也。」[43]此說一直公認至今。

　　《中庸》首章即言：「喜怒哀樂之未發，謂之中；發而皆中節，謂之和。中也者，天下之大本也；和也者，天下之達道也。」[44]「喜怒哀樂」乃人之本性，其未觸發，無所偏倚，狀態處中，故謂「中」，及其舒發情緒，具節制而恰到好處，合乎禮節，未見太過或乖戾，謂之「和」。「中」為天下之大本，「和」為天下之達道，二者共榮一起，可謂無以倫比。《中庸》又說：「致中和，天地位焉，萬物育焉。」[45]至此，「中和」一詞，首見於儒門著作，成為中和思想基石，並且透過《中庸》一書，把中和道統思想作出總結。宋儒朱熹在《中庸》序中說：「《中庸》何為而作也？子思子憂道學之失其傳而作也。蓋自上古聖神繼天立極，而道統之傳有自來矣。」[46]「上古聖神」是指伏羲，神農、黃帝，接著是堯舜、禹湯、文武、周公、孔子。自中和之說推出後，受到廣泛認同，影響後世深遠，成為道統文化。

第1版），冊下卷52，《中庸》，頁1625。

43 〔宋〕朱熹：《中庸章句》，收入《四書章句集注》（北京市：中華書局，1983年10月第1版），第一章，頁18。

44 〔宋〕朱熹：《中庸章句》，收入《四書章句集注》（北京市：中華書局，1983年10月第1版），第一章，頁18。

45 〔宋〕朱熹：《中庸章句》，收入《四書章句集注》（北京市：中華書局，1983年10月第1版），第一章，頁18。

46 〔宋〕朱熹：〈中庸章句序〉，收入《四書章句集注》（北京市：中華書局，1983年10月第1版），頁14。

五　結語

　　春秋時代，儒家代表孔子強調和而不同，提倡中德，過猶不及皆不可取，並且要懂得權衡利害，適時執中，展現時中智慧。時中思想乃孔子的智慧特色，故孟子嘗稱譽他是「聖之時者也」。對於時中的權衡，荀子亦言「與時屈伸」，「與義應變」，此亦時中智慧的延伸發展。

　　儒門弟子對中和之見頗多發揮，如有子提出「和為貴」，子思整合前賢智慧，撰《中庸》一書，奠下儒家中和學說之始。孟荀年代，中和思想得到進一步昇華，孟子提出：「天時不如地利，地利不如人和。」荀子屢言中和，例如「禮之敬文也，樂之中和也，詩書之博也」，又言「萬物各得其和以生，各得其養以成」等。

　　中和思想在儒家的承傳下，成為我國道統文化，未來仍會有長遠的發展，尤其是「時中」的命題，更值得思考和探索。

《中庸》與中和思想

一 前言

「中和」一詞首見於《管子‧正》：「中和慎敬，能日新乎？」[1]次見於《莊子‧說劍》：「中和民意，以安四鄉。」[2]三見於《中庸》：「中也者，天下之大本也，和也者，天下之達道也。致中和，天地位焉，萬物育焉。」[3]至於「中庸」一詞，首見於《論語‧雍也》：「『子曰：中庸之為德也，其至矣乎！民鮮久矣。』」[4]

關於「中庸」二字的釋義，歷來解說頗多，漢代鄭玄說：「中庸者，以其記中和之為用也；庸，用也。」[5]何晏注「中庸之為德」說：「庸，常也，中和可常行之德也。」[6]在唐以前，「中庸」釋義，悉依鄭玄之說，但到了宋代，程頤則解說：「中者，只是不偏，庸只是常，猶言中者是大中也，庸者

1　〔漢〕劉向校，〔清〕戴望校正：《管子校正》收入《諸子集成》（長沙市：嶽麓書社，1996年），卷15，〈正第〉第四十三，頁314。

2　〔清〕郭慶藩：《莊子集釋》，收入《諸子集成》（北京市：中華書局，1983年10月第1版）雜篇〈說劍〉第三十，頁485。

3　〔宋〕朱熹：《中庸章句》，收入《四書章句集注》（北京市：中華書局，1983年10月第1版），頁18。

4　〔宋〕朱熹：《論語集注》，收入《四書章句集注》（北京市：中華書局，1983年10月第1版），〈雍也〉，頁18。

5　李學勤主編：〈中庸〉，《禮記》，收入《十三經注疏》（北京市：北京大學出版社，1999年12月第1版），頁1444。

6　李學勤主編：〈雍也〉，《論語集解》，收入《十三經注疏》（北京市：北京大學出版社，1999年12月第1版），頁82。

是定理也。不偏之謂中，不易之為庸。中者，天下之正道；庸者，天下之定理。」[7]程氏之解說，演繹自《中庸》原文：「中也者，天下之大本也；和也者，天下之達道也。」[8]朱熹對「中庸」之釋義先後作出二個答案，其一在書題〈中庸章句〉引言說：「中者，不偏不倚，無過不及之名。庸，平常也。」[9]其二在〈中庸章句〉第二章句末注說：「然中庸之中，實兼中和之義。」[10]

按：東漢許慎《說文解字》釋「中」為「內也，从口。丨，下上通也」[11]；釋「和，相應也」[12]；釋「龢，調也，讀與和同」[13]；又釋「調，和也」[14]。許氏認為「龢」、「和」、「調」三字互訓同義。

又按：清代段玉裁《說文解字注》說：「中，內也。俗本『和也』，非是。……『中者』，別於外之辭也，別於偏之辭也，亦合宜之辭也。……『龢』、『和』皆非『中』之訓也。」[15]段氏釋「中」為內也、中正、合宜等義，但反對釋「中」為「和」。此說不敢苟同，蓋在春秋之前，「中和」一詞尚未普用，「中」的字義常寓「和」意，「和」的字義常寓「中」意。

在應用上，「中」字含義頗多，除中正無偏外，還有合宜、正確、恰當、適度、適合、調和等義。

子思對「中和」的銓釋，提供新見，《中庸》首章說：「喜怒哀樂之未發，謂之中，發而皆中節，謂之和。」南宋朱熹注釋中和說：「喜、怒、

7　〔宋〕朱熹：《中庸章句》，收入《四書章句集注》（北京市：中華書局，1983年10月第1版），頁17。

8　〔宋〕朱熹：《中庸章句》，收入《四書章句集注》（北京市：中華書局，1983年10月第1版），頁18。

9　〔宋〕朱熹：《中庸章句》，收入《四書章句集注》（北京市：中華書局，1983年10月第1版），頁18。

10　〔宋〕朱熹：《中庸章句》，收入《四書章句集注》（北京市：中華書局，1983年10月第1版），頁19。

11　〔漢〕許慎：《說文解字》（北京市：九州出版社2001年），頁22。

12　〔漢〕許慎：《說文解字》（北京市：九州出版社2001年），頁74。

13　〔漢〕許慎：《說文解字》（北京市：九州出版社2001年），頁121。

14　〔漢〕許慎：《說文解字》（北京市：九州出版社2001年），頁134。

15　〔漢〕許慎撰，〔清〕段玉裁注：《說文解字注》（上海市：上海古籍出版社，1981年），頁56。

哀、樂，情也。其未發，則性也，無所偏倚，故謂之中。發皆中節，情之正也，無所乖戾，故謂之和。」[16]朱氏的解說，可作如下補充，「發」，指情志的舒發，「中」，內也，五志藏於內臟，「發而皆中節」，言情緒舒發無太過，合乎禮節，禮者和也。

根據中醫五行臟象理論，人有五志各配五行五臟，肝屬木主怒；心屬火主喜；脾屬土主思；肺屬金主悲，腎屬水主恐。五志配五臟屬生理功能，情志未舒發，五志藏於內，內者中也。當五志舒發平和，合乎禮節，可稱「中節」（中，讀去聲），意味臟腑不受過激情志影響，五行生剋正常，陰陽氣血調和。若情志舒發失禮，失禮即「未中節」。五志外露太過或不及，引致五臟生剋異常，臟腑失和而病，因為過怒傷肝，過喜傷心，過思傷脾，過悲傷肺，過恐傷腎，所以情志之舒發太過，除失禮失和外，也傷及臟腑之「和」。

關於「中和」與「中庸」的界說，《中庸》首章及次章即指出其區分，首章說：「中也者，天下之大本也；和也者，天下之達道也。」[17]天之「大本」與天之「達道」，都是「易」道的核心範疇，其類別如「易」之「陰陽」。「易」道「致中和」，則「天地位焉，萬物育焉」。《易》有天、地、人三道，稱三才。君子屬人道。《易傳‧說卦》說：「立天之道，曰陰與陽，立地之道，曰柔與剛；立人之道，曰仁與義。」[18]人道以仁義為代表，故此，《中庸》所說的「五達道，三達德，九經」等，俱為人道的君子所有，《荀子‧儒效》論君子說：「非天之道，非地之道，人之所以道，君子之所道也。」[19]「中庸」乃至德總稱，屬於三才中之人道。天有四時，地有五行，人有中庸，各具和德，中和貫穿其中，締造宇宙和諧之美。

---

16 〔宋〕朱熹：《中庸章句》，收入《四書章句集注》（北京市：中華書局，1983年10月第1版），頁18。

17 〔宋〕朱熹：《中庸章句》，收入《四書章句集注》（北京市：中華書局，1983年10月第1版），頁18。

18 李學勤主編：《周易正義》，收入《十三經注疏》（北京市：北京大學出版社，1999年12月第1版），卷9〈說卦〉，頁326。

19 〔清〕王先謙：《荀子集解》（北京市：中華書局，1988年），卷四，〈儒效〉，頁122。

二　《中庸》的作者與成書

　　《中庸》乃儒家中和思想的經典代表作，原載於《禮記》，後經宋代朱熹連同《禮記》另一篇文章〈大學〉一併抽出，再連同《論語》及《孟子》合編成書，命名為《四書章句集註》，簡稱《四書集註》。朱熹在〈中庸章句序〉中，述及《中庸》成書原因，其序說：「《中庸》何為而作也？子思子憂道學之失傳而作也。」序中又指出「子思懼夫愈久而愈失其真也，於是推本堯舜以來相傳之意，質以平日所聞父師之言，更互演繹，作為此書，以詔後之學者。」[20]在序文中，透露了《中庸》的取材，係來自「父師之言，更互演繹」而成書。

　　在宋代之前，士人都深信《中庸》的作者是孔子之孫孔伋，即子思。據《史記·孔子世家》有載：「孔子生鯉，字伯魚。伯魚年五十，先孔子死。伯魚生伋，字子思，年六十二，嘗困於宋。子思作中庸。」[21]子思困於宋而作《中庸》一事，《孔叢子·居衛》詳載其事說：

　　　　子思年十六，適宋。宋大夫樂朔與之言學焉。朔曰：「《尚書》虞夏數
　　　　四篇善也，下此以訖于秦費，效堯、舜之言耳，殊不如也。」子思答
　　　　曰：「事變有極，正自當爾。假令周公、堯、舜更時易處，其書同
　　　　矣。」樂朔曰：「凡書之作，欲以喻民也，簡易為上，而乃故作難知
　　　　之辭，不亦繁乎？」子思曰：「《書》之意兼複深奧，訓詁成義，古人
　　　　所以為典雅也。昔魯委巷亦有似君之言者。伋答之曰：『道為知者
　　　　傳。苟非其人，道不貴矣。』今君何似之甚也。」樂朔不悅而退，
　　　　曰：「孺子辱吾。」其徒曰：「此雖以宋為舊，然世有讎焉，請攻

---

20 〔宋〕朱熹：《中庸章句》，收入《四書章句集注》（北京市：中華書局，1983年10月第1版），頁14。

21 〔漢〕司馬遷：《史記》，收入《文淵閣四庫全書》（上海市：上海古籍出版社，1987年），冊244，卷47，頁244-250。

之。」遂圍子思。宋君聞之，駕而救子思。子思既免，曰：「文王厄
於牖里，作《周易》；祖君（子思祖父孔子）屈於陳蔡，作《春秋》。
吾困於宋，可無作乎？」於是撰《中庸》之書四十九篇。[22]

子思適宋，與宋大夫論學，意見不合，惹來兵困，幸得宋君援手，始得免
禍。子思仿效前賢處困境而立言，作《中庸》四十九篇傳世。子思撰著之
事，在《孔叢子·居衛》也另有記載說：

> 穆公謂子思曰：「子之書所記夫子之言，或者以謂子之辭也。子思
> 曰：「臣所記臣祖之言，或親聞之者，有聞之於人者，雖非其正辭，
> 然猶不失其意焉。且君之所疑者何？」[23]

子思之書，內容採納孔子之言，雖非正辭，但也不失原意。

東漢的經學大師鄭玄對子思作《中庸》之事，毫不置疑說：「孔子之孫
子思伋作中庸，以昭明聖祖之德。」[24]子思撰《中庸》之說，在漢唐之間，一
直無人質疑，但到了北宋，對於《中庸》的作者及成書問題，引起學術界很
多爭議。最先提出質疑《中庸》非子思之作的是歐陽修，其〈問進士策〉說：

> 問：禮樂之書散亡，而雜出於諸儒之說，獨中庸出於子思。子思，聖
> 人之後也。其所傳宜得其真，而其說有異乎聖人者，何也？《論語》
> 云：「吾十有五而志於學，三十而立，四十而不惑，五十而知天
> 命。」蓋孔子自年十五而學，學十五年而後有立，其道又須十年而一
> 進。孔子之聖，必學而後至，久而後成。而《中庸》曰：「自誠明謂
> 之性，自明誠謂之教。」自誠明，生而知之也；自明誠，學而知之

22　〔漢〕孔鮒：《孔叢子》，收入王雲五等編：《四部叢刊初編》（臺北市：臺灣商務印書館，1975
　　年），第18冊，卷2，頁23。

23　〔漢〕孔鮒：《孔叢子》，該書收入王雲五等編：《四部叢刊初編》（臺北市：臺灣商務印書館，
　　1975 年），第18冊，卷3，頁226上。

24　李學勤主編：《禮記正義》，收入《十三經注疏》（北京市：北京大學出版社，1999年12月第1
　　版），卷第52〈中庸〉第31，頁1422。

也。若孔子者，可謂學而知之者，孔子必須學，則《中庸》所謂自誠
而明、不學而知之者，誰可以當之歟？⋯⋯上古聖人之明者，其勉而
思之猶有不及，則《中庸》之所謂「不勉而中，不思而得」者，誰可
以當之歟？⋯⋯若《中庸》之誠明不可及，則怠人而中止，無用之空
言也。故予疑其傳之謬也，吾子以為如何？[25]

歐陽修直言子思乃孔聖之後，何解其學說有別於孔子？歐氏又以孔子尚且學
而知之為由，何解《中庸》有「自誠明，生而知之也」之說，「誰可以當之
歟？」歐氏又提出一連串尖銳問題及於文末評《中庸》乃「無用之空言」，
並「疑其傳之謬也」，非子思之作。

　　歐陽修乃北宋文學大家，《中庸》作者非子思的疑點經他提出，旋即激
起學術界對問題的關注及探究，南宋名儒王十朋（1112-1171）〈問策第十
首〉也指出：

《中庸》一書蓋聖學淵源入德之大要，說者謂孔子之孫子思所作，觀
其微辭奧旨，非聖人之後命世大儒有不能者焉，然其間主言措意亦有
戾於吾夫子者，證以《論語》、〈繫辭〉不得盡合，學者疑之⋯⋯孔子
之時，天下曷嘗同車書乎⋯⋯又有仲尼曰，仲尼祖述堯舜之語，豈有
身為聖人之孫而字其祖者乎⋯⋯孟子學子思者，七篇之書稱子思多
矣，獨無一言及其師之書，又不知是書果子思所否耶。」[26]

王十朋提出四疑問：其一、《中庸》「主言措意」有別於《論語》及《易·繫
辭》；其二、「書同文，車同軌」非出現於孔子年代；其三、《中庸》書中，
子思直稱祖父孔子的字為仲尼，不合禮法；其四、孟子嘗遊於子思，但孟子
著述中，竟無提及《中庸》是書。

25　〔北宋〕歐陽修：《歐陽文忠公全集》，收入《四部備要》（上海市：中華書局，1920年據祠堂本
　　校刊），集部，第6冊，卷48，頁3-4。
26　〔宋〕王十朋：〈問策第十首〉，參看氏著：《梅溪王先生文集》，收入《四部叢刊初編》（臺北
　　市：臺灣商務印書館，1967年），集部，前集卷十三，頁152。

　　歐陽修及王十朋提出《中庸》作者的疑點，引起後世頗多爭論，成為學術公案。不過，可以理解的，先秦諸子作品中，非一人一時之作，屢見不鮮，《中庸》亦如是。《中庸》收編入《禮記》內，而《禮記》的成書，據《漢書‧藝文志》稱是七十子之徒後學所記，經漢儒戴聖編定，故此，《中庸》經眾手而成書，絕不為奇。

　　近代學者郭沂曾據「郭店楚簡」，作出研究指出：「今本《中庸》大致由兩篇構成，一篇為原本《中庸》，另一篇為子思佚篇《天命》。《禮記》編者既然兩這兩篇合編在一起，說明它們本來都出自子思書。」[27]近代另一學者梁濤也結合文獻及出土楚簡作出研究，撰有〈郭店楚簡與中庸公案〉一文，認為「《中庸》為《子思子》的首篇，故用來作為全書的稱謂。」[28]《子思子》為子思作品，古籍有載，《隋書》卷十三〈音樂志上〉嘗引南朝學者沈約之說云：「《中庸》、《表記》、《坊記》、緇衣」皆取《子思子》。」[29]關於《中庸》作者的問題，經結合出土文獻及古籍的考察，子思作《中庸》是不容置疑的，不過，部份內容曾被後儒潤飾整理或增刪也是事實。

三　子思中和觀之繼往開來

　　中和思想，其源甚古，遠在禪讓制度的三代已有，此後隨著歷史潮流的發展，代代承傳，成為道統文化，代表了中國傳統道德及哲學文化的核心思想。關於中和思想的道統承傳脈絡，南宋朱熹〈中庸章句序〉指出：

　　　　「允執厥中」者，堯之所以授舜也；「人心惟危，道心惟微，惟精惟
　　　　一，允執厥中」者，舜之所以授禹也。……自是以來，聖聖相承：若

27　龐樸等撰：《郭店楚簡與早期儒學》（臺北市：臺灣古籍出版公司，2002年），第五章〈《中庸》‧《子思》‧《子思子》——子思書源流考〉，頁82-83。

28　龐樸等撰：《郭店楚簡與早期儒學》（臺北市：臺灣古籍出版公司，2002年），頁95-96。

29　〔唐〕魏徵等：《隋書》，收入《二十五史》（杭州市：浙江古籍出版社，1998年），第3冊，頁989。

成湯、文、武之為君，皋陶、伊、傅、周、召之為臣，既皆以此而接
夫道統之傳，若吾夫子，則雖不得其位，而所以繼往聖、開來學，其
功反有賢於堯舜者。[30]

「允執厥中」，即公允中正，是堯帝傳授給舜帝的治政心法。「人心惟危，道
心惟微，惟精惟一，允執厥中」，即著名的「十六字心傳」，是舜帝總結「允
執厥中」的實踐經驗，予以擴充而得，並傳授這十六字給繼任帝主大禹。
「吾夫子」是指孔子，孔子雖非君主王侯，但他繼承中和思想道統精神，貢
獻於文化事業，「刪詩書、訂禮樂、贊周易、作春秋」，「其功反有賢於堯
舜」，故有素王之稱。

孔子的嫡孫子思，嘗遊於曾子之門，繼承道統，整理孔子遺教及「平日
父師之言，更互演繹，作為此書，以詔後之學者」[31]。子思著書立說，滿懷
熱誠，視之為傳世之作，其心態是「蓋其憂之也深，故其言之也切；其慮之
也遠，故其說之也詳。」[32]子思撰作《中庸》，其內容繼承孔子中庸哲理，
並把孔子的「中庸」概念，由「過猶不及」，「執兩用中」的中庸觀，昇華為
「中和觀」、「修齊治平觀」、「天人合一觀」。

《中庸》全書三十三章，章首以「子曰」為發端語者有二十章，另有二
章以「仲尼」為開首語者，合共提及孔子二十二次。檢視《中庸》一書，可
發現書中蘊藏不少孔子哲理，引錄對照如下：

《中庸》與《論語》

　　《中庸》子曰：「中庸其至矣乎！民鮮能久矣。」(〈第三章〉)

---

30 〔宋〕朱熹：《中庸章句》，收入《四書章句集注》(北京市：中華書局，1983年10月第1版)，
　　頁14-15。

31 〔宋〕朱熹：《中庸章句》，收入《四書章句集注》(北京市：中華書局，1983年10月第1版)，
　　頁15。

32 〔宋〕朱熹：《中庸章句》，收入《四書章句集注》(北京市：中華書局，1983年10月第1版)，
　　頁15。

《論語》子曰：「中庸之為德也，其至矣乎！民鮮久矣。」（〈雍也〉）

《中庸》子曰：「道之不行也，我知之矣；知者過之，愚者不及也；
　　　　道之不明也，我知之矣，賢者過之，不肖者不及也。」（〈第
　　　　四章〉）

《論語》子貢問：「師與商也孰賢？」子曰：「師也過，商也不及。」
　　　　曰：「然則師愈與？」子曰：「過猶不及。」（〈先進〉）

《中庸》子曰：「道其不行矣夫！」（〈第五章〉）

《論語》子曰：「道不行，乘桴浮於海，從我者其由與？」（〈公冶
　　　　長〉）
　　　　子曰：「誰能出不由戶？何莫由斯道也？（〈雍也〉）

《中庸》子曰：「舜其大知也與！……執其兩端，用其中於民。」
　　　　（〈第六章〉）

《論語》堯曰：「咨！爾舜！天之曆數在爾躬，允執其中。」（〈堯
　　　　曰〉）

《中庸》子曰：「君子和而不流。」（〈第十章〉）

《論語》子曰：「君子和而不同，小人同而不和。」（〈子路〉）

《中庸》子曰：「君子依乎中庸，遯世不見知而不悔，唯聖者能之。」
　　　　（〈第十一章〉）

《論語》子曰：「不患人之不己知，患不知人也。」（〈學而〉）

《中庸》子曰：「道不遠人，人之為道而遠人，不可以為道。」（〈第
　　　　十三章〉）

《論語》子曰：「仁遠乎哉？我欲仁，斯仁至矣。」（〈述而〉）

《中庸》子曰：「忠恕違道不遠。施諸己而不願，亦勿施於人。」
　　　　（〈第十三章〉）

《論語》子曰：「其恕乎！己所不欲，勿施於人。(〈衛靈公〉)

《中庸》子曰：「三年之喪，達乎天子。」(〈第十八章〉)
《論語》子曰：「夫三年之喪，天下之通喪也。」(〈陽貨〉)

《中庸》子曰：「夫孝者，善繼人之志，善述人之事。(〈第十九章〉)
《論語》子曰：「三年無改于父之道，可謂孝矣。」(〈學而〉)

《中庸》子曰：「事死如事生，事亡如事存，孝之至也。」(〈第十九章〉)
《論語》：祭如在，祭神如神在。子曰：「吾不與祭，如不祭。」(〈八佾〉)

《中庸》子曰：「射有似乎君子，失諸正鵠，反求諸其身。」(〈第十四章〉)
《論語》子曰：「君子求諸己，小人求諸人。」(〈衛靈公〉)

《中庸》子曰：「吾說夏禮，杞不足徵也；吾學殷禮，有宋存焉；吾學周禮，今用之，吾從周。」(〈第二十八章〉)
《論語》子曰：「夏禮，吾能言之，杞不足徵也；殷禮，吾能言之，宋不足徵也。文獻不足故也，足則吾能徵之矣。」……子曰：「周監於二代，郁郁乎文哉！吾從周。」(〈八佾〉)

上述引文的內容，相當廣泛，從個人的孝禮到治國禮制，從和同到忠恕，從執中到行道等，都涉及在內，在文字上的對照雖有差異，這正如子思所言「雖非正其辭」，但句「不失其意」，可見《論語》與《中庸》二書具有承傳作用，不可置疑。

　　子思繼承孔子道統，完成繼往使命，有「述聖」之譽，開創思孟學派，完成中和道統繼往開來的使命。據韓非子《顯學》篇說：

　　自孔子之死也，有子張之儒，有子思之儒，有顏氏之儒，有孟氏之

儒，有漆雕氏之儒，有仲良氏之儒，有孫氏之儒，有樂正氏之儒。[33]

孔子死後，儒門分為八家，子思及孟子各有成就，據《史記》指出孟子「受業子思之門人」，思孟同源，故此荀子嘗言「子思唱之，孟軻和之」[34]。在《中庸》與《孟子》二書中，有一段文字非常相似，引錄如下：

> 《中庸》：在下位不獲乎上，民不可得而治矣！獲乎上有道，不信乎朋友，不獲乎上矣；信乎朋友有道，不順乎親，不信乎朋友矣；順乎親有道，反諸身不誠，不順乎親矣；誠身有道，不明乎善，不誠乎身矣。誠者，天之道也；誠之者，人之道也。（〈第二十章〉）
>
> 《孟子》：孟子曰：「居下位而不獲於上，民不可得而治也。獲於上有道，不信於友，弗獲於上矣；信於友有道，事親弗悅，弗信於友矣；悅親有道，反身不誠，不悅於親矣；誠身有道，不明乎善，不誠其身矣。是故誠者，天之道也；思誠者，人之道也。」（〈離婁上〉）

上引二段文字，文意完全相同，只是在虛字上稍加改動成句，孟子承傳子思之學於此可見。不僅這樣，孟子還在中和思想上有所發明，其名句：「天時不如地利，地利不如人和。」[35]「人和」乃得民心，在治政上無往而不利，也是政治成敗的關鍵。

孔子嘗讚揚大舜「好問而察邇言，隱惡而揚善，執其兩端，用其中於民」[36]。孟子予以補充說：「湯執中，立賢無方。」[37]湯武執中選賢，並無常法，惟賢則用。「立賢無方」乃時中智慧表現，著重權衡。

33　陳啟天：《增訂韓非子校釋》（臺北市：臺灣商務印書館，1994年），〈顯學〉，頁1。

34　〔清〕王先謙：《荀子集解》（北京市：中華書局，1988年），〈非十二子〉，頁94。

35　〔宋〕朱熹：《孟子章句集注》，收入《四書章句集注》（北京市：中華書局，1983年10月第1版），〈公孫丑下〉，頁241。

36　〔宋〕朱熹：《中庸章句》，收入《四書章句集注》（北京市：中華書局，1983年10月第1版），〈第六章〉，頁20。

37　〔宋〕朱熹：《孟子章句集注》，收入《四書章句集注》（北京市：中華書局，1983年10月第1版），〈離婁下〉，頁294。

《中庸》說:「君子之中庸也,君子而時中。」所謂「時中」,就是在「執中」之際,活用「權衡通變」智慧,《孟子‧盡心上》說:「執中無權,猶執一也。所惡執一者,為其賊道也,舉一而廢百也。」[38]「無權」是指沒有權衡輕重利害,「執一」,言所得僅一點;「賊」,傷害,違背;「道」,指中庸之道,「舉一而廢百」,言得一而失百。未經權衡而執一,有違中庸之旨,結果得小而失多。孟子讚揚孔子「聖之時者也」,譽他時中智慧高超,身處亂世時代,懂得個人的「處」與「仕」的安排,《孟子‧萬章下》說:「可以速而速,可以久而久,可以處而處,可以仕而仕,孔子也。」[39]孟子關心「時」的變化,提出因應時勢行事,此所謂「彼一時,此一時也」[40]。孟子權衡利弊別具心得,認為「權,然後知輕重;度,然後知長短。物皆然,心為甚」。[41]權衡人心最難,更宜認真。「時中」的抉擇,有時宜果斷迅速,《孟子‧離婁上》說:

> 淳于髡曰:「男女授受不親,禮與?」孟子曰:「禮也。」曰:「嫂溺則援之以手乎?」曰:「嫂溺不援,是豺狼也。男女授受不親,禮也;嫂溺援之以手者,權也。」[42]

朱子釋「權」之義說:「權,稱錘也,稱物輕重而往來以取中者也。權而得中,是乃禮也。」[43]嫂溺援手,既合禮也合權,中和思想之表現也。

---

38 〔宋〕朱熹:《孟子章句集注》,收入《四書章句集注》(北京市:中華書局,1983年10月第1版),頁357。

39 〔宋〕朱熹:《孟子章句集注》,收入《四書章句集注》(北京市:中華書局,1983年10月第1版),頁314-315。

40 〔宋〕朱熹:《孟子章句集注》,收入《四書章句集注》(北京市:中華書局,1983年10月第1版),〈公孫丑下〉,頁250。

41 〔宋〕朱熹:《孟子章句集注》,收入《四書章句集注》(北京市:中華書局,1983年10月第1版),〈梁惠王上〉,頁210。

42 〔宋〕朱熹:《孟子章句集注》,收入《四書章句集注》(北京市:中華書局,1983年10月第1版),頁284。

43 〔宋〕朱熹:《孟子章句集注》,收入《四書章句集注》(北京市:中華書局,1983年10月第1版),頁284。

　　《論語・里仁》說：「夫子之道，忠恕而已矣！」[44]《中庸》則說：「敬君子以人治人，改而止，忠恕違道不遠。」[45]對於「忠恕」的釋義，朱子說：「盡己之謂忠，推己之謂恕。」[46]朱子又進一步發揮「恕」之義說：「推己以及人，反身而誠則仁矣……行之以恕，則私不容而仁可得。」[47]孟子釋「忠恕」曰：「教人以善謂之忠。」[48]其〈盡心上〉又釋「恕」曰：「強恕而行，求仁莫近焉。」[49]對於「仁」的要理，孟子〈公孫丑上〉說：「人皆有不忍人之心。先王有不忍人之心，斯有不忍人之政矣。以不忍人之心，行不忍人之政，治天下可運之掌上……無惻隱之心，非人也；無羞惡之心，非人也；無辭讓之心；非人也；無是非之心，非人也。」[50]孟子又進一步發揮其義理說：「惻隱之心，仁之端也；羞惡之心，義之端也；辭讓之心，禮之端也；是非之心，智之端也。人之有是四端也，猶有其四體也。」[51]「仁、義、禮、智」稱四端，其後漢代董仲舒予以擴充為「仁、義、禮、智、信五常之道」[52]。

　　對於天與性的關係，子思說：「天命之謂性，率性之謂道，修道之謂

44　〔宋〕朱熹：《論語章句集注》，收入《四書章句集注》（北京市：中華書局，1983年10月第1版），〈里仁〉，頁72。

45　〔宋〕朱熹：《中庸章句》，收入《四書章句集注》（北京市：中華書局，1983年10月第1版），頁23。

46　〔宋〕朱熹：《中庸章句》，收入《四書章句集注》（北京市：中華書局，1983年10月第1版），頁72。

47　〔宋〕朱熹：《孟子章句集注》，收入《四書章句集注》（北京市：中華書局，1983年10月第1版），〈盡心上〉，頁350。

48　〔宋〕朱熹：《孟子章句集注》，收入《四書章句集注》（北京市：中華書局，1983年10月第1版），〈滕文公上〉，頁260。

49　〔宋〕朱熹：《孟子章句集注》，收入《四書章句集注》（北京市：中華書局，1983年10月第1版），〈盡心上〉，頁350。

50　〔宋〕朱熹：《孟子章句集注》，收入《四書章句集注》（北京市：中華書局，1983年10月第1版），〈公孫丑上〉，頁237。

51　〔宋〕朱熹：《孟子章句集注》，收入《四書章句集注》（北京市：中華書局，1983年10月第1版），〈公孫丑上〉，頁238。

52　〔漢〕班固：《漢書》（北京市：中華書局，1999年），〈董仲舒傳〉，頁1906。

教。」[53]又說：「唯天下至誠，為能盡其性；能盡其性，則能盡人之性；能盡人之性，則能盡物之性；能盡物之性，則可以贊天地之化育；可以贊天地之化育，則可以與天地參矣。」[54]盡人性而可參天地之化育，此為天人合一。

子思的天人合一觀始於「誠」。孟子的天人合一觀則始於「心」，《孟子・盡心上》說：「盡其心者，知其性也。知其性，則知天矣。存其心，養其性，所以事天也。殀壽不貳，修身以俟之，所以立命也。」[55]孟子修身以俟立命，對比子思的「修道之謂教」，二者識見互為輝映。

孔子中和思想承傳堯舜禹湯文武周公，子思則承傳孔子，下開孟子，孔子有至聖之稱，子思有述聖之譽，孟子也有亞聖之名。在中國道統文化的傳承上，孔子鼓吹復禮興仁，子思弘揚三達德智仁勇，孟子教育四端仁義禮智，董仲舒教化五常仁義禮智信。

四　君子與中庸思想

《中庸》一書，是古代君子進德修業的寶鑑，全書分三十三章，提及「君子」一詞三十四次，可說是論君子的專書。書中首章即言「君子中庸」，直言君子即中庸，把君子與中庸相提並論，推崇君子具中庸之德。「中庸」含諸至德，每德皆至善，《論語・雍也》說：「子曰：『中庸之為德也，其至矣乎！民鮮久矣。』」[56]《中庸》第三章也說：「子曰：『中庸之為德也，其至矣乎！民鮮久矣！』」[57]子思稱許君子其人「尊德性而道問學，致

---

53 〔宋〕朱熹：《中庸章句》，收入《四書章句集注》（北京市：中華書局，1983年10月第1版），頁17。

54 〔宋〕朱熹：《中庸章句》，收入《四書章句集注》（北京市：中華書局，1983年10月第1版），頁32。

55 〔宋〕朱熹：《孟子章句集注》，收入《四書章句集注》（北京市：中華書局，1983年10月第1版），頁349。

56 〔宋〕朱熹：《論語章句集注》，收入《四書章句集注》（北京市：中華書局，1983年10月第1版），頁92。

57 〔宋〕朱熹：《中庸章句》，收入《四書章句集注》（北京市：中華書局，1983年10月第1版），頁19。

廣大而盡精微，極高明而道中庸。溫故而知新，敦厚以崇禮」[58]。君子修身德目繁多，例如：智、仁、勇、禮、義、孝、悌、忠、信、溫、良、恭、儉、讓、誠、正、慈、敬、寬、敏、剛、毅、恥……等等。上述各德目，皆以「和」為核心價值。

　　君子進德修身，始於孝道，《論語・學而》說：「君子務本，本立而道生。孝弟也者，其為仁之本與！」[59]《中庸》第二十章載孔子之言曰：「修身以道，修道以仁。仁者，人也，親親為大。……故君子不可以不修身，思修身，不可以不事親。」[60]所謂「百行孝為先」，故君子修身，以孝為先。在《中庸》書中，孔子二次褒揚古聖孝行，〈十七章〉其文載：「子曰：『舜其大孝也與！德為聖人。』」[61]〈第十九章〉其文載：「子曰：『武王、周公、其達孝矣乎。夫孝者，善繼人之志，善述人之事者也。』」[62]孝的最高標準稱至孝，孔子說：「敬其所尊，愛其所親，事死如事生，事亡如事存，孝之至也。」[63]子思承傳孔子論孝精神說：「凡有血氣者，莫不尊親。」[64]此言其為人也，莫不孝於親，孝道為修身首務。

　　儒家認為君子修身之目的，旨在齊家、治國、平天下，簡稱修、齊、治、平。子思秉承其先祖孔子遺訓，提出修身之道。《中庸》說：「天下之達道五，所以行之者三：曰君臣也、父子也、夫婦也、昆弟也、朋友之交也，五

58 〔宋〕朱熹：《中庸章句》，收入《四書章句集注》（北京市：中華書局，1983年10月第1版），頁35。

59 〔宋〕朱熹：《論語章句集注》，收入《四書章句集注》（北京市：中華書局，1983年10月第1版），頁42。

60 〔宋〕朱熹：《中庸章句》，收入《四書章句集注》（北京市：中華書局，1983年10月第1版），頁25。

61 〔宋〕朱熹：《中庸章句》，收入《四書章句集注》（北京市：中華書局，1983年10月第1版），頁25。

62 〔宋〕朱熹：《中庸章句》，收入《四書章句集注》（北京市：中華書局，1983年10月第1版），頁27。

63 〔宋〕朱熹：《中庸章句》，收入《四書章句集注》（北京市：中華書局，1983年10月第1版），〈第十九章〉，頁27。

64 〔宋〕朱熹：《中庸章句》，收入《四書章句集注》（北京市：中華書局，1983年10月第1版），〈第三十一章〉，頁38。

者天下之達道也。知、仁、勇三者，天下之達德也，所以行之者一也。」[65]
所謂五達道，即君臣、父子、夫婦、昆弟、朋友，此屬五倫。孟子所謂「父
子有親、君臣有義、夫婦有別、長幼有序、朋友有信」[66]。五倫相處，以
「和」為貴，失「和」則不能維繫關係。所謂三達德，即知、仁、勇。子思的
三達德概念，源出孔子。《論語・子罕》說：「子曰：『知者不惑，仁者不憂，
勇者不懼。』」[67]《論語・顏淵》又說：「君子不憂不懼……內省不疚，夫何憂
何懼？」[68]

　　儒家修身歷程為修、齊、治、平，《中庸》說：「凡為天下國家有九經，
曰：修身也、尊賢也、親親也、敬大臣也、體群臣也、子庶民也、來百工
也、柔遠人也、懷諸侯也。」[69]九經以「修身」為首，以治平為目標。《中
庸》第二十章說：「知所以修身，則知所以治人，則知所以治天下國家
矣。」[70]《中庸》第二十章又說：「修身則道立，尊賢則不惑，親親則諸父
昆弟不怨，敬大臣，則不眩，體群臣，則士之報禮重，子庶民，則百姓勸，
來百工，則財用足，柔遠人，則四方歸之，懷諸侯，則天下畏之。齊明盛
服，非禮不動，所以修身也。」[71]於此可見，儒家一生以修齊治平為終身奮
鬥目標。《禮記・禮運》也有修齊治平之論，其文曰：「父慈、子孝、兄良、
弟悌、夫義、婦聽、長惠、幼順、君仁、臣忠……故聖人之所以治人七情，

65　〔宋〕朱熹：《中庸章句》，收入《四書章句集注》（北京市：中華書局，1983年10月第1版），
　　〈第二十章〉，頁28-29。

66　〔宋〕朱熹：《孟子章句集注》，收入《四書章句集注》（北京市：中華書局，1983年10月第1
　　版），〈藤文公上〉，頁259。

67　〔宋〕朱熹：《論語章句集注》，收入《四書章句集注》（北京市：中華書局，1983年10月第1
　　版），頁116。

68　〔宋〕朱熹：《論語章句集注》，收入《四書章句集注》（北京市：中華書局，1983年10月第1
　　版），頁133。

69　〔宋〕朱熹：《中庸章句》，收入《四書章句集注》（北京市：中華書局，1983年10月第1版），
　　〈第二十章〉，頁29。

70　〔宋〕朱熹：《中庸章句》，收入《四書章句集注》（北京市：中華書局，1983年10月第1版），
　　頁29。

71　〔宋〕朱熹：《中庸章句》，收入《四書章句集注》（北京市：中華書局，1983年10月第1版），
　　頁30。

修十義，講信修睦，尚辭讓，去爭奪，舍禮何以治之？」[72]自古儒士敦品勵行，以「學而優則仕」為傲。

君子修身，謹慎言行，要「言顧行，行顧言」，「施諸己而不願，亦勿施於人」[73]，也要安分守己，所謂「君子素其位而行，不願乎其外。素富貴，行乎富貴，素貧賤，行乎貧賤，……君子無入而不自得焉。」[74]素位而行，上和下睦，「在上位不陵下，在下位不援上。」[75]處事遇有挫折，「正己而不求於人，則無怨。上不怨天，下不尤人。故君子居易以俟命」[76]，凡事以溝通致和，並信天命。

此外，君子具時中智慧，權衡利害，知所進退，執中應變，《中庸》二十七章說：「是故居上不驕，為下不倍，國有道其言足以興，國無道其默足以容，詩曰：『既明且哲，以保其身。』其此之謂與！」[77]不驕不倍，有利於上下和睦。國有道與國無道，其言也慎，要具時中智慧，考慮明哲保身之道。此外，謹慎行誼，「雖有其位，苟無其德，不敢作禮樂焉；雖有其德，苟無其位，亦不敢作禮樂焉。」[78]權衡身分，不可越位，端賴時中智慧抉擇。孟子嘗稱讚孔子最具時中智慧，譽他為「聖之時者也」[79]。其實，孟子也具時中智慧，於其雄辯中見之。

---

72 李學勤主編：《禮記正義》（上中下），收入《十三經注疏》（北京市：北京大學出版社，1999年12月第1版），冊上，卷22，〈禮運〉，頁689。

73 〔宋〕朱熹：《中庸章句》，收入《四書章句集注》（北京市：中華書局，1983年10月第1版），〈第十三章〉，頁23。

74 〔宋〕朱熹：《中庸章句》，收入《四書章句集注》（北京市：中華書局，1983年10月第1版），〈第十四章〉，頁24。

75 〔宋〕朱熹：《中庸章句》，收入《四書章句集注》（北京市：中華書局，1983年10月第1版），〈第十四章〉，頁24。

76 〔宋〕朱熹：《中庸章句》，收入《四書章句集注》（北京市：中華書局，1983年10月第1版），〈第二十七章〉，頁36。

77 〔宋〕朱熹：《中庸章句》，收入《四書章句集注》（北京市：中華書局，1983年10月第1版），〈第二十七章〉，頁36。

78 〔宋〕朱熹：《中庸章句》，收入《四書章句集注》（北京市：中華書局，1983年10月第1版），〈第二十八章〉，頁36。

79 〔宋〕朱熹：《孟子章句集注》，收入《四書章句集注》（北京市：中華書局，1983年10月第1版），〈章句下〉，頁315。

「內省」乃儒家修身重要課題，曾子嘗言：『吾日三省吾身：為人謀而不忠乎？與朋友交而不信乎？傳不習乎？』」[80] 《中庸》也說：「君子內省不疚，無惡於志。」[81] 子思又提出內省相關命題「慎獨」，《中庸》首章說：「是故君子戒慎乎其所不睹，恐懼乎其所不聞。莫見乎隱，莫顯乎微，故君子慎其獨也。」[82] 此言君子獨處，應嚴於律己，自我警省，尤是對於一些己所不睹，己所不聞以及或隱或微的事，更要提高驚惕。「慎獨」也可理解為君子獨處，無人察見，更要嚴律自己，不要暗地裡幹壞事。朱熹說：「獨者，人所不知而己所獨知之地也。言幽暗之中，細微之事，跡雖未形而幾則已動，人雖不知而己獨知之，則是天下之事無有著見明顯而過於此者。是以君子既常戒懼，而於此尤加謹焉，所以遏人欲於將萌，而不使其滋長於隱微之中，以致離道之遠也。」[83] 君子經常反省，防範「滋長於隱微之中」的過錯。子思的慎獨概念，蛻變於其師曾子，《大學》說：「所謂誠其意者，毋自欺也，如惡惡臭，如好好色，此之謂自謙，故君子慎其獨也！」[84] 「誠」者，無自欺也不能欺人。《大學》又說：「小人閒居為不善，無所不至。見君子而後厭然，掩其不善，而著其善。人之視己，如見其肺肝然，則何益矣。此謂誠於中，形於外。故君子慎其獨也。」[85] 「誠於中，形於外」，如見肺肝，無所掩藏，誠偽立見，故君子慎其獨。

學以致道，乃儒家自強不息的學習目標，《論語・子張》說：「博學而篤

---

80 〔宋〕朱熹：《論語章句集注》，收入《四書章句集注》（北京市：中華書局，1983年10月第1版），〈學而〉，頁48。

81 〔宋〕朱熹：《中庸章句》，收入《四書章句集注》（北京市：中華書局，1983年10月第1版），〈第三十三章〉，頁38。

82 〔宋〕朱熹：《中庸章句》，收入《四書章句集注》（北京市：中華書局，1983年10月第1版），〈第一章〉，頁17。

83 〔宋〕朱熹：《中庸章句》，收入《四書章句集注》（北京市：中華書局，1983年10月第1版），〈第一章〉，頁17

84 〔宋〕朱熹：《大學章句》，收入《四書章句集注》（北京市：中華書局，1983年10月第1版），〈第一章〉，頁7。

85 〔宋〕朱熹：《大學章句》，收入《四書章句集注》（北京市：中華書局，1983年10月第1版），〈第一章〉，頁7。

志，切問而近思，仁在其中矣。……子夏曰：『百工居肆以成其事，君子學以致道』。」[86]對於學習的態度，《論語・為政》說：「子曰：『學而不思則罔，思而不學則殆』。」[87]學有六言六蔽之分，《論語・陽貨》說：「好仁不好學，其蔽也愚；好知不好學，其蔽也蕩；好信不好學，其蔽也賊；好直不好學，其蔽也絞；好勇不好學，其蔽也亂；好剛不好學，其蔽也狂。」[88]「仁」、「知」、「信」、「直」、「勇」、「剛」，稱「六言」，君子美德也。但不好學，其蔽是「愚」、「蕩」、「賊」、「絞」、「亂」、「狂」，稱「六蔽」。子思整合前人論學之見，在《中庸》提出學之五要：「博學之，審問之，慎思之，明辨之，篤行之。」[89]朱熹注釋說：「此誠之之目也。學、問、思、辨，所以擇善而為知，學而知也。篤行，所以固執而為仁，利而行也。程子曰：『五者廢其一，非學也。』」[90]「誠之」，乃後天學而知之，君子好學不倦，其德應天道，正如《易傳》所言「天行健，君子以自強不息」。天道酬勤，其人勤於學，可由君子之德提升至聖人之德，《中庸》說：「唯天下至聖，為能聰明睿知，足以有臨也；寬裕溫柔，足以有容也；發強剛毅，足以有執也；齊莊中正，足以有敬也；文理密察，足以有別也。」[91]「聰明睿知」、「寬裕溫柔」、「發強剛毅」、「齊莊中正」、「文理密察」雖屬至聖之德，但君子也可學而得之。

　　中庸蘊含天人合一哲理。人乃天地精氣所生，其德應天，《易傳》有

86　〔宋〕朱熹：《論語章句集注》，收入《四書章句集注》（北京市：中華書局，1983年10月第1版），〈子張〉，頁189。

87　〔宋〕朱熹：《論語章句集注》，收入《四書章句集注》（北京市：中華書局，1983年10月第1版），頁57。

88　〔宋〕朱熹：《論語章句集注》，收入《四書章句集注》（北京市：中華書局，1983年10月第1版），頁178。

89　〔宋〕朱熹：《中庸章句》，收入《四書章句集注》（北京市：中華書局，1983年10月第1版），〈第二十章〉，頁31。

90　〔宋〕朱熹：《中庸章句》，收入《四書章句集注》（北京市：中華書局，1983年10月第1版），〈第二十章〉，頁31。

91　〔宋〕朱熹：《中庸章句》，收入《四書章句集注》（北京市：中華書局，1983年10月第1版），〈第三十一章〉，頁38。

言:「夫大人者,與天地合其德,與日月合其明,與四時合其序,與鬼神合其吉凶。」[92]人與天地合德,此言人德應天德,天德尚中貴和,《中庸》說:「中也者,天下之大本也,和也者,天下之達道也。」[93]天道中和,人道應天,人道也中和。作為君子,必需知天命,明天性,修天道。《中庸》首章開宗明義說:「天命之謂性,率性之謂道,修道之謂教。」[94]「教」,乃人之學,君子可通過學而知天性明天道,領悟天人合一之理。天道以誠為本,天人皆有,《中庸》第二十章說:「誠者,天之道也;誠之者,人之道也。」[95]天人皆有「誠」,故能天人合一。

聖人之「誠」,有別於賢人或君子之「誠」,《中庸》說:「誠者,不勉而中,不思而得,從容中道。聖人也。誠之者,擇善而固執之者也。」[96]「誠者」,為聖人,生而知之,其學天授,乃天道也;「誠之者」,賢人或君子,只能擇善固執,乃人道也。朱熹注釋說:「誠者,真實無妄之謂,天理之本然也。誠之者,未能真實無妄,而欲其真實無妄之謂,則不能無人欲之私,而其為德不能皆實。故未能不思而得,則必擇善,然後可以明善;未能不勉而中,則必固執,然後可以誠身,此則所謂人之道也。不思而得,生之也。」[97]總之,無論「誠者」或「誠之者」,前者代表天道,後者代表人道,天人相應,其內涵以「和」為本。《中庸》第二十一章說:「自誠明,謂之性;自明性,謂之教。誠則明矣。」[98]「誠明」,生而知之,天道也;明

---

92 李學勤主編:《周易正義》,收入《十三經注疏》(北京市:北京大學出版社,1999年12月第1版),卷1〈乾卦〉,頁23。

93 〔宋〕朱熹:《中庸章句》,收入《四書章句集注》(北京市:中華書局,1983年10月第1版),〈第一章〉,頁18。

94 〔宋〕朱熹:《中庸章句》,收入《四書章句集注》(北京市:中華書局,1983年10月第1版),〈第一章〉,頁17。

95 〔宋〕朱熹:《中庸章句》,收入《四書章句集注》(北京市:中華書局,1983年10月第1版),〈第二十章〉,頁31。

96 〔宋〕朱熹:《中庸章句》,收入《四書章句集注》(北京市:中華書局,1983年10月第1版),〈第二十章〉,頁31。

97 〔宋〕朱熹:《中庸章句》,收入《四書章句集注》(北京市:中華書局,1983年10月第1版),〈第二十章〉,頁31。

98 朱熹:《中庸章句》,收入《四書章句集注》(北京市:中華書局,1983年10月第1版),〈第二十一章〉,頁32。

誠，學而知之，人道也；人參天地，成就天人合一。《中庸》第二十二章說：「唯天下至誠，為能盡其性，能盡其性，則能盡人之性，能盡人之性，則能盡物之性，能盡物之性，則可以贊天地之化育，則可以與天地參矣。」[99]「贊天地化育」及「與天地參」，此天人合一也。

五　結語

「中和」一詞首見於管子的「中和慎敬」之語，一掃古今咸認「中和」始於《中庸》之說。子思繼承儒家道統，把孔子的「中庸觀」，原屬三才的人道，提升至天道的「中和觀」，故說：「中也者，天下之大本也，和也者，天下之達道也。」子思又以「誠」為天人之本，強調天道有誠，人道也有誠，確立天人合一始於「誠」之說。

《中庸》一書，德育意味濃厚，強調儒家的「修齊治平」乃修身之目的，並舉五達道、三達德、九經為學習對象。子思把人區分為「誠者」及「誠之者」，前者屬天道生而知之，後者屬人道學而知之。孔子雖屬聖人，也是學而知之，故言：「吾十有五而志於學。」自謙學「中庸」並不成功，故有「擇乎中庸而不能期月守」之語。子思把孔子學「中庸」不成的謙語，收納於《中庸》內，主要是鼓勵有心向學之士，學無前後，達者為先。後天學而知之，只要本著「誠」意學習，仍可為君子為聖人，進而「致中和，天地位焉，萬物育焉」。

時中智慧乃中和思想重要環節，但可惜子思只提一句「君子時中」，便無他語，其未完之論見，則由繼其道統者孟子，續其餘緒，發揚光大。孟子以雄辯見稱，其論見皆由時中智慧主導，故令人折服。

99　朱熹：《中庸章句》，收入《四書章句集注》（北京市：中華書局，1983年10月第1版），〈第二十一章〉，頁32。

《管子》與中和思想

一 前言

在古代，「中」與「和」分屬兩個哲學概念，遠在堯舜時代，已相當成熟，為修身處世、治事治國的參考南針。這兩種思想哲理，既並流又各自發展，二者的核心價值依互並存，常寓「中」於「和」或寓「和」於「中」。春秋時代，「中」與「和」兩種哲學觀，漸趨融合發展。管子（B.C. 723-B.C. 645）在其著述中，首見「中和慎敬」之語，為後世中和思想之先驅者。管仲相齊，政績驕人，掌政治，管民事，其「中和」政治理念能付諸實踐，絕非一般談士者所能比擬。

管子治國，儒法兼行，既實踐儒家的三綱五常，四維八德，又強調法出於禮，在刑律方面，嚴守中正，依法辦事，上至君主，下至臣民，人人平等。故此，齊桓公（？-B.C. 643）在管子的輔助下，國強民富，成為春秋五霸之首。

司馬遷嘗論管子與鮑叔交誼時，慨嘆說：「天下不多管仲之賢，而多鮑叔能知人也。」[1]本文寫作內容，主要針對管子之賢，及其中和思想如何實踐於治國。

1　〔漢〕司馬遷：《史記》（北京市：北京燕山出版社，2007年6月第1版），卷62，〈管晏列傳〉第二，頁515。

二 管仲傳略

　　管仲（B.C. 723- B.C. 645），世稱管子，是春秋時代的法家代表人物，名夷吾，穎上（屬安徽阜陽）人，少家貧，與鮑叔牙（B.C. 723？-B.C.644？）善，但「常欺鮑叔，鮑叔終善遇之，不以為言。已而鮑叔事齊公子小白（？-B.C. 643），管仲事公子糾（？-B.C. 685，齊桓公之兄）。及小白立為桓公，公子糾死，管仲囚焉。」[2]管仲之所以被囚，事緣小白之兄齊襄公（？-B.C. 686，齊桓公異母兄）荒淫無道，為大夫連稱等所殺，另立齊襄公堂弟公孫無知（B.C. 729-B.C. 685）為君，公子小白及公子糾懼受牽連，小白亡命於莒（山東莒縣），鮑叔傅之，糾則奔魯，管仲傅之，旋公孫無知亦為大夫雍稟所殺，齊無君，齊臣議立新君，小白及糾聞訊，二人都急於先返齊入城稱君。《史記‧齊太公世家第二》有載：「魯聞無知（公孫無知）死，亦發兵送公子糾，而使管仲別將兵遮莒道，射中小白帶鉤。小白佯死，管仲使人馳報魯。魯送糾者行益遲，六日至齊，則小白已入，高傒（？-B.C. 637）立之，是為桓公。」[3]結果，管仲事敗下獄。鮑叔素知管仲具治國之才，遂薦之於齊桓公，並蒙不計射鉤之仇。「管仲既用，任政于齊，齊桓公以霸，九合諸侯，一匡天下，管仲之謀也」[4]。管仲相齊四十年，輔助齊桓公登上春秋五霸榜首之位，被譽為「春秋第一相」。他任相期間，功業卓著，政績驕人，「通貨積財，富國強兵，與俗同好惡」。在《史記‧管晏列傳》中，司馬遷引述其治國名言：「倉廩實而知禮節，衣食足而知榮辱，上服度則六親固。四維不張，國乃滅亡。下令如流水之原，令順民心。」管子

2　〔漢〕司馬遷：《史記》（北京市：北京燕山出版社，2007年6月第1版），卷62，〈管晏列傳〉第二，頁515。

3　〔漢〕司馬遷：《史記》（北京市：北京燕山出版社，2007年6月第1版），卷32，〈齊太公世家〉第二，頁345。

4　〔漢〕司馬遷：《史記》（北京市：北京燕山出版社，2007年6月第1版），卷62，〈管晏列傳〉第二，頁515。

的政令簡單易行，又尊重民意，「俗之所欲，因而予之；俗之所否，因而去之」。春秋時，齊稱霸於列侯，管仲居功第一，其人雖歿，「齊國遵其政，常強于諸侯」[5]。管仲治國有道，推行四維八德以教化民眾，令人信服，其言論甚具影響力。《韓非子・五蠹》說：「今境內之民皆言治，藏商（鞅）、管（仲）之法者家有之。」[6]《史記・管晏列傳》亦載：「讀管氏〈牧民〉、〈山高〉、〈乘馬〉、〈輕重〉、〈九府〉，……其書世多有之。」[7]可見管子的言論，在當時已相當風行。管子才幹多方面，學問淵博，其《管子》一書，內容豐富，涵蓋哲學、天文、地理、曆算、政治、軍事、農業、以至醫學等。存世的《管子》，收文共八十六篇，凡十三萬言。是書雖非管仲個人之作，內容多出自其門客，亦非一人一時之作，但作品內容足以反映其思想。

管仲成就多方面，以醫道而言，首倡精氣論，詳載於〈心術上〉、〈心術下〉、〈白心〉、〈內業〉諸篇。這四篇文章，是我國最早專論精氣的名篇。此外，《管子》書中的：〈水地〉、〈幼官〉、〈幼官圖〉、〈四時〉、〈五行〉、〈輕重己〉、〈乘馬〉、〈勢〉、〈侈靡〉、〈揆度〉、〈禁藏〉、〈宙合〉、〈七臣七主〉等篇，都載有陰陽五行之說及醫學理論在內，對《黃帝內經》有一定的影響。《黃帝內經》為中醫四大經典之首，全書以中和思想貫串整個中醫基礎理論體系。故此，管仲的中和觀，對我國中醫學作出巨大的貢獻，其功不可沒。

三　管子的中和政治思想

管子智慧卓絕，就以中和思想而言，世人皆以為「中和」一詞首見於儒家子思的《禮記・中庸》：「中也者，天下之大本也，和也者，天下之達道

5　粹自〔漢〕司馬遷：《史記》（北京市：北京燕山出版社，2007年6月第1版），卷62，〈管晏列傳〉第二，頁515。

6　張覺等著：《韓非子譯注》（上海市：上海古籍出版社，2007年4月第1版），卷19，〈五蠹〉第四十九，頁691。

7　〔漢〕司馬遷：《史記》（北京市：北京燕山出版社，2007年6月第1版），卷62，〈管晏列傳〉第二，頁516。

也。致中和，天地位焉，萬物育焉。」事實上，管子早就有「中和慎敬」的
言論，可以一掃古今之說。《管子・正》指出：

> 立常行政，能服信乎？中和慎敬，能日新乎？正衡一靜，能守慎乎？
> 廢私立公，能舉人乎？臨政官民。能後其身乎？能服信政，此謂正
> 紀。能服日新，此謂行理。守慎正名，偽軸自止。舉人無私，臣德咸
> 道。[8]

文中「中和慎敬」一語強調治道精神，其餘言論，都蘊含豐富的中正思維，
例如「立常行政」「正衡一靜」「廢私立公」「此謂正紀」「守慎正名」「舉人
無私」等都是。

管子的政治理念，強調大公無私，以中正為標準，其〈法法〉說：

> 政者，正也；正也者，所以正定萬物之命也。是故聖人精德立中以生
> 正，明正以治國，故正者所以止過而逮不及也。過與不及也，皆非正
> 也。非正，則傷國一也。勇而不義，傷兵。仁而不法，傷正。……故
> 言必中務，不苟為辯。行必思善，不苟為難。規矩者，方圓之正也，
> 雖有巧目利手，不如拙規矩之正方圓也；故巧者能生規矩，不能廢規
> 矩而正方圓。[9]

管子以「正」為治國理念，「正」者，中正也，能中正始能「正定萬物之
命」，又提出「過與不及」，皆非正，非正則「傷國」、「傷兵」、「傷正」，故
此提出「言必中務」、「行必思善」及「不能廢規矩而正方圓」，此種中正
觀，其核心價值是中和。

管子治國，屢言「中」與「和」，以「中」而言，其指導思想如：

8　〔漢〕劉向校，〔清〕戴望校正：《管子校正》，收入《諸子集成》（長沙市：嶽麓書社，1996
　　年），卷15，〈正第〉第四十三，頁314。

9　〔漢〕劉向校，〔清〕戴望校正：《管子校正》，收入《諸子集成》（長沙市：嶽麓書社，1996年）
　　卷6，〈法法〉第十六，頁108。

《管子‧宙合》：中正者，治之本也。[10]

《管子‧四時》：其德和平用均，中正無私。[11]

《管子‧形勢解》：以規矩為方圓則成，以尺寸量長短則得，以法數治民則安。[12]

《管子‧心術下》：行不正，則民不服。是故，聖人若天然，無私覆也；若地然，無私載也。私者，亂天下者也。[13]

《管子‧內業》：心無他圖，正心在中，……治之者心也，安之者心也。

《管子‧明法》：明主在上位，則官不得枉法，吏不得為私，民知事吏之無益，故財貨不行於吏，權衡平正而待物，故姦軸之人不得行其私；故明法曰：「有權衡之稱者。不可以欺輕重。」

上述諸點，強調中正、公平、無私，並以之教民，有利推行政令。管子治國，除標榜「中」外，也強調以「和」治國，如：

《管子‧形勢》：上下不和，令乃不行。……上下不和，雖安必危。[14]

《管子‧幼官》：治和氣，用五數。……畜之以道，則民和，養之以德，則民合。和合故能習；習故能偕。偕習以悉。莫之能傷也。……請命於天地，知氣和，則生物從。[15]

---

10 〔漢〕劉向校，〔清〕戴望校正：《管子校正》，收入《諸子集成》（長沙市：嶽麓書社，1996年）卷4，〈宙合〉第十一，頁73。

11 〔漢〕劉向校，〔清〕戴望校正：《管子校正》，收入《諸子集成》（長沙市：嶽麓書社，1996年）卷14，〈四時〉第四十，頁294。

12 〔漢〕劉向校，〔清〕戴望校正：《管子校正》，收入《諸子集成》（長沙市：嶽麓書社，1996年）卷20，〈形勢解〉第六十四，頁407。

13 〔漢〕劉向校，〔清〕戴望校正：《管子校正》，收入《諸子集成》（長沙市：嶽麓書社，1996年）卷20，〈心術下〉第十三，頁271。

14 〔漢〕劉向校，〔清〕戴望校正：《管子校正》，收入《諸子集成》（長沙市：嶽麓書社，1996年）卷1，〈形勢〉第二，頁5。

15 〔漢〕劉向校，〔清〕戴望校正：《管子校正》，收入《諸子集成》（長沙市：嶽麓書社，1996年）卷3，〈幼官〉第八，頁42。

《管子·法禁》：修上下之交，以和親於民。[16]

《管子·君臣下》：主勞者方，主制者圓。圓者鉉，鉉則通，通則和。方者執，執則固，固則信。君以利和，臣以節信。則上下無邪矣。[17]

《管子·正》：致德其民，和平以靜。致道其民，付而不爭。[18]

《管子·內業》：和乃生，不和不生。[19]

《管子·勢》：慕和其眾，以修天地之從。[20]

《管子·五輔》：舉錯得，則民和輯，民和輯，則功名立矣，故曰：權不可不度也。[21]

以上各點引文，強調以「和」為施政策略，這是一種「常道」，「常道」即天道，以中和為本位。管子的《形勢解》進一步指出：

故天不失其常，則寒暑得其時，日月星辰得其序。主不失其常，則群臣得其義，百官守其事。父母不失其常，則子孫和順，親戚相驩。臣下不失其常，則事無過失，而官職政治。子婦不失其常，則長幼理而親疏和。故用常者治，失常者亂。天未嘗變其所以治也，故曰：天不變其常。[22]

---

16 〔漢〕劉向校，〔清〕戴望校正：《管子校正》，收入《諸子集成》（長沙市：嶽麓書社，1996年）卷5，〈法禁〉第十四，頁92。

17 〔漢〕劉向校，〔清〕戴望校正：《管子校正》，收入《諸子集成》（長沙市：嶽麓書社，1996年）卷11，〈君臣下〉第三十一，頁214。

18 〔漢〕劉向校，〔清〕戴望校正：《管子校正》，收入《諸子集成》（長沙市：嶽麓書社，1996年）卷15，〈正〉第四十三，頁314。

19 〔漢〕劉向校，〔清〕戴望校正：《管子校正》，收入《諸子集成》（長沙市：嶽麓書社，1996年）卷16，〈內業〉第四十九，頁337。

20 〔漢〕劉向校，〔清〕戴望校正：《管子校正》，收入《諸子集成》（長沙市：嶽麓書社，1996年）卷15，〈勢〉第四十二，頁311。

21 〔漢〕劉向校，〔清〕戴望校正：《管子校正》，收入《諸子集成》（長沙市：嶽麓書社，1996年）卷3，〈五輔〉第十，頁58。

22 〔漢〕劉向校，〔清〕戴望校正：《管子校正》，收入《諸子集成》（長沙市：嶽麓書社，1996年）卷20，〈形勢解〉第六十四，頁402。

常道乃天道，管子把天道結合治道，認為「天」、「主」、「父母」、「臣」、「夫婦」等不失其常則治，「失常者亂」。管子治國，以中和為施政基礎，其〈五輔〉指出：

> 孝悌慈惠，以養親戚。恭敬忠信，以事君上。中正比宜，以行禮節。整齊摶訕，以辟刑僇。纖嗇省用，以備飢饉。敦懞純固，以備禍亂。和協輯睦，以備寇戎。凡此七者，義之體也。夫民必知義然後中正，中正然後和調，和調乃能處安。[23]

上述的「孝悌慈惠」、「恭敬忠信」、「中正比宜」、「整齊摶訕」、「纖嗇省用」、「敦懞純固」、「和協輯睦」稱為義之七體，凸顯了儒家學說的中和思想。管子除重視「義」外，還重視禮，其〈五輔〉又言：

> 為人君者，中正而無私。為人臣者，忠信而不黨。為人父者，慈惠以教。為人子者，孝悌以肅。為人兄者，寬裕以誨。為人弟者，比順以敬。為人夫者，敦懞以固。為人妻者，勸勉以貞。[24]

上述引文的「中正而無私」、「忠信而不黨」、「慈惠以教」、「孝悌以肅」、「寬裕以誨」、「比順以敬」、「敦懞以固」、「勸勉以貞」等八項德行優點，稱「禮之八經」。禮為儒家重要德行。管子雖是法家，但對於儒家以禮止亂的觀點卻非常認同，其〈五輔〉說：「夫人必知禮然後恭敬，恭敬然後尊讓，尊讓然後少長貴賤不相踰越，少長貴賤不相踰越，故亂不生而患不作，故曰禮不可不謹也。曰：民知禮矣。」[25] 儒家的「禮」，可以使「亂不生而患不作」，其功大矣哉！管子嘗與齊桓公暢論治國之要，其〈小問〉說：

23　〔漢〕劉向校，〔清〕戴望校正：《管子校正》，收入《諸子集成》（長沙市：嶽麓書社，1996年）卷3，〈五輔〉第十，頁57。

24　〔漢〕劉向校，〔清〕戴望校正：《管子校正》，收入《諸子集成》（長沙市：嶽麓書社，1996年）卷3，〈五輔〉第十，頁58。

25　〔漢〕劉向校，〔清〕戴望校正：《管子校正》，收入《諸子集成》（長沙市：嶽麓書社，1996年）卷3，〈五輔〉第十，頁58。

> 凡牧民者，必知其疾，而憂之以德，勿懼以罪，勿止以力，慎此四
> 者，足以治民也。……質信極忠，嚴以有禮，慎此四者，所以行之
> 也。……信也者，民信之。忠也者，民懷之。嚴也者，民畏之。禮也
> 者，民美之。語曰：『澤命不渝』，信也。非其所欲，勿施於人，仁
> 也。堅中正外，嚴也。質信以讓，禮也。[26]

上述引文的「信」、「忠」、「禮」、「仁」都是儒家學說範疇，內蘊中和之道。
〈牧民〉篇又說：「四維不張，國乃滅亡。……何謂四維？一曰禮、二曰
義、三曰廉、四曰恥。」四維乃國民教育目標，對後世的人格教育影響深遠。

　　管子治術，要求君主首先以身作則，「身行仁義，服用忠信」，對待臣民
則「通之以道，畜之以惠，親之以仁，養之以義，報之以德，結之以信，接
之以禮，和之以樂，期之以事，攻（一作考）之以官（一作言），發之以
力，威（一作感）之以誠。」[27] 管子應用儒家的「仁」、「信」、「禮」、「樂」
及「誠」作為管治理念。故此，管子的政治思想，富有濃烈的儒家氣息，其
〈君臣上〉指出：

> 天子出令于天下，諸侯受令于天子，大夫受令于君，子受令于父母，
> 下聽其上，弟聽其兄，此至順矣。……是故天子有善，讓德於天；諸
> 侯有善，慶之于天子；大夫有善，納之於君；民有善，本于父，慶之
> 于長老。此道法之所從來，是治本也。[28]

君君臣臣，父父子子的思想，本屬儒家，管子雖是法家，但兼收並蓄，儒法
兼融，並予以發揚光大。

26　〔漢〕劉向校，〔清〕戴望校正：《管子校正》，收入《諸子集成》（長沙市：嶽麓書社，1996年）
　　卷16，〈小問〉第十六，頁341-342。

27　〔漢〕劉向校，〔清〕戴望校正：《管子校正》，收入《諸子集成》（長沙市：嶽麓書社，1996年）
　　卷3，〈幼官〉第八，頁42。

28　〔漢〕劉向校，〔清〕戴望校正：《管子校正》，收入《諸子集成》（長沙市：嶽麓書社，1996年）
　　卷10，〈君臣上〉第三十，頁201。

　　管仲政績裴然，受到孔子激賞，尤其是管仲因時制宜的「時中」智慧，更深受孔子津津樂道。《論語·憲問》載：「子路曰：『桓公殺公子糾，召忽（？-685，齊大夫，死於殉義）死之，管仲不死，』曰：『未仁乎？』子曰：『桓公九合諸侯，不以兵車，管仲之力也。如其仁！如其仁！』《論語·憲問》又載：「子貢曰：『管仲非仁者與？桓公殺公子糾，不能死，又相之。』子曰：「管仲相桓公，霸諸侯，一匡天下，民到於今受其賜。微管仲，吾其被髮左衽矣。豈若匹夫匹婦之為諒也，自經於溝瀆而莫之知也。』」[29]孔子稱頌管仲「民到於今受其賜。微管仲，吾其被髮左衽矣。」所謂「被髮左衽」，其意是華夏淪於夷狄管治，流行夷狄髮飾及左襟衣服。孔子慎思明辨，對汲納管仲的「時中」智慧，必有所啟悟。

四　儒法並施

　　管子立法精神，其特色是儒法兼行，《管子·正》指出：「刑以弊之，政以命之，法以遏之，德以養之，道以明之。……致刑其民，庸心以蔽；致政其民，服信以聽；致德其民，和平以靜；致道其民，付而不爭，罪人當名曰刑，出令時當曰政，當故不改曰法，愛民無私曰德，會民所聚曰道。」[30]上述的「刑」、「政」、「法」、「德」、「道」，既有法家嚴正精神，也有儒家仁愛精神，前者尚中，後者貴和，結合成為中和。

　　「法」是嚴肅的，「禮」是親和的，前者屬剛，後者屬柔，剛柔並濟，始可成事。管子強調「法出于禮，禮出于治」[31]。其〈任法〉又說：「所謂仁義禮樂者，皆出於法。……國更立法以典民，則祥；群臣不用禮義教訓，

29　〔宋〕朱熹：《論語章句集注》，收入《四書章句集注》（北京市：中華書局，1983年10月第1版），卷7〈憲問〉，頁153。

30　〔漢〕劉向校，〔清〕戴望校正：《管子校正》，收入《諸子集成》（長沙市：嶽麓書社，1996年）卷15，〈正〉第四十三，頁313。

31　〔漢〕劉向校，〔清〕戴望校正：《管子校正》，收入《諸子集成》（長沙市：嶽麓書社，1996年）卷4，〈樞言〉第十二，頁77。

則不祥。」[32]禮與法各有制度,二者相輔相成,才有利於治道。《管子・形勢解》說:「人主者,溫良寬厚,則民愛之。整齊嚴莊,則民畏之。故民愛之則親,畏之則用。夫民親而為用,主之所急也;故曰:且懷且威,則君道備矣。」[33]人主施政,「且懷且威」,德威並用,臣民便會既敬又畏,吻合治術心法。《管子・權修》又言:「厚愛利,足以親之。明智禮,足以教之。上身服以先之。審度量以閑之。鄉置師以說道之,然後申之以憲令,勸之以慶賞,振之以刑罰,故百姓皆說為善,則暴亂之行無由至矣。」[34]管子推行政令,儒法並重,首先厚愛親民,進而教民智禮,以身作則,申明政令,賞罰分明,使暴亂不生。《管子・任法》又說:「百姓輯睦,聽令道法,以從其事,故曰:有生法,有守法,有法於法。夫生法者君也,守法者臣也,法於法者民也,君臣上下貴賤皆從法,此謂為大治;⋯⋯置儀設法,以度量斷者也。」[35]儒家尚仁,法家重律,法雖生於君,但「君臣上下貴賤皆從法」,法律面前人人平等。所謂「置儀設法,以度量斷者」,是指確立禮法制度,循法理斷事。治國始於愛民,〈小匡〉指出:「公修公族,家修家族,使相連以事,相及以祿,則民相親矣。放舊罪,修舊宗,立無後,則民殖矣。省刑罰,薄賦斂,則民富矣。鄉建賢,士使教於國,則民有禮矣。出令不改,則民正矣,此愛民之道也。」[36]上述各項德政,使民相親,使民安居,使民富裕,教民有禮,法律平等,使民守法,彰顯了中和治術的優點。

---

32 〔漢〕劉向校,〔清〕戴望校正:《管子校正》,收入《諸子集成》(長沙市:嶽麓書社,1996年)卷15,〈任法〉第四十五,頁317。

33 〔漢〕劉向校,〔清〕戴望校正:《管子校正》,收入《諸子集成》(長沙市:嶽麓書社,1996年)卷20,〈形勢解〉第六十四,頁407。

34 〔漢〕劉向校,〔清〕戴望校正:《管子校正》,收入《諸子集成》(長沙市:嶽麓書社,1996年)卷1,〈權修〉第三,頁8。

35 〔漢〕劉向校,〔清〕戴望校正:《管子校正》,收入《諸子集成》(長沙市:嶽麓書社,1996年)卷15,〈任法〉第四十五,頁317。

36 〔漢〕劉向校,〔清〕戴望校正:《管子校正》,收入《諸子集成》(長沙市:嶽麓書社,1996年)卷8〈小康〉第二十,頁146。

五　陰陽五行四時

　　《管子》一書中，屢言陰陽五行四時，有關資料，散見於〈四時〉、〈五行〉、〈幼官〉、〈幼官圖〉、〈輕重己〉諸篇。陰陽和合，五行生剋正常，四時調和，萬物才可生生化化，與天地共存共榮。《管子‧四時》指出：「陰陽者，天地之大理也；四時者，陰陽之大經也；刑德者，四時之合也。刑德合于時則生福，詭則生禍。」[37]按：「刑德」，其義數說，一義指陰剋為刑，陽生為剋，一義指四時的秋冬屬陰屬刑，而春夏屬陽屬德；一義解作刑罰與獎賞。陰陽變化，乃天之道，地之理，四時運行，有其陰陽規律，和合於陰陽者則生利，有違則生禍。《管子‧形勢解》說：「春者，陽氣始上，故萬物生；夏者，陽氣畢上，故萬物長；秋者，陰氣始下，故萬物收；冬者陰氣畢下，故萬物藏。」[38]春夏屬陽，秋冬屬陰，陽升陰降，收春生、夏長、秋收、冬藏之功，此乃天道。《管子‧四時》也說：「春嬴育，夏養長。秋聚收，冬閉藏。」[39]春生夏長秋收冬藏，乃大自然萬物生長正常現象，若然四時不和，寒熱失常，節令非適時而至，《管子‧四時》指出其害說：「是故春凋，秋榮，冬雷，夏有霜雪，此皆氣之賊也。刑德易節失次，則賊氣速至；賊氣速至，則國多災殃。」[40]所謂「賊氣」，即四時不正的邪氣，引致災害速至，國家蒙害。《管子‧七臣七主》更具體指出：

　　　　陰陽不和，風雨不時，大水漂州流邑，大風漂屋折樹，火暴焚地燋

37　〔漢〕劉向校，〔清〕戴望校正：《管子校正》，收入《諸子集成》（長沙市：嶽麓書社，1996年）卷14，〈四時〉第四十，頁293。

38　〔漢〕劉向校，〔清〕戴望校正：《管子校正》，收入《諸子集成》（長沙市：嶽麓書社，1996年）卷20，〈形勢解〉第六十四，頁403。

39　〔漢〕劉向校，〔清〕戴望校正：《管子校正》，收入《諸子集成》（長沙市：嶽麓書社，1996年）卷14，〈四時〉第四十，頁294。

40　〔漢〕劉向校，〔清〕戴望校正：《管子校正》，收入《諸子集成》（長沙市：嶽麓書社，1996年）卷14，〈四時〉第四十，頁294-295。

草；天冬雷，地冬霆，草木夏落而秋榮；蟄蟲不藏，宜死者生，宜蟄
者鳴；苴多螣蟆，山多蟲螟；六畜不蕃，民多夭死；國貧法亂，逆氣
下生。[41]

四時陰陽不和，引致一連串的災害，例如水災、風災、火災，草木失榮、眠
蟲出土、螣蟆及蟲螟活躍、六畜牲口難以繁育，民病壽短，最後「國貧法
亂」，低層民眾起而反叛。《管子‧四時》又說：「刑德不失，四時如一。刑
德離鄉，時乃逆行。」[42]此言陰陽二氣正常，四時節氣正常發展，反之，陰
陽二氣失和，四時節氣異常，災害難免。

管子是春秋時代著名的政治家，其政治策略結合四時規律而推行，《管
子‧四時》說：

其時日春，其氣日風，風生木與骨。……五政苟時，春雨乃來。

其時日夏，其氣日陽，陽生火與氣。……五政苟時，夏雨乃至也。

中央日土，土德實輔四時入出，…… 其德和平用均，中正無
私，……，國家乃昌，四方乃服，此謂歲德。歲掌和，和為雨。

其時日秋，其氣日陰，陰生金與甲。……五政苟時，五穀皆入。

其時日冬，其氣日寒，寒生水與血。……五政苟時，冬事不過，所求
必得，所惡必伏。[43]

上述引文，可察見四時春夏（含長夏）秋冬、陰陽、五行之說。五行之中，
土德「和平用均，中正無私」，以此治國，則「國家乃昌，四方乃服」。所謂

41　〔漢〕劉向校，〔清〕戴望校正：《管子校正》，收入《諸子集成》（長沙市：嶽麓書社，1996年）
　　卷17，〈七臣七主〉第五十二，頁355。

42　〔漢〕劉向校，〔清〕戴望校正：《管子校正》，收入《諸子集成》（長沙市：嶽麓書社，1996年）
　　卷14，〈四時〉第四十，頁295。

43　〔漢〕劉向校，〔清〕戴望校正：《管子校正》，收入《諸子集成》（長沙市：嶽麓書社，1996年）
　　卷14，〈四時〉第四十，頁293-294。

「五政」，是指五項政令，四季各有不同，按時執行則利，有違則禍，例如「春行冬政則雕，行秋政則霜，行夏政則欲（解倦）」，「夏行春政則風，行秋政則水，行冬政則落」，「秋行春政則榮，行夏政則水，行冬政則耗」，「冬行春政則泄，行夏政則雷，行秋政則旱」[44]。

　　管子推行政令，配合時序，嘗言「是故聖王務時而寄政焉」。在執行政令的同時，要掌握調控之道，《管子・勢》指出：「成功之道，贏縮為寶。……待令而起，故曰：修陰陽之從，而道天地之常。贏贏縮縮，因而為當」[45]，所謂「贏縮」，指伸縮，寓意推行政令宜順應時變，擇善而行。《管子・內業》說：「是故聖人與時變而不化，從物（遷）而不移。」[46]聖人以「和」去順應天地之變，即「人與天調，然後天地之美生」[47]。

　　天人合一，以和為貴，《管子・內業》說：「天主正，地主平。人主安靜。」[48]這三句話，蘊含中和哲理，所謂「人主安靜」，即人主和，人生天地中，要上和於天，下和於地，順應天地。

　　《管子・勢》又言：「慕和其眾，以修天地之從。人先生之，天地刑之。聖人成之，則與天同極。」[49]「同極」，聖人之功可以與天之功共齊。此言君主需和善待民，以配天道。人生天地中，賴天地育成，又得聖人教化，故此，聖人之功可以與天相比。《管子・形勢解》又言：「明主上不逆天，下不壞地，故天予之時，地生之財。亂主上逆天道，下絕地理，故天不

44　粹自〔漢〕劉向校，〔清〕戴望校正：《管子校正》，收入《諸子集成》（長沙市：嶽麓書社，1996年）卷14，〈四時〉第四十，頁294。

45　〔漢〕劉向校，〔清〕戴望校正：《管子校正》，收入《諸子集成》（長沙市：嶽麓書社，1996年）卷15，〈勢〉第四十二，頁311。

46　〔漢〕劉向校，〔清〕戴望校正：《管子校正》，收入《諸子集成》（長沙市：嶽麓書社，1996年）卷16，〈內業〉第四十九，頁333-334。

47　〔漢〕劉向校，〔清〕戴望校正：《管子校正》，收入《諸子集成》（長沙市：嶽麓書社，1996年）卷14，〈五行〉第四十一，頁299。

48　〔漢〕劉向校，〔清〕戴望校正：《管子校正》，收入《諸子集成》（長沙市：嶽麓書社，1996年）卷16，〈內業〉第四十九，頁333。

49　〔漢〕劉向校，〔清〕戴望校正：《管子校正》，收入《諸子集成》（長沙市：嶽麓書社，1996年）卷15，〈勢〉第四十二，頁311。

予時，地不生財；故曰：其功順天者，天助之，其功逆天者，天違之。」[50]
所以為君主者，其治術宜順應天地，否則天災人禍接踵而至，〈五輔〉說：
「天時不祥，則有水旱。地道不宜，則有饑饉。人道不順，則有禍亂。」[51]
〈正世〉又指出：「萬民不和，國家不安，失非在上，則過在下。」[52]其
「過在下」，言動亂來自民眾。

　　天道貴中尚和，管子屢言天道不可違，對統治者產生震懾作用，《管
子・四稱》指出：「不修天道，不鑒四方。有家不治，辟若生狂。眾所怨
詛，希不滅亡。」[53]《管子・形勢解》又說：「失天之道，則民離叛而不聽
從，故主危而不得久王天下。」[54]統治者違天道，宗廟堪虞！管子又警戒君
主不按五行施政，後果慘烈，《管子・五行》直言：

> 睹甲子，木行御。天子不賦不賜賞，而大斬伐傷，君危，不殺太子
> 危；家人夫人死，不然則長子死。七十二日而畢。
> 睹丙子，火行御。天子敬行急政，旱札，苗死，民屬。七十二日而
> 畢。
> 睹戊子，土行御。天子修宮室，築臺榭，君危；外築城郭，臣死。七
> 十二日而畢。
> 睹庚子，金行御。天子攻山擊石，有兵作戰而敗，士死，喪執政。七
> 十二日而畢。

---

50 〔漢〕劉向校，〔清〕戴望校正：《管子校正》，收入《諸子集成》（長沙市：嶽麓書社，1996年）
　　卷20，〈形勢解〉第六十四，頁409。

51 〔漢〕劉向校，〔清〕戴望校正：《管子校正》，收入《諸子集成》（長沙市：嶽麓書社，1996年）
　　卷3，〈五輔〉第十，頁58。

52 〔漢〕劉向校，〔清〕戴望校正：《管子校正》，收入《諸子集成》（長沙市：嶽麓書社，1996年）
　　卷15，〈正世〉第四十七，頁323。

53 〔漢〕劉向校，〔清〕戴望校正：《管子校正》，收入《諸子集成》（長沙市：嶽麓書社，1996年）
　　卷11，〈四稱〉第三十三，頁223。

54 〔漢〕劉向校，〔清〕戴望校正：《管子校正》，收入《諸子集成》（長沙市：嶽麓書社，1996年）
　　卷20，〈形勢解〉第六十四，頁408。

　　睹壬子，水行禦。天子決塞，動大水，王后夫人薨，不然則羽卵者
　　段，毛胎者瀆，孕婦銷棄，草木根本不美。七十二日而畢。[55]

上述木行應春，火行應初夏，土行應長夏，金行應秋，水行應冬，天子需應
五行治事，遵守所宜所忌，不得有違，否則一連串災害發生，包括亡君、亡
王后、亡太子、亡臣、亡將……等。上述言論，仿照陰陽家鄒衍的「五德始
終說」，予以演繹而成，對君主有警惕作用。

六　養生中和

　　管子的中和理念，除應用於治國外，還應用於治身，治身即養生，養生
是指「滋味也，聲色也」[56]。滋味是指美味，聲色是指情欲及情志。節制飲
食，有利於養生，《管子・內業》說：「凡食之道，大充，傷而形不臧。大
攝，骨枯而血沍。充攝之間，此謂和成。」[57]過飽傷害形體，過飢則傷害骨
骼，「充攝之間」，指進食份量不宜過多或過少，取其適中。《管子・形勢
解》又說：「起居時，飲食節，寒暑適，則身利而壽命益。起居不時，飲食
不節，寒暑不適，則形體累而壽命損。」[58]此言養生宜起居作息有時，節制
飲食，以及注意氣候寒溫轉變。管子又認為養生必需要節制情欲，無使太
過，《管子・內業》指出：「養生節欲之道，萬物不害。」[59]《內業》又說：
「平正擅匈，論治在心，此以長壽。忿怒之失度，乃為之圖。節其五欲，去

55　粹自〔漢〕劉向校，〔清〕戴望校正：《管子校正》，收入《諸子集成》（長沙市：嶽麓書社，1996
　　年）卷14，〈五行〉第四十一，頁299。

56　〔漢〕劉向校，〔清〕戴望校正：《管子校正》，收入《諸子集成》（長沙市：嶽麓書社，1996年）
　　卷21，〈立政九敗解〉第六十五，頁414。

57　〔漢〕劉向校，〔清〕戴望校正：《管子校正》，收入《諸子集成》（長沙市：嶽麓書社，1996年）
　　卷16，〈內業〉第四十九，頁337。

58　〔漢〕劉向校，〔清〕戴望校正：《管子校正》卷20，收入《諸子集成》（長沙市：嶽麓書社，
　　1996年），〈形勢解〉第六十四，頁408。

59　〔漢〕劉向校，〔清〕戴望校正：《管子校正》卷16，收入《諸子集成》（長沙市：嶽麓書社，
　　1996年），〈內業〉第四十九，頁337。

其二凶。不喜不怒，平正擅匈，凡人之生也，必以平正。」[60]他所謂「五欲」是指耳、目、鼻、口、心的欲念，所謂「二凶」，指喜怒過度，皆曰凶。《管子‧內業》又說：

> 四體既正，血氣既靜，一意摶心，耳目不淫，雖遠若近。思索生知，慢易生憂。暴傲生怨，憂鬱生疾，疾困乃死。思之而不捨，內困外薄。不蚤為圖，生將巽舍。食莫若無飽，思莫若勿致，節適之齊，彼將自至。[61]

上述引文，大意是說身心健康，氣血平靜，不為外物動搖心志，懂得節制飲食，調節情志，尤其是思慮無太過，健康生命自會到來。至於緩和情志之法，管子說：「止怒莫若詩，去憂莫若樂，節樂莫若禮，守禮莫若敬，守敬莫若靜，內靜外敬，能反其性，性將大定。」[62]人生的喜怒憂鬱引起情志失「平正」，即失去中和。詩歌可去怒，音樂可去憂，禮可節制過度喜樂，守禮要出自誠敬，守誠敬要出自內心平靜，內心平靜，配合外表誠敬，就會恢復人性的「平正」。

七　結語

春秋時代，管仲、鮑叔、齊桓公，皆當世雄傑。齊桓公不記射鉤之恨，信賴鮑叔薦用管子為相，顯見其人豁達大度，知人善任，終成霸業，而鮑叔襟懷也廣，薦賢居下，古今鮮見。至於管子，不為故主公子糾殉義，反而輔助新主齊桓公一匡天下，為春秋五霸之首。孔子門人子貢責他不仁。考義有

60　〔漢〕劉向校，〔清〕戴望校正：《管子校正》卷16，收入《諸子集成》（長沙市：嶽麓書社，1996年），〈內業〉第四十九，頁337。

61　〔漢〕劉向校，〔清〕戴望校正：《管子校正》，收入《諸子集成》（長沙市：嶽麓書社，1996年）卷16，〈內業〉第四十九，頁336-337。

62　〔漢〕劉向校，〔清〕戴望校正：《管子校正》，收入《諸子集成》（長沙市：嶽麓書社，1996年）卷16，〈內業〉第四十九，頁337。

大小，殉一人之愛，乃小義之舉，無補大業，故此，管仲不為故主公子糾殉義，留身有待，結果輔助齊桓公「一匡天下，民到於今受其賜」，此乃大義之行也。

管仲身處諸侯割據之亂世，朝上龍蛇混雜，佞臣如易牙、開方、豎刁等活躍於朝，並得齊桓公寵信。他能居相位四十年而不倒，若無超卓的政治幹才，殊難立足。管子治國亦法亦儒，法主中，儒主和，儒法並行，強調法出於禮，禮出於治，並教民學法習禮，以免觸犯刑律。最難得者，管子推動法治精神，人人平等，上至國君，下至臣民，一律平等，並提出五行災異論結合治國之道，制衡國君權力。管子的五行災異論，對兩漢政治有很大的影響作用。

管子立法精神，以中正平等為目標，無論「君臣上下貴賤皆從法」，足為後世典範，而其四維八德的和道治國理念，亦為後世的良好國民教育。

管子之世，距今已二千多年，對比當前的法治精神及國民教育，能不有所啟示？

《呂氏春秋》與中和思想

一 前言

　　《呂氏春秋》又稱《呂覽》，是戰國末年雜家的代表作，為中國第一本按照分工而成的集體著作，由秦相呂不韋（B.C. 290？-B.C. 235）著其門客編撰而成，成書於秦王政八年（B.C. 239），是時距離秦統一六國尚有十八年。司馬遷《史記・呂不韋列傳》載：「呂不韋乃使其客人人著所聞，集論以為八覽、六論、十二紀，二十餘萬言，以為備天地萬物古今之事，號曰呂氏春秋。布咸陽市門，懸千金其上，延諸侯游士賓客，有能增損一字者予千金。」[1] 呂不韋將書稿張貼於咸陽，公開重賞千金求一字之誤，其政治意義是展示王道政權以攏絡人心。在先秦諸子顯學中，治國之道，儒家與道家思想一剛一柔，各具特色，最合呂不韋心意。故此，《呂氏春秋》糅集了大量的儒道哲理，並兼及墨法等諸子思想，可以說是先秦諸子學說的薈萃之作。此外，該書載有不少在先秦已散佚的史料，具歷史參考價值。東漢名儒高誘嘗為此書作序，高度評價此書，「大出諸子之右」[2]，《四庫全書總目》也評此書說：「而是書較諸子之言獨為醇正。大抵以儒為主，而參以道家、墨家。」[3] 此書以務實經世為主，不取「放誕恣肆」、「縱橫之術」、「刑名之

1　〔漢〕司馬遷：《史記》（北京市：北京出版社，2007年6月第1版），卷81〈呂不韋列傳〉第二十五，頁615。

2　陳奇猷校釋：《呂氏春秋》（上海市：上海古籍出版社，2002年4月第1版），上冊，〈序〉，頁2。

3　〔清〕永瑢等撰：《四庫全書總目提要》（臺北市：臺灣商務印書館，1983年影印文淵閣本），子部雜家類，〈呂氏春秋〉，頁271-272。

說」，「持論頗為不苟」[4]。

自堯舜以來，尚中貴和思想，一直被視為優秀的道統文化，在先秦諸子中，各有表述和兼融。《呂氏春秋》的作者汲納了大量的儒家思想，例如仁、義、禮、智、信、孝、勇等美德，予以演繹和深化，頗受學術界重視。

《呂氏春秋》載文凡一五九篇，每篇各有題目，書中並無以「中和」為題的文章，全書亦未見有「中和」一詞出現，但述說「中」與「和」之處，則十分之多。本文從《呂氏春秋》中，鉤剔出其涉及中和思想的文獻資料，予以整理成篇。

二　仁德與中和

仁者，乃諸德之首，其內涵是中和。在《呂氏春秋》一書內，記述有大量的儒家思想，例如孝、仁、義、禮、智、信等資料，可謂不勝枚舉。其〈孝行〉說：「民之本教曰孝，……。仁者仁此者也，禮者履此者也，義者宜此者也，信者信此者也，彊者彊此者也。」[5]儒家重孝道，百行孝為先，而仁、禮、義、信、彊（通強，勇也），則稱德之五行（讀去聲）。〈孝行〉又說：「凡為天下，治國家，必務本而後末。……務本莫貴於孝。……夫執一術而百善至，百邪去，天下從者，惟其孝也。」[6]「孝」為治天下之本，可謂仁，仁者能愛人，其行義也。〈上德〉說：「為天下及國，莫如以德，莫如行義。以德以義，不賞而民勸，不罰而邪止，此神農、黃帝之政也。以德以義，則四海之大，江河之水，不能亢矣。」[7]此言以德以義治國，四海昇平。〈適威〉又說：「古之君民者，仁義以治之，愛利以安之，忠信以導之，

4　粹自〔清〕永瑢等撰：《四庫全書總目提要》（臺北市：臺灣商務印書館，1983年影印文淵閣本），子部雜家類，〈呂氏春秋〉，頁271-272。

5　陳奇猷校釋：《呂氏春秋》（上海市：上海古籍出版社，2002年4月第1版），上冊，〈孝行〉，頁738。

6　陳奇猷校釋：《呂氏春秋》（上海市：上海古籍出版社，2002年4月第1版），上冊，〈孝行〉，頁736。

7　陳奇猷校釋：《呂氏春秋》（上海市：上海古籍出版社，2002年4月第1版），下冊，〈孝行〉，頁1246。

務除其災，思致其福。故民之於上也。」[8]此言治國行仁義，施愛利，主忠信，這些都是儒家仁政的表現。儒家尚禮，有所謂「禮之用，和為貴」[9]，及「禮乎禮！夫禮所以制中也」[10]，所謂「制中」，即執中也，言恪守中道，無太過或不及。《呂氏春秋》論禮之處也頗多，例如：

> 凡論人，通則觀其所禮。〈論人〉[11]
> 長老說其禮，民懷其德。〈懷寵〉[12]
> 賢主則不然，士雖驕之，而己愈禮之，士安得不歸之。〈下賢〉[13]
> 知大禮，雖不知國可也。〈不廣〉[14]
> 賢者之可得與處也，禮之也。〈觀世〉[15]
> 欲無壅塞必禮士。〈驕恣〉[16]

上述所言，「禮」可謂無往而不利，不過，禮要適中，〈悔過〉說：「然而寡禮，安得無疵？」[17]，〈適威〉也說：「禮煩則不莊。」[18]「寡禮」及「禮煩」都是失中之弊。

儒家除尚禮外，也重信，《呂氏春秋・貴信》說：

8　陳奇猷校釋：《呂氏春秋》（上海市：上海古籍出版社，2002年4月第1版），下冊，〈適威〉，頁1290。

9　〔宋〕朱熹：《論語章句章句》，收入《四書章句集注》（北京市：中華書局，1983年10月第1版），卷1〈學而〉第一，頁51。

10　李學勤主編：《禮記正義》下，收入《十三經注疏》（北京市：北京大學出版社，1999年），〈仲尼燕居〉第二十八，頁1383。

11　陳奇猷校釋：《呂氏春秋》（上海市：上海古籍出版社，2002年4月第1版），上冊，〈論人〉，頁162。

12　陳奇猷校釋：《呂氏春秋》（上海市：上海古籍出版社，2002年4月第1版），上冊，〈懷寵〉，頁418。

13　陳奇猷校釋：《呂氏春秋》（上海市：上海古籍出版社，2002年4月第1版），上冊，〈下賢〉，頁886。

14　陳奇猷校釋：《呂氏春秋》（上海市：上海古籍出版社，2002年4月第1版），上冊，〈不廣〉，頁926。

15　陳奇猷校釋：《呂氏春秋》（上海市：上海古籍出版社，2002年4月第1版），下冊，〈觀世〉，頁968。

16　陳奇猷校釋：《呂氏春秋》（上海市：上海古籍出版社，2002年4月第1版），下冊，〈驕恣〉，頁1413。

17　陳奇猷校釋：《呂氏春秋》（上海市：上海古籍出版社，2002年4月第1版），下冊，〈悔過〉，頁989。

18　陳奇猷校釋：《呂氏春秋》（上海市：上海古籍出版社，2002年4月第1版），下冊，〈適威〉，頁1291。

> 天行不信，不能成歲；地行不信，草木不大。春之德風，風不信，其
> 華不盛，華不盛則果實不生；夏之德暑，暑不信，其土不肥，土不肥
> 則長遂不精；秋之德雨，雨不信，其穀不堅，穀不堅則五種不成；冬
> 之德寒，寒不信，其地不剛，地不剛則凍閉不開（一作密）。天地之
> 大，四時之化，而猶不能以不信成物，又況乎人事？[19]

信者，指信義，天地四時各有其德性，就是按時守信而至，以化育萬物，若
然失信遲至或早到，都是有違中道。天地失信，則「不能成歲」及「草木不
大」；四時失信，春則「果實不生」；夏則「長遂不精」；秋則「五種不成」
（按：五種即五穀）；冬則「凍閉不開」（按：開，一作密，以密為可解，言
凍閉不密，眠蟲出土，有失常道）。四時失信，萬物不能化生。天人相通，
人若失信，其害也烈，《呂氏春秋・貴信》也說：

> 君臣不信，則百姓誹謗，社稷不寧；處官不信，則少不畏長，貴賤相
> 輕；賞罰不信，則民易犯法，不可使令；交友不信，則離散鬱怨，不
> 能相親；……信而又信，重襲於身，乃通於天。以此治人，則膏雨甘
> 露降矣，寒暑四時當矣。[20]

上述引文指出君臣、處官、賞罰、交友、等失信之害。君臣失信則「社稷不
寧」；處官失信則「貴賤相輕」；賞罰失信則「不可使令」；交友不信則「不
能相親」。故此，守信乃天人之德，其氣相通，以信治人，屬於仁政，好比
霖雨沐澤蒼生，風調而雨順。

三 時中與中和

道家思想貴守中，《呂氏春秋・博志》予以演繹說：「不處極，不處盈。

---

19 陳奇猷校釋：《呂氏春秋》（上海市：上海古籍出版社，2002年4月第1版），下冊，〈貴信〉，頁
  1311。

20 陳奇猷校釋：《呂氏春秋》（上海市：上海古籍出版社，2002年4月第1版），下冊，〈貴信〉，頁
  1311-1312。

全則必缺，極則必反，盈則必虧。」[21]其意義是滿招損，物極必反，以「進退中度」[22]為至寶。「中度」需要合乎原則，《呂氏春秋‧尊師》說：「以論道，不苟辨，必中法，得之無矜，失之無慚，必反其本。」[23]「中法」，即合法度。《呂氏春秋‧懷寵》又說：「凡君子之說也，非苟辨也；士之議也，非苟語也。必中理然後說，必當義然後議。」[24]「中理」，即合道理。

中和之道，著重隨機應變，即「時中」也，《呂氏春秋‧不廣》指出「智者之舉事必因時」[25]，不能墨守成規，治國治病亦然。《呂氏春秋‧察今》說：

> 故治國無法則亂，守法而弗變則悖，悖亂不可以持國。世易時移，變法宜矣。譬之若良醫，病萬變，藥亦萬變。病變而藥不變，向之壽民，今為殤子矣。故凡舉事必循法以動，變法者因時而化。若此論則無過務矣。[26]

此論可謂精彩絕倫，治國宜體察時勢，治病宜因病施藥，「病萬變，藥亦萬變」，「循法以動，變法者因時而化」，此觀點乃醫者治病之主要精神。故此，「因時變法者，賢主也」[27]，亦即良醫也。《呂氏春秋》又舉史例予以說明：「若夫舜、湯，則苞裹覆容，緣不得已而動，因時而為，以愛利為本，

---

21 陳奇猷校釋：《呂氏春秋》（上海市：上海古籍出版社，2002年4月第1版），下冊，卷24，〈博志〉，頁1627。

22 陳奇猷校釋：《呂氏春秋》（上海市：上海古籍出版社，2002年4月第1版），下冊，卷26，〈士容〉，頁1698。

23 陳奇猷校釋：《呂氏春秋》（上海市：上海古籍出版社，2002年4月第1版），上冊，卷4，〈尊師〉，頁208。

24 陳奇猷校釋：《呂氏春秋》（上海市：上海古籍出版社，2002年4月第1版），上冊，卷7，〈懷寵〉，頁417。

25 陳奇猷校釋：《呂氏春秋》（上海市：上海古籍出版社，2002年4月第1版），上冊，卷15，〈不廣〉，頁925。

26 陳奇猷校釋：《呂氏春秋》（上海市：上海古籍出版社，2002年4月第1版），上冊，卷15，〈察今〉，頁945。

27 陳奇猷校釋：《呂氏春秋》（上海市：上海古籍出版社，2002年4月第1版），上冊，卷15，〈察今〉，頁945。

以萬民為義。譬之若釣者，魚有小大，餌有宜適，羿有動靜。」[28]治國「因時而為」，釣魚宜適餌，治病之道，用藥宜適量，中病即止，其法宜中和，亦古今之通則也。

四　陰陽與中和

《黃帝內經》載：「陰陽者，天地之道也，萬物之綱紀，變化之父母，生殺之本始。」[29]所謂「生殺之本始」，是指生存與滅亡的本源，《呂氏春秋》指出生命的進程演變，其始末是「物動則萌，萌而生，生而長，長而大，大而成，成乃衰，衰乃殺，殺乃藏，圜道也」[30]。簡單地說，生命的始末是由萌芽開始，依次而出生、成長、成熟、衰老、死亡、消失，這生與滅的過程稱「圜道」，乃天道也，亦即陰陽之道，其運動是周而復始，生生不息，以中和為發展核心。大自然陰陽之道，「至精也，不可為形，不可為名，強為之謂之太一」[31]，太一生兩儀，兩儀分陰陽，《呂氏春秋·大樂》指出：

> 陰陽變化，一上一下，合而成章。渾渾沌沌，離則復合，合則復離，是謂天常。天地車輪，終則復始，極則復反，莫不咸當。日月星辰，或疾或徐，日月不同，以盡其行。四時代興，或暑或寒，或短或長。或柔或剛。萬物所出，造於太一，化於陰陽。[32]

---

28 陳奇猷校釋：《呂氏春秋》（上海市：上海古籍出版社，2002年4月第1版），下冊，卷19，〈離俗〉，頁1243。

29 〔清〕張隱庵著，孫國中等點校：《黃帝內經素問集注》（北京市：學苑出版社，2002年8月第1版），頁41-42。

30 陳奇猷校釋：《呂氏春秋》（上海市：上海古籍出版社，2002年4月第1版），上冊，卷3，〈圜道〉，頁174。

31 陳奇猷校釋：《呂氏春秋》（上海市：上海古籍出版社，2002年4月第1版），上冊，卷5，〈大樂〉，頁259。

32 陳奇猷校釋：《呂氏春秋》（上海市：上海古籍出版社，2002年4月第1版），上冊，卷5，〈大樂〉，頁258-頁259。

上述引文指出陰陽變化的規律，有離有合，生息不斷，寒暑交替，生化萬物。「太一」乃道家論宇宙的常用語。陰陽運作，以中和為貴。《呂氏春秋‧有始》指出：「天地有始。天微以成，地塞以形。天地合和，生之大經也。」[33]「天地合和」，乃陰陽之道，和則生萬物，普澤天下，一律平等，並不偏私。《呂氏春秋‧貴公》說：「陰陽之和，不長一類；甘露時雨，不私一物；萬民之主，不阿一人。」[34]陰陽者，天地也，天地各有其氣，天氣主降，地氣主升，升降有序，生物向榮。《呂氏春秋‧孟春》又說：「天氣下降，地氣上騰，天地和同，草木繁動。」[35]《呂氏春秋‧盡數》亦說「陰陽之宜，辨萬物之利以便生」。[36]總之，陰陽二氣升降有序，各司其職，就會「天地和同」，進而「生物向榮」，「草木繁動」，「萬物便生」。

不過，「天生陰陽寒暑燥濕，四時之化，萬物之變，莫不為利，莫不為害」。[37]此言四時六氣的變化，能影響萬物的榮枯，可謂各得其利，各得其害。《呂氏春秋‧明理》指出：「其風雨則不適，其甘雨則不降，其霜雪則不時，寒暑則不當，陰陽失次，四時易節，人民淫爍不固，禽獸胎消不殖，草木庳小不滋，五穀萎敗不成。」[38]此言陰陽四時失和，生靈蒙害，「人民」、「禽獸」、「草木」、「五穀」皆受害。

自古以來，天人關係密切，天人合一觀是中國道統文化之一，屢見於諸子群籍中，《呂氏春秋》亦頗多記載，例如〈審時〉說：「夫稼為之者人也，

---

33 陳奇猷校釋：《呂氏春秋》（上海市：上海古籍出版社，2002年4月第1版），上冊，卷13，〈有始〉，頁662。

34 陳奇猷校釋：《呂氏春秋》（上海市：上海古籍出版社，2002年4月第1版），上冊，卷1，〈貴公〉，頁45。

35 陳奇猷校釋：《呂氏春秋》（上海市：上海古籍出版社，2002年4月第1版），上冊，卷1，〈孟春〉，頁2。

36 陳奇猷校釋：《呂氏春秋》（上海市：上海古籍出版社，2002年4月第1版），上冊，卷3，〈盡數〉，頁138。

37 陳奇猷校釋：《呂氏春秋》（上海市：上海古籍出版社，2002年4月第1版），上冊，卷3，〈盡數〉，頁138。

38 陳奇猷校釋：《呂氏春秋》（上海市：上海古籍出版社，2002年4月第1版），上冊，卷6，〈明理〉，頁362。

生之者地也，養之者天也。」[39]〈有始〉進一步指出：「天地萬物，一人之身也。」[40]此言人身應天地。對於經世之術，《呂氏春秋》也往往把天、地、人一起論述，其〈序意〉說：「蓋聞古之清世，是法天地……上揆之天，下驗之地，中審之人，若此則是非可不可，無所遁矣。」[41]「清世」，即盛世，「法天地」，其義是無違天地中和原則，對於道，可先衡量其是否符合天道，跟著驗證其效用，最後施行於人，會否有效用。這樣，從天地人三方面去評估，其利與害就無所遁形。

五　五行與中和

　　五行相生之說，其源甚古，最早見於《尚書·洪範》，相生乃和的表現，和則生萬物，已成金科玉律。五行相生是木生火，火生土，土生金，金生水，水生木。《呂氏春秋》記載了大量的五行資料，五行始於木，終於水，然後終而復始，摘錄如下：

　　關於五行中的木行[42]，《呂氏春秋·孟春紀》載：

> 孟春之月：日在營室，昏參中，旦尾中。其日甲乙。其帝太皞。其神句芒。其蟲鱗。其音角。律中太蔟。其數八。其味酸。其臭羶。其祀戶。祭先脾。東風解凍。蟄蟲始振。魚上冰。獺祭魚。候雁北。天子

39　陳奇猷校釋：《呂氏春秋》（上海市：上海古籍出版社，2002年4月第1版），下冊，卷26，〈審時〉，頁1790。

40　陳奇猷校釋：《呂氏春秋》（上海市：上海古籍出版社，2002年4月第1版），上冊，卷13，〈有始〉，頁664。

41　陳奇猷校釋：《呂氏春秋》（上海市：上海古籍出版社，2002年4月第1版），上冊，卷12，〈序意〉，頁654。

42　《呂氏春秋·孟春記》關於五行中的木行資料，與《禮記·月令》幾乎全雷同，舉證如下：孟春之月，日在營室，昏參中，旦尾中。其日甲乙。其帝大皞，其神句芒。其蟲鱗。其音角，律中大蔟。其數八。其味酸，其臭羶。其祀戶，祭先脾。東風解凍，蟄蟲始振，魚上冰，獺祭魚，鴻雁來。天子居青陽左，乘鸞路，駕倉龍，載青旗，衣青衣，服倉玉，食麥與羊，其器疏以達。（見《禮記·月令》）至於《呂氏春秋·孟夏紀》、《呂氏春秋·季夏紀》《呂氏春秋·孟秋紀》《呂氏春秋·孟冬紀》亦見於《禮記·月令》，茲不贅引。

居青陽左個，乘鸞輅，駕蒼龍，載青旂，衣青衣，服青玉，食麥與羊。其器疏以達。[43]

上述涉及五行的名目依次有：五時（孟春）、天干（甲乙）、五帝（太皥）、五神（句芒）、五蟲（鱗）、五音（角）、六律（太簇）、五數（八）、五味（酸）、五臭（羶）、五祀（戶）、五色（青）、五穀（麥）、五畜（羊）。

關於五行中的火行，《呂氏春秋‧孟夏紀》載：

孟夏之月：日在畢，昏翼中，旦婺女中。其日丙丁。其帝炎帝。其神祝融。其蟲羽。其音徵。律中仲呂。其數七。其性禮。其事視。其味苦。其臭焦。其祀灶。祭先肺。螻蟈鳴。丘蚓出。王菩生。苦菜秀。天子居明堂左個，乘朱輅，駕赤駵，載赤旂，衣赤衣，服赤玉，食菽與雞。其器高以觕。[44]

上述涉及五行的名目依次有：五時（孟夏）、天干（丙丁）、五帝（炎帝）、五神（祝融）、五蟲（羽）、五音（徵）、六律（仲呂）、五數（七）、五味（苦）、五臭（焦）、五祀（灶）、五色（赤）、五穀（菽）、五畜（雞）。

關於五行中的土行，《呂氏春秋‧季夏紀》載：

中央土：其日戊己。其帝黃帝。其神后土。其蟲倮。其音宮。律中黃鐘之宮。其數五。其味甘。其臭香。其祀中霤。祭先心。天子居太廟太室，乘大輅，駕黃駵，載黃旂，衣黃衣，服黃玉，食稷與牛。其器圜以揜。[45]

---

43 陳奇猷校釋：《呂氏春秋》（上海市：上海古籍出版社，2002年4月第1版），上冊，卷1，〈孟春紀〉，頁1。

44 陳奇猷校釋：《呂氏春秋》（上海市：上海古籍出版社，2002年4月第1版），上冊，卷4，〈孟夏紀〉，頁188。

45 陳奇猷校釋：《呂氏春秋》（上海市：上海古籍出版社，2002年4月第1版），上冊，卷6，〈孟夏紀〉，頁315。

上述涉及五行的名目依次有：五時（季夏）、天干（戊己）、五帝（黃帝）、五神（后土）、五蟲（倮）、五音（宮）、六律（黃鐘）、五數（五）、五味（甘）、五臭（香）、五祀（中霤）、五色（黃）、五穀（稷）、五畜（牛）。

關於五行中的金行，《呂氏春秋‧孟秋紀》載：

> 孟秋之月：日在翼，昏斗中，旦畢中。其日庚辛。其帝少皞。其神蓐收。其蟲毛。其音商。律中夷則。其數九。其味辛。其臭腥。其祀門。祭先肝。涼風至。白露降。寒蟬鳴。鷹乃祭鳥。始用刑戮。天子居總章左個，乘戎路，駕白駱，載白旂，衣白衣，服白玉，食麻與犬。其器廉以深。[46]

上述涉及五行的名目依次有：五時（孟秋）、天干（庚辛）、五帝（少皞）、五神（蓐收）、五蟲（毛）、五音（商）、六律（夷則）、五數（九）、五味（辛）、五臭（腥）、五祀（門）、五色（白）、五穀（麻）、五畜（犬）。

關於五行中的水行，《呂氏春秋‧孟冬紀》載：

> 孟冬之月：日在尾，昏危中，旦七星中。其日壬癸。其帝顓頊。其神玄冥。其蟲介。其音羽。律中應鐘。其數六。其味鹹。其臭朽。其祀行。祭先腎。水始冰，地始凍。雉入大水為蜃。虹藏不見。天子居玄堂左個，乘玄輅，駕鐵驪，載玄旂，衣黑衣，服玄玉，食黍與彘。其器宏以弇。[47]

上述涉及五行的名目依次有：五時（孟冬）、天干（壬癸）、五帝（顓頊）、五神（玄冥）、五蟲（介）、五音（羽）、六律（應鐘）、五數（六）、五味（鹹）、五臭（朽）、五祀（行）、五色（黑）、五穀（黍）、五畜（彘）。

---

46 陳奇猷校釋：《呂氏春秋》（上海市：上海古籍出版社，2002年4月第1版），上冊，卷7，〈孟秋紀〉，頁380。

47 陳奇猷校釋：《呂氏春秋》（上海市：上海古籍出版社，2002年4月第1版），上冊，卷10，〈孟冬紀〉，頁522。

上述各段五行文獻資料，歸納整理如下：

五行：木火土金水

五時：春、夏、長夏，秋、冬。

天干：甲乙、丙丁、戊己、庚辛、壬癸

五帝：太皞、炎帝、黃帝、少皞、顓頊

五神：句芒、祝融、后土、蓐收、玄冥

五蟲：鱗、羽、倮、毛、介

五音：角、徵、宮、商、羽

六律：太簇、仲呂、黃鐘、夷則、應鐘

五數：八、七、五、九、六

五味：酸、苦、甘、辛、鹹

五臭：羶、焦、香、腥、朽

五祀：戶、灶、中霤、門、行

五色：青、赤、黃、白、黑

五穀：麥、菽、稷、麻、黍

五畜：羊、雞、牛、犬、彘

　　戰國末年，五行相生學說，得到進一步發展，產生了五行相剋學說。勝即剋，剋即克制，制約，無使其過，過則相乘或相侮，產生災害。相剋又稱相勝，相剋之目的，是無使其太過，納於中道而行。相剋是木剋土，土剋水，水剋火，火剋金，金剋木。五行相生與相剋，都是中和思想的範疇。

　　五行相勝之說，其概念雖出於鄒衍的五德終始說，而有經可查者，則首見於《呂氏春秋・應同》載：

　　　　黃帝曰「土氣勝」，土氣勝，故其色尚黃，其事則土。及禹之時，天
　　　　先見草木秋冬不殺，禹曰「木氣勝」，木氣勝，故其色尚青，其事則
　　　　木。及湯之時，天先見金刃生於水，湯曰「金氣勝」，金氣勝，故其
　　　　色尚白，其事則金。及文王之時，天先見火，赤烏銜丹書集於周社，

文王曰「火氣勝」，火氣勝，故其色尚赤，其事則火。代火者必將水，天且先見水氣勝，水氣勝，故其色尚黑，其事則水。[48]

所謂「土氣勝」、「木氣勝」、「金氣勝」、「火氣勝」、「水氣勝」，「勝」，即「剋」也，其序列是「土為木剋」、「木為金剋」、「金為火剋」、「火為水剋」（按：續下是「水為土剋」）。《呂氏春秋》仿照鄒衍的五德終始說，把王朝更替套入五行相勝說，文中雖未明言秦屬水，但已不言而喻。上述引文關於五行相剋名目可作如下排列：

五帝：黃帝、夏、湯、周、秦
五行：土、木、金、火、水
五色：黃、青、白、赤、黑

在先秦諸子典籍中，除《呂氏春秋》外，未見有五行相勝的記載，故此，醫典《黃帝內經》所述的五行相勝說，其源出於《呂氏春秋》。

六　養生與中和

無論是五行相生或相剋，皆以中和為貴，過則害，例如養生，《呂氏春秋‧盡數》說：

大甘、大酸、大苦、大辛、大鹹，五者充形則生害矣。大喜、大怒、大憂、大恐、大哀，五者接神則生害矣。大寒、大熱、大燥、大濕、大風、大霖、大霧，七者動精則生害矣。[49]

所謂「大」，即太過；甘、酸、苦、辛、鹹屬五味；喜、怒、憂、恐、哀屬

48　陳奇猷校釋：《呂氏春秋》（上海市：上海古籍出版社，2002年4月第1版），上冊，卷13，〈應同〉，頁682。

49　陳奇猷校釋：《呂氏春秋》（上海市：上海古籍出版社，2002年4月第1版），上冊，卷3，〈盡數〉，頁139。

「五情」;「寒」、「熱」、「燥」、「濕」、「風」、「霖」、「霧」屬七氣,若果「五味」、「五情」及「七氣」太過,必須予以「節」,否則偏離中和之道,對形體帶來傷害。在《呂氏春秋》中,言「節」之處甚多,例如:

〈大樂〉:成樂有具,必節嗜欲。[50]

〈情欲〉:天生人而使有貪有欲。欲有情,情有節。聖人修節以止欲,故不過行其情也。[51]

〈孟秋紀〉:寒熱不節,民多瘧疾。[52]

〈論人〉:適耳目,節嗜欲。[53]

〈下賢〉:禮士莫高乎節欲,欲節則令行矣。[54]

〈重己〉:聖王之所以養性也,非好儉而惡費也,節乎性也。[55]

以上各點言「節」言「適」,包括「節嗜欲」、「節貪欲」、「節情欲」、「節乎性」(按:節制性情,勿太過)、「適寒熱」、「適耳目」等,「節」與「適」之目的,都是無使太過,以合中和之道,有利於養生。

在《呂氏春秋》一書,有關養生以中和為貴的記載,資料頗多,例如:

凡食,無強厚味,無以烈味重酒,是以謂之疾首。食能以時,身必無災。凡食之道,無饑無飽,是之謂五藏之葆。口必甘味……飲必小

50 陳奇猷校釋:《呂氏春秋》(上海市:上海古籍出版社,2002年4月第1版),上冊,卷5,〈大樂〉,頁159。

51 陳奇猷校釋:《呂氏春秋》(上海市:上海古籍出版社,2002年4月第1版),上冊,卷7,〈情欲〉,頁86。

52 陳奇猷校釋:《呂氏春秋》(上海市:上海:上海古籍出版社,2002年4月第1版),上冊,卷7,〈孟秋紀〉,頁381。

53 陳奇猷校釋:《呂氏春秋》(上海市:上海古籍出版社,2002年4月第1版),上冊,卷3,〈論人〉,頁162。

54 陳奇猷校釋:《呂氏春秋》(上海市:上海古籍出版社,2002年4月第1版),上冊,卷15,〈下賢〉,頁887。

55 陳奇猷校釋:《呂氏春秋》(上海市:上海古籍出版社,2002年4月第1版),上冊,卷1,〈重己〉,頁36。

咽，端直無戾。[56]

上述飲食之道，要適味、適時、適量。至於烹調之法，法宜適中，味宜無過，《呂氏春秋‧本味》又說：「久而不弊，熟而不爛，甘而不噥，酸而不酷，鹹而不減，辛而不烈，澹而不薄，肥而不䐃。」[57]上述烹調技術及五味要求，都以適中為度。

《呂氏春秋》又具體指出養生五道：

> 養有五道：修宮室，安床第，節飲食，養體之道也。樹五色，施五采，列文章，養目之道也。正六律，龢五聲，雜八音，養耳之道也。熟五穀，烹六畜，龢煎調，養口之道也。龢顏色，說言語，敬進退，養志之道也。此五者，代進而厚用之，可謂善養矣。[58]

上述養生五道，是指養體、養目、養耳、養口、養志，所養的各項細目，都以「龢」（通「和」）為手段及目標。〈重己〉篇又載：「不處大室，不為高臺，味不眾珍，衣不煇熱。……適味充虛……安性自娛而已矣。」[59]平淡生活，乃養生之道。

音樂有養生之功，《呂氏春秋》指出「樂之務在於和心，和心在於行適」[60]，所謂「適」，即「和」也，「和心」為樂之本，心和則有樂，心不和則無樂可言，《呂氏春秋‧適音》又說：

> 耳之情欲聲，心不樂，五音在前弗聽。目之情欲色，心弗樂，五色在

---

56 陳奇猷校釋：《呂氏春秋》（上海市：上海古籍出版社，2002年4月第1版），上冊，卷3，〈盡數〉，頁139。

57 陳奇猷校釋：《呂氏春秋》（上海市：上海古籍出版社，2002年4月第1版），上冊，卷14，〈本味〉，頁745。

58 陳奇猷校釋：《呂氏春秋》（上海市：上海古籍出版社，2002年4月第1版），上冊，卷14，〈孝行〉，頁737。

59 陳奇猷校釋：《呂氏春秋》（上海市：上海古籍出版社，2002年4月第1版），上冊，卷1，〈重己〉，頁35。

60 陳奇猷校釋：《呂氏春秋》（上海市：上海古籍出版社，2002年4月第1版），上冊，卷5，〈適音〉，頁275。

前弗視。鼻之情欲芬香，心弗樂，芬香在前弗嗅。口之情欲滋味，心
弗樂，五味在前弗食。欲之者，耳目鼻口也；樂之弗樂者，心也。心
必和平然後樂，心必樂然後耳目鼻口有以欲之。[61]

耳目鼻口之所欲，如「五音」、「五色」、「芳香」及「五味」雖展現於前，由
於心未和，故不聽、不視、不嗅、不食。故此，內心和平才有心情享用耳目
鼻口之所欲。

〈適音〉又指出：「勝理以治身則生全以，生全則壽長矣。勝理以治國
則法立，法立則天下服矣。故適心之務在於勝理。」[62]所謂「勝理」，是指
事物的發展規律，其理中和，「適心」即心和，其「和」要適中，無太過，
「適心」有利於治身長壽及治國立法。中和之道，應用廣泛，萬物之變動規
律，以中和為貴，就以音樂而言，「聲出於和，和出於適」[63]，而「音亦有
適。……太鉅、太小、太清、太濁皆非適也。何謂適？衷音之適也。何謂
衷？大不出鈞，重不過石，小大輕重之衷也。」[64]「衷」者，中也，於此可
見，適音與衷音都屬中和之音。

七 結語

在《呂氏春秋》與中和思想這一論題上，察覺到《呂氏春秋》的作者汲
納了大量的儒家及道家思想，延續了儒道二家的學術思想的發展，對秦漢以
後的政治體制影響深遠，尤其是漢初盛行的黃老思想及漢武帝時獨尊儒術的
政治取向，《呂氏春秋》發揮了一定的影響力。

---

61 陳奇猷校釋：《呂氏春秋》（上海市：上海古籍出版社，2002年4月第1版），上冊，卷5，〈適音〉，
頁275。

62 陳奇猷校釋：《呂氏春秋》（上海市：上海古籍出版社，2002年4月第1版），上冊，卷5，〈適音〉，
頁275-頁276。

63 陳奇猷校釋：《呂氏春秋》（上海市：上海古籍出版社，2002年4月第1版），上冊，卷5，〈大樂〉，
頁258。

64 陳奇猷校釋：《呂氏春秋》（上海市：上海古籍出版社，2002年4月第1版），上冊，卷5，〈適音〉，
頁276。

在時中的命題上，《呂氏春秋》把治國與治病的理念連成一體，治國宜體察時勢，治病宜因病施藥，「病萬變，藥亦萬變」，難怪古人有治國如治病的觀念。

《呂氏春秋》載有大量的五行相生文獻，這些資料重見於《禮記·月令》篇，到底是誰抄誰？理論上，《呂氏春秋》一書的作者，乃呂不韋門客中的優秀人才集體創作的巨著，成書於秦統一六國前十八年，在諸門客中，當中不乏儒家弟子。是時，呂不韋為秦相，炙手可熱，面對其餘敵國，書成懸市公開，頒行一字千金之賞，如非原創作品，料不敢公然展示。相對，《禮記·月令》，成書年代尚未有結論，一般認為是戰國末年至漢初之作，實情如何，有待考證。

至於五行相勝的概念，首見於《呂氏秦秋》，對醫經《黃帝內經》的五行相勝觀有一定的影響。

在養生方面，《呂氏春秋》具體指出五味太過、五情太過、七氣太過，都會致病，吻合了《黃帝內經》「生病起於過用」的病因概念。此外，《呂氏春秋》提出的音樂養生理念，為後世所重。

《淮南子》與中和思想

一　前言

　　《淮南子》又稱《淮南鴻烈》，是西漢淮南王劉安（B.C. 179-B.C. 122）及其八位門客合撰而成的書。東漢名儒高誘嘗為此書作序，並作出高度評價，其序文載劉安與門客「共講論道德，總統仁義，而著此書。其旨近老子，淡泊無為，蹈虛守靜，出入經道。言其大也，則燾天載地，說其細也，則淪於無垠，及古今治亂存亡禍福，世間詭異瓌奇之事。其義也著，其文也富，物事之類，無所不載，然其大較歸之於道，號曰鴻烈，鴻，大也；烈，明也，以為大明之道而言也」[1]。是書除以道家思想為主外，另糅集陰陽、儒、墨、法諸家思想而成，繼《呂氏春秋》後又一雜家代表巨著。是書篇數，據《漢書・藝文志》載為「淮南內二十一篇，外三十三篇」，但現存於世者，則為二十一篇。《淮南子》內容豐富，每篇標明主題，是漢初一部大百科全書。此書記述「紀綱道德，經緯人事，上考之天，下揆之地，中通諸理」[2]，又言「天地之理究矣，人間之事接矣，帝王之道備矣！」[3]此書除載天文、曆算、山川、人物、帝王之道、神話故事外，還蘊含大量的諸子哲理及醫理。

　　本文從陰陽、五行及養生三方面去探索《淮南子》與中和思想的關係，祈作拋磚引玉，就教方家。

1　何寧：《淮南子集釋》（北京市：中華書局，1998年10月第1版）上冊〈敘目〉，頁5。
2　何寧：《淮南子集釋》（北京市：中華書局，1998年10月第1版）下冊，卷20，〈要略〉，頁1437。
3　何寧：《淮南子集釋》（北京市：中華書局，1998年10月第1版）下冊，卷20，〈要略〉，頁1454。

二 天道陰陽與中和

天道，即天律也，包括陰陽、四時、五行。天道自然，以尚中貴和為務，《淮南子・原道訓》說：「夫道者，覆天載地，廓四方，柝八極，……橫四維而含陰陽……其德優天地而和陰陽，節四時而調五行，呴諭覆育，萬物群生。」[4]「和陰陽」、「節四時」、「調五行」乃天道中和之表現，有利於「呴諭覆育，萬物群生」。《淮南子・本經訓》又說：「是以天覆以德，地載以樂，四時不失其敘（通序），風雨不降其虐，日月淑清而揚光，五星循軌而不失其行。」[5]四時有敘，風雨不虐，日月揚光，五星循軌，此乃大自然中和之象。《淮南子・泛論訓》又說：「天地之氣莫大於和，和者，陰陽調，日夜分，而生物。……陰陽相接，乃能成和。」[6]陰陽和而生物萬之說，《淮南子》屢有記述，例如：

〈天文訓〉：陰陽合和而萬物生。[7]
〈覽冥訓〉：故至陰飂飂，至陽赫赫，兩者交接成和，而萬物生焉。[8]
〈本經訓〉：天地之合和，陰陽之陶化萬物，皆乘人氣者也。[9]
〈泛論訓〉：陰陽和平，風雨時節，萬物蕃息。[10]

《淮南子・本經訓》進一步指出陰陽四時之和，其文說：「陰陽者，承天地之和，形萬殊之體，含氣化物，……四時者，春生夏長，秋收冬藏，取予有節，出入有時，開闔張歙，不失其敘，喜怒剛柔，不離其理。」[11]陰陽

---

4 何寧：《淮南子集釋》（北京市：中華書局，1998年10月第1版）上冊，卷1，〈原道訓〉，頁2-8。
5 何寧：《淮南子集釋》（北京市：中華書局，1998年10月第1版）中冊，卷8，〈本經訓〉，頁556。
6 何寧：《淮南子集釋》（北京市：中華書局，1998年10月第1版）中冊，卷13，〈泛論訓〉，頁934。
7 何寧：《淮南子集釋》（北京市：中華書局，1998年10月第1版）上冊，卷3，〈天文訓〉，頁245。
8 何寧：《淮南子集釋》（北京市：中華書局，1998年10月第1版）上冊，卷5，〈覽冥訓〉，頁457。
9 何寧：《淮南子集釋》（北京市：中華書局，1998年10月第1版）中冊，卷8，〈本經訓〉，頁556。
10 何寧：《淮南子集釋》（北京市：中華書局，1998年10月第1版）中冊，卷13，〈泛論訓〉，頁912。
11 何寧：《淮南子集釋》（北京市：中華書局，1998年10月第1版）中冊，卷8，〈本經訓〉，頁582。

調和，四時有敘，乃萬物化生之本，尤其是陰陽之和，更是關鍵所在。所以《淮南子》引用老子名句說：「萬物負陰而抱陽，沖氣以為和。」[12]可謂一語中的。陰陽二氣，互根互用，中和發展，生生不息，繁衍萬物。

陰陽以中和為貴，衡量之法，《淮南子・時則訓》有突破性解釋說：

> 陰陽大制有六度，天為繩，地為準，春為規，夏為衡，秋為矩，冬為權。繩者，所以繩萬物也；準者，所以準萬物也；規者，所以員萬物也；衡者，所以平萬物也；矩者，所以方萬物也；權者，所以權萬物也。[13]

六度是指天、地、春、夏、秋、冬的六種度量制度，其量具分別是「天繩」、「地準」、「春規」、「夏衡」、「秋矩」、「冬權」，其衡量意義是適度無過，與中和之道的精神吻合，例如《淮南子・時則訓》[14]說：

> 繩之為度也，直而不爭，……與天合德，與神合明。
> 準之為度也，平而不險，均而不阿，……寬裕以和，柔而不剛，……準平而不失，萬物皆平。
> 規之為度也，轉而不復，員而不垸……，優優簡簡，百怨不起。規度不失，生氣乃理。
> 衡之為度也，緩而不後，平而不怨，……養長化育，萬物蕃昌，……其政不失，天地乃明。
> 矩之為度也，肅而不悖，剛而不憤，……威屬而不懾，令行而不廢，……矩正不失，百誅乃服。
> 權之為度也，急而不贏，……周密而不泄，……，權正而不失，萬物乃藏。

---

12 何寧：《淮南子集釋》（北京市：中華書局，1998年10月第1版）中冊，卷7，〈精神訓〉，頁505。

13 何寧：《淮南子集釋》（北京市：中華書局，1998年10月第1版）上冊，卷5，〈時則訓〉，頁439。

14 何寧：《淮南子集釋》（北京市：中華書局，1998年10月第1版），上冊，卷5，〈時則訓〉，頁439-441。

六種量具：「繩，與天合德，與神合明」；「準，寬裕以和，柔而不剛」；「規，規度不失，生氣乃理」；「衡，養長化育，萬物蕃昌」；「矩，矩正不失，百誅乃服」；「權，權正而不失，萬物乃藏」，皆饒有中和精神。《淮南子‧時則訓》又說：「明堂之制，靜而法準，動而法繩，春治以規，秋治以矩，冬治以權，夏治以衡，是故燥濕寒暑以節至，甘雨膏露以時降。」[15] 陰陽中和，四時節氣應時而至，故此「燥濕寒暑以節至，甘雨膏露以時降」。按：上述所說的春規、夏矩、秋衡、冬權等語，為《黃帝內經》所汲納，故《素問‧脈要精微論》有「春應中規，夏應中矩，秋應中衡，冬應中權」[16] 之載。

三　五行中和觀對《黃帝內經》的影響

陰陽與五行，二者如一，皆以中和為道之常。五行即木、火、土、金、水，為物質世界之分類法，萬物之分類不出五行。五行有相生相勝特色，生者，相輔生成，勝者，剋也，毋太過或不及，以中和為常道。《淮南子‧天文訓》指出五行相生依次為「水生木，木生火，火生土，土生金，金生水」[17]，又指出五行相勝（相剋）依次為「木勝土，土勝水，水勝火，火勝金，金勝木」。天有五行，人身也有五行。考《淮南子》一書，載有大量五行資料，例如〈墜形訓〉[18] 說：

> 竅通於目，筋氣屬焉，蒼色主肝，……
>
> 竅通於耳，血脈屬焉，赤色主心，……
>
> 竅通於鼻，皮革屬焉，白色主肺，……
>
> 竅通于陰，骨幹屬焉，黑色主腎，……
>
> 竅通於口，膚肉屬焉，黃色主胃，……

15　何寧：《淮南子集釋》（北京市：中華書局，1998年10月第1版），上冊，卷5，《時則訓》，頁441。

16　〔清〕張隱庵：《黃帝內經素問集注》（北京市：學苑出版社，2004年第1版），〈脈要精微論〉，頁149。

17　何寧：《淮南子集釋》（北京市：中華書局，1998年10月第1版），上冊，卷3，〈天文訓〉，頁277。

18　何寧：《淮南子集釋》（北京市：中華書局，1998年10月第1版），上冊，卷5，〈墜形〉，頁352。

　　上述所載的五行名目，依次為五竅、五官、五體、五色、五臟。按：「黃色主胃」，恐是誤文，胃屬腑，非臟，據中醫臟象學說指出脾屬臟，胃屬腑，脾與胃相表裡，故該以「黃色主脾」為對。有關五行之論，《淮南子·時則訓》[19]又指出：

> 孟春之月，招搖指寅，昏參中，旦尾中。其位東方，其日甲乙，盛德在木，其蟲鱗，其音角，律中太蔟，其數八，其味酸，其臭羶，其祀戶，祭先脾。……
>
> 孟夏之月，招搖指巳，昏翼中，旦婺女中，其位南方，其日丙丁，盛德在火，其蟲羽，其音徵，律中仲呂，其數七，其味苦，其臭焦，其祀灶，祭先肺。……
>
> 季夏之月，招搖指未，昏心中，旦奎中，其位中央，其日戊己，盛德在土，其蟲臝，其音宮，律中百鐘，其數五，其味甘，其臭香，其祀中霤，祭先心。……
>
> 孟秋之月，招搖指申，昏斗中，旦畢中，其位西方，其日庚辛，盛德在金，其蟲毛，其音商，律中夷則，其數九，其味辛，其臭腥，其祀門，祭先肝。……
>
> 孟冬之月，招搖指亥，昏危中，旦七星中，其位北方，其日壬癸，盛德在水，其蟲介，其音羽，律中應鐘，其數六。其味鹹，其臭腐，其祀井，祭先腎。……

上述五則引文，全屬五行學說內容，其名目依次整理如下：

　　五時：孟春、孟夏、長夏、孟秋、孟冬；
　　地支：寅時屬木、巳時屬火、未時屬土、申時屬金、亥時屬水；
　　五方：東南西北中；
　　天干：甲乙屬木、丙丁屬火、戊己屬土、庚辛屬金、壬癸屬水；

19　何寧：《淮南子集釋》（北京市：中華書局，1998年10月第1版），上冊，卷5，〈時則訓〉，頁379-421。

五行：木、火、土、金、水；

五蟲：鱗、羽、贏、毛、介（按：內經載五行之次為：毛：羽、贏、
　　　介、鱗）

五音：角、徵、宮、商，羽；

十二音律：太蔟屬木、仲呂屬火、百鐘屬土、夷則屬金、應鐘屬水。

五數：八、七、五、六、九；

五味：辛、甘、酸、苦、鹹；

五臭：羶、焦、香、腥、腐；

五祀：戶、灶、中霤、門、井；

五臟：肝、心、脾、肺、腎。

　　五行相生相剋為正常現象，生剋正常則生化正常，處於中和狀態，若五行出現太過或不及，便會出現「乘侮」異常現象，異常即失中失和。所謂乘侮，舉例如下：木剋土，本屬正常現象，但木旺剋土太過，謂之「乘」，而土的正常現象是土剋水，由於土弱，無力剋水，水則反剋土，謂之「侮」。

　　從上述五行名目來看，《淮南子》蘊含豐富的五行思想，這些資料，都被《黃帝內經》有所汲納。此外，《淮南子》有關天文地理及曆算等知識，也被《黃帝內經》大量引用。

四　天人合一

　　中和之道，可從天人合一、陰陽五行而體會之。以天人而言，天之道，亦人之道，二者互為相應，《淮南子・天文訓》說：「天有九重，人亦有九竅；天有四時以制十二月，人亦有四肢以使十二節；天有十二月以制三百六十日，人亦有十二肢以使三百六十節。故舉事而不順天者，逆其生者也。」[20] 此言天人相應，人的孔竅肢體上通於天，假如「舉事而不順天」，即行事不順天、是為妄行，有失中和之道，結果逆害生命。《淮南子》卷八〈本經

20　何寧：《淮南子集釋》（北京市：中華書局，1998年10月第1版），上冊，卷3，〈天文訓〉，頁282。

訓〉說：「天地宇宙，一人之身也；六合之內，一人之制也。」[21]〈精神訓〉又具體地指出天人相參之處：

> 故頭之圓也象天，足之方也象地。天有四時、五行、九解、三百六十六日，人亦有四支、五藏、九竅、三百六十六節。天有風雨寒暑，人亦有取與喜怒。故膽為雲，肺為氣，肝為風，腎為雨，脾為雷，以與天地相參也，而心為之主。[22]

人「與天地相參」，其形體之「四支、五藏（臟）、九竅、三百六十六節」相應大自然的「四時、五行、九解、三百六十六日」，天人相參，乃天地之常道，其核心思想以中和為本。按：「九解」者，八方之中央也。

《淮南子》的天人觀，對《黃帝內經》有一定的影響，所以《黃帝內經‧生氣通天論》說：「天地之間，六合之內，其氣九州、九竅、五臟十二節，皆通乎天氣。」[23]《淮南子‧精神訓》又說：「是故耳目者，日月也；血氣者，風雨也。日中有踆烏，而月中有蟾蜍。日月失其行，薄蝕無光；風雨非其時，毀折生災；五星失其行，州國受殃。」[24]此為日月、風雨、五星失和而致其災。

中國帝王的傳統管治哲學，都奉中和之道為依歸，《淮南子》指出「聖人懷天氣，抱天心，執中含和」[25]，又說：「治由文理，則無悖謬之事矣；刑不侵濫，則無暴虐之行矣。上無煩亂之治，下無怨望之心，則百殘除而中和作矣，此三代之所昌。」[26]三代世稱盛世，施政「無悖謬」，行中和之

---

21 何寧：《淮南子集釋》（北京市：中華書局，1998年10月第1版），中冊，卷7，〈精神訓〉，頁567。

22 何寧：《淮南子集釋》（北京市：中華書局，1998年10月第1版），中冊，卷7，〈精神訓〉，頁507。

23 〔清〕張隱庵：《黃帝內經素問集注》（北京市：學苑出版社，2004年第1版），〈生氣通天論〉，頁17。

24 何寧：《淮南子集釋》（北京市：中華書局，1998年10月第1版），中冊，卷7，〈精神訓〉，頁508。

25 何寧：《淮南子集釋》（北京市：中華書局，1998年10月第1版），下冊，卷20，〈泰族訓〉，頁1378。

26 何寧：《淮南子集釋》（北京市：中華書局，1998年10月第1版），下冊，卷20，〈泰族訓〉，頁1434。

政，為後世樂道。《淮南子‧泰族訓》指出古聖帝王施政綱紀：

> 五帝三王之蒞政施教，必用參五。何謂參五？仰取象於天，俯取度於
> 地，中取法於人，……以調陰陽之氣，以和四時之節，……。俯視地
> 理，以制度量，察陵陸水澤肥墝高下之宜，……。中考乎人德，以制
> 禮樂，行仁義之道，……乃澄列金木水火土之性，……；別清濁五音
> 六律相生之數，……；察四時季孟之序，……此之謂參。制君臣之
> 義，父子之親，夫婦之辨，長幼之序，朋友之際，此之謂五。[27]

上述引文，所涉及的天人合一、五行、音律、四時及五倫思想，都以尚中貴
和為原則。

五　時中與中和

《淮南子》一書，內含豐富的中和哲學思想，書中引用儒家及道家中和
思想之處甚多，例如《淮南子‧道應訓》說：。

> 孔子觀桓公之廟，有器焉，謂之宥卮。孔子曰：「善哉！予得見此
> 器。」顧曰：「弟子取水。」水至，灌之。其中則正，其盈則覆。孔
> 子造然革容曰：「善哉，持盈者乎！」子貢在側曰：「請問持盈。」曰：
> 「益而損之。」曰：「何謂益而損之？」曰：「夫物盛而衰，樂極則悲，
> 日中而移，月盈而虧。是故聰明睿智，守之以愚；多聞博辯，守之以
> 陋；武力毅勇，守之以畏；富貴廣大，守之以儉；德施天下，守之以
> 讓。此五者，先王所以守天下而弗失也；反此五者，未嘗不危也。」
> 故老子曰：「服此道者不欲盈。夫唯不盈，故能弊而不新成。」[28]

27　何寧：《淮南子集釋》（北京市：中華書局，1998年10月第1版），下冊，卷20，〈泰族訓〉，頁
　　1387。

28　何寧：《淮南子集釋》（北京市：中華書局，1998年10月第1版），中冊，卷12，〈道應訓〉，頁905-
　　906。

上述引文，儒道兩家中和思想並見，孔子提出「其中則正，其盈則覆」、「物盛而衰，樂極則悲」、故此凡事勿盈，以中道而行，而老子也強調「不盈」，「故能弊而不新成」。道無常道，太過則為害，「天地之道，極則反，盈則損。五色雖朗，有時而渝；茂木豐草，有時而落；物有隆殺，不得自若」[29]。盛極而衰，則為天道之定律，非人力所及。雖然如此，但因時制宜，隨機應變，則為救弊補偏之法，《淮南子》指出：「故聖人事窮而更為，法弊而改制，非樂變古易常也，將以救敗扶衰，黜淫濟非，以調天地之氣，順萬物之宜也。」[30]，「順萬物之宜」，此乃時中思想，其道在因時應變。《淮南子‧道應訓》說：「事者，應變而動，變生於時，故知時者無常行……故老子曰：『多言數窮，不如守中。』」[31]「守中」應萬變，其意義是因時制宜，蓄道待時。《淮南子‧原道訓》又舉古聖為例說：「禹之趨時也，履遺而弗取，冠掛而弗顧，非爭其先也，而爭其得時也。是故聖人守清道而抱雌節，因循應變。」[32]「因循應變」，待時機而行，乃勝算之道，亦時中思想之表現也。

六　養生與中和

古人治身如治國，其懷抱是「養生以經世，抱德以終年」[33]。《淮南子‧詮言訓》說：「能有天下者，必不失其國；能有其國者，必不喪其家；能治其家者，必不遺其身；能修其身者，必不忘其心；能原其心者，必不虧其性；能全其性者，必不惑於道。」[34]治國、治家，治身、治心、治性、最

29　何寧：《淮南子集釋》（北京市：中華書局，1998年10月第1版），下冊，卷20，〈泰族訓〉，頁1392。

30　何寧：《淮南子集釋》（北京市：中華書局，1998年10月第1版），下冊，卷20，〈泰族訓〉，頁1392。

31　何寧：《淮南子集釋》（北京市：中華書局，1998年10月第1版），下冊，卷12，〈道應訓〉，頁855。

32　何寧：《淮南子集釋》（北京市：中華書局，1998年10月第1版），上冊，卷1，〈原道訓〉，頁54。

33　何寧：《淮南子集釋》（北京市：中華書局，1998年10月第1版），上冊，卷2，〈俶真訓〉，頁152。

34　何寧：《淮南子集釋》（北京市：中華書局，1998年10月第1版），中冊，卷14，〈詮言訓〉，頁997-998。

後返於治道，道貴自然無為，以中和為本。

養生之道，《淮南子》強調中和，勿太過及不及，提出「不惑禍福，則動靜循理；不妄喜怒，則賞罰不阿；不貪無用，則不以欲用害性；欲不過節，則養性知足」[35]上述四點德行修持，無需外求，全憑己心，信守中和原則。關於「養性」方面，《淮南子‧俶真訓》另有闡釋說：「靜漠恬澹，所以養性也；和愉虛無，所以養德也。外不滑內，則性得其宜；性不動和，則德安其位。」[36]「養性」與「養德」都是出於自然無為，其最高境界是「游於精神之和」[37]。《淮南子‧精神訓》指出：「血氣能專于五藏而不外越，則胸腹充而嗜欲省矣。胸腹充而嗜欲省，則耳目清、聽視達矣。」[38]此言養生之道，切忌形體虛耗太過，氣血要調攝，耳目不能過勞，生病起於過用，無過用則精氣內斂，精氣流露於孔竅「則耳目清、聽視達」。

養生之道，其原則是「節寢處，適飲食，和喜怒，便動靜」[39]，生活起居、飲食情志及作息等，皆以中和為宜。

七 結語

《淮南子》為雜家代表作，書中指出「天地之氣莫大於和」，其中和理論，道儒哲理並見，強調「執中含和」、「百殘除而中和作」。書中所述「陰陽和而萬物生」的概念，大致與先秦諸子所說相同，並無大差別，但其「六度」之制：「繩」、「準」、「規」、「衡」、「矩」、「權」的釋論，則為諸子所無，其春規、夏矩、秋衡、冬權之見，被醫經《黃帝內經》所汲納，成為醫理。書中記載五行的內容相當豐富，例如五竅、五官、五體、五色、五臟、

---

35 何寧：《淮南子集釋》（北京市：中華書局，1998年10月第1版），中冊，卷14，〈詮言訓〉，頁996-997。

36 何寧：《淮南子集釋》（北京市：中華書局，1998年10月第1版），上冊，卷2，〈俶真訓〉，頁152。

37 何寧：《淮南子集釋》（北京市：中華書局，1998年10月第1版），上冊，卷2，〈俶真訓〉，頁128。

38 何寧：《淮南子集釋》（北京市：中華書局，1998年10月第1版），中冊，卷7，〈精神訓〉，頁510。

39 何寧：《淮南子集釋》（北京市：中華書局，1998年10月第1版），中冊，卷14，〈詮言訓〉，頁1016。

五時、五方、五蟲、五音、五味、五數、五臭、五祠等，對《黃帝內經》有很大的影響。至於養生方面，《淮南子》強調「養德」、「養性」以及「節寢處，適飲食，和喜怒，便動靜」等，都合中和之道。

〈樂記〉與中和思想

一　緒言

　　〈樂記〉是儒家中和思想的名篇，它與〈中庸〉堪稱姊妹篇，二者同收編入《禮記》內。〈中庸〉以「中」為天下之大本，故言「中」者多，〈樂記〉則以「樂」為天地之和，故言「和」者多。「中」與「和」在古人的寓意上，常見「寓中於和」，或「和寓於中」。〈樂記・樂化〉說：「樂者，天地之命，中和之紀，人情之所不能免也。」[1]〈樂記・樂論〉又說：「大樂與天地同和。」[2]檢視〈樂記〉，可見中和思想貫穿全文。

　　孔子在《孝經・廣要道》說：「移風易俗，莫善于樂；安上治民，莫善于禮。」[3]《論語・泰伯》又說：「興於詩，立於禮，成於樂。」[4]可見，孔子非常重視禮樂的發展。〈樂記〉繼承孔子遺教，以禮樂為政教主題，目的在恢復禮樂制度，在弘揚中和思想上，有一定的貢獻力量，影響後世深遠。本文寫作內容，涉及〈樂記〉成書年代及作者、〈樂記〉中和思想與《易》及諸子關係、禮樂與中和政治、樂政成敗與國運興亡、樂教之正聲與德音及

1　李學勤主編：《禮記正義》，收入《十三經注疏》（北京市：北京大學出版社，1999年12月第1版），卷第35，頁1145。

2　李學勤主編：《禮記正義》，收入《十三經注疏》（北京市：北京大學出版社，1999年12月第1版），卷第37，頁1087。

3　李學勤主編：《孝經注疏》，收入《十三經注疏》（北京市：北京大學出版社，1999年12月第1版），卷6，頁42。

4　〔宋〕朱熹：《論語章句集注》，收入《四書章句集注》（北京市：中華書局，1983年10月第1版），卷4，〈泰伯〉，頁104-105。

古樂、〈樂記〉之和同觀等。通過上述研究，可深化對〈樂記〉中和思想的認識。

二 〈樂記〉成書之年代及作者

〈樂記〉的成書年代及作者問題，歷來眾說紛紜，迄今仍無定案。《樂經》一書，遠古已有，但隨著時代變遷，該書已佚。漢代班固《漢書‧藝文志》指出：「先王作樂崇德，殷薦之上帝，以享祖考。故自黃帝下至三代，樂各有其名。……周衰俱壞，樂尤微眇，以音律為節，又為鄭、衛所亂，故無遺法。」[5]其後，古籍復經秦火之劫，古本《樂經》更蕩然無存。西漢初年，朝廷徵集天下遺書。《漢書》指出「武帝時，河間獻王（劉德）好儒，與毛生等共采《周官》及諸子言樂事者，以作〈樂記〉，獻八佾之舞，與制氏不相遠，其內史王定傳之，以授常山王禹。禹，成帝時為謁者，數言其義，獻二十四卷記。劉向校書，得《樂記》二十三篇，與禹不同，其道浸以益微。」[6]從上引文可知，古本《樂經》已佚，「故無遺法」。漢以後的《樂記》，乃劉德與毛生及諸子所作，之後經劉向整理，成為二十三篇。《樂記》存世十一篇，並合而為一文，載錄於《禮記》第十九篇，全文約五千餘字，細分為十一子篇，篇名依次是：〈樂本〉、〈樂論〉、〈樂施〉、〈樂言〉、〈樂禮〉、〈樂情〉、〈樂化〉、〈樂象〉、有〈賓牟賈〉、〈師乙〉、〈魏文侯〉。至於其餘十二篇，已佚，但「其名猶在」，載錄於劉向《別錄》，分別是：〈奏樂〉、〈樂器〉、〈樂作〉、〈意始〉、〈樂穆〉、〈說律〉、〈季札〉、〈樂道〉、〈樂義〉、〈昭本〉、〈招頌〉、〈竇公〉。

《漢書‧藝文志》談及《樂記》作者問題時，指出「諸子言樂事者，以作《樂記》」，「諸子」雖未明言何人，但在成書於先秦的《周易》、《荀子》、《呂氏春秋》、及成書於〔西〕漢的《淮南子》都可找到不少資料與〈樂記〉雷同。茲予以引錄及對照如下：

5　〔漢〕班固：《漢書》（北京市：中華書局，1962年），頁1711。
6　〔漢〕班固：《漢書》（北京市：中華書局，1962年），頁1711。

（一）《周易》與〈樂記〉

《易傳・繫辭上》：

> 天尊地卑，乾坤定矣。卑高已陳，貴賤位矣。動靜有常，剛柔斷矣。方以類聚，物以群分，吉凶生矣。在天成象，變化見矣。是故剛柔相摩，八卦相蕩，鼓之以雷震，潤之以風雨，日月運行，一寒一暑，乾道成男，坤道成女。[7]

〈樂記・樂禮〉：

> 天尊地卑，君臣定矣。卑高已陳，貴賤位矣。動靜有常，大小殊矣。方以類聚，物以群分，別性命不同矣。在天成象，在地成形。如此，則禮者天地之別也。地氣上齊，天氣下降，陰陽相摩，天地相蕩，鼓之以雷震，奮之以風雨，動之以四時，暖之以日月，而百化興焉。如此，則樂者天地之和也。[8]

上引二段文字，其意義與文字同出一轍，後者所改動的文字，旨在進行政治教育，由階級之別，走向階級之和，強調「禮者，天地之別」，及「樂者，天地之和」，禮樂二者可協同及協和。

（二）《荀子》與〈樂記〉

《荀子・樂論》：

7　李學勤主編：《周易正義》，收入《十三經注疏》（北京市：北京大學出版社，1999年12月第1版），卷7〈繫辭上〉，頁257。

8　李學勤主編：《禮記正義》，收入《十三經注疏》（北京市：北京大學出版社，1999年12月第1版），卷第37，頁1095。

故樂者，天下之大齊也，中和之紀也。人情之所必不免也。是先王立
樂之術也。而墨子非之，奈何！[9]

〈樂記·樂化〉

故樂者，天地之命，中和之紀，人情所不能免也。[10]

〈樂記〉乃政教教育專書，編纂者刪去「而墨子非之」句，以維護儒家崇高
形象。

又《荀子·樂論》載：

夫樂者，樂也。人情之所必不可免也。故人不能無樂。樂，則必發於
聲音，形於動靜，而人之道，聲音、動靜，性術之變，盡是矣。故人
不能不樂，樂則不能無形，形而不為道，則不能無亂。先王惡其亂
也。故制雅頌之音以道之，使其聲足以樂而不流，使其文足以辨而不
諰，使其曲直、繁省、廉肉、節奏足以感動人之善心，使夫邪汙之氣
無由得接焉。是先王立樂之方也，而墨子非之，奈何！[11]

〈樂記·樂化〉也載：

人情之所不能免也。樂必發於聲音。形於動靜。人之道也。聲音動
靜。性術之變。盡於此矣。故人不耐無樂。樂不耐無形。形而不為道
不耐無亂。先王恥其亂。故制雅頌之聲以道之。使其聲足樂而不流。
使其文足論而不息。使其曲直、繁瘠、廉肉、節奏足以感動人之善心

9 〔清〕王先謙：《荀子集解》，收入《諸子集成》（長沙市：嶽麓書社，1956年10月第1版），冊
   3，卷14〈樂論〉第二十，頁380。

10 李學勤主編：《禮記正義》，收入《十三經注疏》（北京市：北京大學出版社，1999年12月第1
   版），卷第39，頁1145。

11 〔清〕王先謙：《荀子集解》，收入《諸子集成》（長沙市：嶽麓書社，1956年10月第1版），冊
   3，卷14〈樂論〉第二十，頁379-380

而已矣。不使放心邪氣得接焉。是先王立樂之方也。[12]

上述兩段引文，文字與句意，雷同之處甚多。檢視《荀子·樂論》及《禮記·樂記》二文，其相同之處過半。這種情況的出現，《漢書·禮樂志》載河間獻王劉德「有雅材，亦以為治道非禮樂不成，因獻所集雅樂」。劉德所集雅樂之書，取材於「《周官》及諸子言樂事者」。在當時，漢室重儒，在諸子著作中，當然以儒家為首選。荀子乃儒門出色人物，其《荀子》一書，有〈樂論〉一文，故內容肯定為〈樂記〉編纂者所汲納。這亦可證明〈樂記〉成書時間在漢初。

（三）《呂氏春秋》與〈樂記〉

《呂氏春秋·適音》：

> 故治世之音安以樂，其政平也；亂世之音怨以怒，其政乖也；亡國之音悲以哀，其政險也。凡音樂通乎政，而移風平俗者也。[13]

〈樂記·樂本〉：

> 治世之音安以樂，其政和；亂世之音怨以怒，其政乖；亡國之音哀以思，其民困。聲音之道與政通矣。[14]

又《呂氏春秋·適音》載：

> 清廟之瑟，朱弦而疏越，一唱而三嘆，有進乎音者矣。大饗之禮，上

12　李學勤主編：《禮記正義》，收入《十三經注疏》（北京市：北京大學出版社，1999年12月第1版），卷第39，頁1143-1144。

13　陳奇猷校釋：《呂氏春秋》（上海市：上海古籍出版社，2002年4月第1版），上冊，卷5，〈適音〉，頁276。

14　李學勤主編：《禮記正義》，收入《十三經注疏》（北京市：北京大學出版社，1999年12月第1版），卷第37，頁1077。

玄尊而俎生魚，大羹不和，有進乎味者也。故先王之制禮樂也，非特
以歡耳目、極口腹之欲也，將以教民平好惡、行理義也。[15]

〈樂記・樂本〉也載：

清廟之瑟，朱弦而疏越，壹倡而三嘆，有遺音者矣。大饗之禮。尚玄
酒而俎腥魚，大羹不和，有遺味者矣。是故先王之制禮樂也，非以極
口腹耳目之欲也，將以教民平好惡，而反人道之正也。[16]

上述二段文字，後者略改數字，文意完全一樣。《呂氏春秋》乃先秦雜家思
想的代表巨著，書中融匯了儒道墨法等諸子思想，屬於政教專著，為主政者
歡迎之書。書中大談治道，其〈適音〉篇及〈侈樂〉篇，受到〈樂記〉編纂
者關注，汲納其部分內容，並加潤色而成新作，此舉是可理解的。

（四）《淮南子》與〈樂記〉

《淮南子・銓言訓》：

非易不可以治大，非簡不可以合眾。大樂必易，大禮必簡。易故能
天，簡故能地。大樂無怨，大禮不責，四海之內，莫不系統，故能帝
也。[17]

《樂記・樂由中出》：

樂由中出故靜，禮自外作故文。大樂必易，大禮必簡。樂至則無怨，

---

15 陳奇猷校釋：《呂氏春秋》（上海市：上海古籍出版社，2002年4月第1版），上冊，卷5，〈適音〉，
   頁276。

16 李學勤主編：《禮記正義》，收入《十三經注疏》（北京市：北京大學出版社，1999年12月第1
   版），卷第39，頁1081。

17 何寧：《淮南子集釋》（北京市：中華書局，1998年10月第1版），中冊，卷14，〈銓言訓〉，頁
   1033。

　　禮至則不爭。揖讓而治天下者，禮樂之謂也。[18]

《淮南子》乃漢初雜家代表巨著，為淮南王劉安及其門客等編寫，書成由劉安入朝呈獻武帝，「上愛秘之」[19]，為此書奠下崇高的地位。其後〈樂記〉編纂者，汲納《淮南子》合用的文意或文句，並不為奇。故此，上述兩段引文並見「大樂必易，大禮必簡」，只是片鱗而矣。

　　總結上述所言，〈樂記〉的作者及成書問題，可作出這樣的結論，〈樂記〉一文，非一人或一時之作，其成書的年代，該在漢初，而其文章的思想內容應以先秦為主。

三　〈樂記〉中和思想與《易》

　　《易》為大道之源，其義理滲入各門學問，所以《四庫全書總目提要》說：「易道廣大，無所不包，旁及天文、地理、樂律、兵法、韻學、算術，以逮方外之爐火，皆可援《易》以為說。」[20]儒家六經之一《樂經》，雖亡於秦火，但義理精要尚能輾轉流傳，經漢人整理編纂遺篇而成〈樂記〉。檢視〈禮記・樂記〉一文，洋溢易學哲理，大談天人之理，有如《周易》補遺，例如〈樂記・樂禮〉說：「天尊地卑，君臣定矣。卑高已陳，貴賤位矣。動靜有常，大小殊矣。……」[21]此段文字幾乎全鈔自《易傳・繫辭上》。〈樂記〉雖以「樂」為名，但其樂理卻以《易》理為指導思想，以中和為核心概念貫穿全文。

　　《易》專論陰陽，萬物皆有陰陽，其核心價值以中和為本。《禮記・郊

18　李學勤主編：《禮記正義》，收入《十三經注疏》（北京市：北京大學出版社，1999年12月第1版），卷第37，頁1086。

19　〔東漢〕班固撰，〔唐〕顏注：《新校本漢書》（臺北市：鼎文書局，1986年），頁2145。

20　〔清〕紀昀等奉敕撰：《欽定四庫全書總目》（臺北市：藝文印書館，1997年9月初版），冊7，頁63。

21　李學勤主編：《周易正義》，收入《十三經注疏》（北京市：北京大學出版社，1999年12月第1版），卷7〈繫辭上〉，頁257。

特牲》說:「樂由陽來者也,禮由陰作者也,陰陽和而萬物得。」[22]《黃帝
內經‧素問》也說:「陰陽者,天地之道也。」[23]「道」者,變化規律也,
可從《易》體會之。《易傳‧繫辭下》說:「古者包犧氏之王天下也,仰則觀
象於天,俯則觀法於地,觀鳥獸之文與地之宜,近取諸身,遠取諸物,於是
始作八卦,以通神明之德,以類萬物之情。」[24]天地萬物化育之理,可從八
卦推演。八卦生於《易》,《易》有天地人三才,《易傳‧繫辭下》說:
「《易》之為書也,廣大悉備;有天道焉,有人道焉,有地道焉。兼三才而
兩之,故六;六者,非它也,三材之道也。」[25]又說:「是以立天之道,曰
陰與陽;立地之道,曰柔與剛;立人之道,曰仁與義。」[26]人為萬物之靈,
居天地之中,《易傳‧序卦》說:「有天地,然後有萬物;有萬物,然後有男
女。」[27]《易》以天地人為哲理探析的對象,強調天人合一,《易‧繫辭
下‧乾卦》說:「夫大人者,與天地合其德,與日月合其明,與四時合其
序,與鬼神合其吉凶。」[28]《易傳‧繫辭上》第六章又說:「廣大配天地,
變通配四時,陰陽之義配日月。」[29]《易傳‧繫辭上》第十一章又說:「明
於天之道,而察於民之故……天地變化,聖人效之。」[30]《易》道以中和為

---

22 李學勤主編:《禮記正義》,收入《十三經注疏》(北京市:北京大學出版社,1999年12月第1
    版),卷第25,頁776。

23 〔清〕張隱庵:《黃帝內經素問集注》(北京市:學苑出版社,2004年1月),卷2,〈陰陽應象大
    論〉,頁41。

24 李學勤主編:《周易正義》,收入《十三經注疏》(北京市:北京大學出版社,1999年12月第1
    版),卷8〈繫辭下〉,頁298。

25 李學勤主編:《周易正義》,收入《十三經注疏》(北京市:北京大學出版社,1999年12月第1
    版),卷8〈繫辭下〉,頁318。

26 李學勤主編:《周易正義》,收入《十三經注疏》(北京市:北京大學出版社,1999年12月第1
    版),卷9〈說卦〉,頁326。

27 李學勤主編:《周易正義》,收入《十三經注疏》(北京市:北京大學出版社,1999年12月第1
    版),卷10〈序卦傳〉,頁336。

28 李學勤主編:《周易正義》,收入《十三經注疏》(北京市:北京大學出版社,1999年12月第1
    版),卷1〈乾卦〉,頁23。

29 李學勤主編:《周易正義》,收入《十三經注疏》(北京市:北京大學出版社,1999年12月第1
    版),卷7〈繫辭上〉,頁273。

30 李學勤主編:《周易正義》,收入《十三經注疏》(北京市:北京大學出版社,1999年12月第1

運動之本,〈彖‧乾〉說:「保合大和,乃利貞。」[31]〈彖‧豫〉又說:「天地以順動,故日月不過,而四時不忒。聖人以順動,則刑罰清而民服。」[32]「順動」、「不過」、「不忒」,皆具之中和之義,唐代孔穎達疏釋說:「若聖人和順而動,合天地之德,故天地亦如聖人而為之也。」[33]聖人行事,順應天道中和之德,可稱天人合一。《易》的天人合一觀,為〈樂記〉所傳承和開拓。〈樂記‧樂禮〉載:「聖人作樂以應天,制禮以配地。禮樂明備,天地官矣。」[34]「樂」與「禮」皆人道之德,以「中和」為核心思想。〈樂記‧樂禮〉篇又說:「地氣上齊,天氣下降,陰陽相摩,天地相蕩,鼓之以雷霆,奮之以風雨,動之以四時,煖之以日月,而百化興焉。如此,則樂者天地之和也。」[35]陰陽、天地、雷霆、風雨、日月、四時,都是《易》的範疇,其運動中和,則「百化興」,展現「天地之和」。〈樂記‧樂象〉也說:「清明象天,廣大象地,終始象四時,周還象風雨,五色成文而不亂,八風從律而不奸,百度得數而有常,大小相成,終始相生,倡和清濁,迭相為經。故樂行而倫清,耳目聰明,血氣和平,移風易俗,天下皆寧。」[36]天地、四時、五行、八風等自然運動、都含《易》理,其道中和,並作用於人身耳目氣血。〈樂記〉論述天人合一之語頗多,例如:「樂由天作,禮由地制」、「明於天地,然後興禮樂也」、「大樂與天地同和,大禮與天地同節」等。

版),卷第7〈繫辭上〉,頁288。

31 李學勤主編:《周易正義》,收入《十三經注疏》(北京市:北京大學出版社,1999年12月第1版),卷1〈乾卦〉,頁9。

32 李學勤主編:《周易正義》,收入《十三經注疏》(北京市:北京大學出版社,1999年12月第1版),卷1〈豫卦〉,頁83-84。

33 李學勤主編:《周易正義》,收入《十三經注疏》(北京市:北京大學出版社,1999年12月第1版),卷1〈豫卦〉,頁84。

34 李學勤主編:《禮記正義》,收入《十三經注疏》(北京市:北京大學出版社,1999年12月第1版),卷第37,頁1094。

35 李學勤主編:《禮記正義》,收入《十三經注疏》(北京市:北京大學出版社,1999年12月第1版),卷第37,頁1095-1096。

36 李學勤主編:《禮記正義》,收入《十三經注疏》(北京市:北京大學出版社,1999年12月第1版),卷第38,頁1110。

《易》道即天道，以中和為本，強調不可太過或不及，反對偏勝，力守中節，過則害，《黃帝內經》所謂「亢則害，承乃制」，此言太過則害，相應帶來節制。《易傳・序卦》說：「渙者，離也。物不可以終離，故受之以節。」[37]「節」，卦名，即「節卦」；節，具節制、無太過、守信、適可而止諸義。《易・象・節卦》曰：「當位以節，中正以通。天地節而四時成，節以制度，不傷財，不害民。」[38]此言行事有節，四時有節，適時而至；典章制度有節，則不耗財傷民。「節」得其所，稱「甘節」，主吉；若節得太過，則為「苦節」，《易・節卦》說：「苦節，貞凶，悔亡。」〈象〉曰：「苦節貞凶，其道窮也。」[39]苦節道窮，主凶。《易》道關於「節」的哲理，為〈樂記〉予以汲納並融會於樂理中，例如：〈樂記・樂論〉說：「大樂與天地同和，大禮與天地同節」[40]。「節」是指四時之序，有其先後適時規律，無早到或遲至，大禮亦具先後適時之序。〈樂記・樂本〉說：「夫物之感人無窮，而人之好惡無節，則是物至而人化物也。人化物也者，滅天理而窮人欲者也。於是有悖逆詐偽之心，有淫佚作亂之事。」[41]此言人不能節制好惡之心，就會「滅天理」，心存「悖逆詐偽」，幹出「惜淫佚作之事」。節制要適中，過則害，〈樂記・樂論〉說：「樂由天作，禮以地制，過制則亂，過作則暴。」[42]太過帶來「亂」與「暴」。〈樂記・樂禮〉也說：「樂極則憂，禮粗則偏矣。」[43]

---

37 李學勤主編：《周易正義》，收入《十三經注疏》（北京市：北京大學出版社，1999年12月第1版），卷9〈序卦傳〉，頁336。

38 李學勤主編：《周易正義》，收入《十三經注疏》（北京市：北京大學出版社，1999年12月第1版），卷6〈節卦〉，頁240。

39 李學勤主編：《周易正義》，收入《十三經注疏》（北京市：北京大學出版社，1999年12月第1版），卷6〈節卦〉，頁240。

40 李學勤主編：《禮記正義》，收入《十三經注疏》（北京市：北京大學出版社，1999年12月第1版），卷第37，頁1087。

41 李學勤主編：《禮記正義》，收入《十三經注疏》（北京市：北京大學出版社，1999年12月第1版），卷第37，頁1083-1084。

42 李學勤主編：《禮記正義》，收入《十三經注疏》（北京市：北京大學出版社，1999年12月第1版），卷第37，頁1090。

43 李學勤主編：《禮記正義》，收入《十三經注疏》（北京市：北京大學出版社，1999年12月第1版），卷第37，頁1091。

「極」與「粗」都是有太過之失。在治道方面，主政者施政宜中道，〈樂記‧樂施〉指出：「天地之道，寒暑不時則疾，風雨不節則饑。教者，民之寒暑也，教不時則傷世。事者，民之風雨也，事不節則無功。」[44] 以寒暑風雨喻教民治事，要適時適節。

四　禮樂與中和政治

樂之生成，始於心，發於聲，和於音，心境不同，感物發聲而各異，〈樂記‧樂本〉說：「其本在人心之感於物也。是故其哀心感者，其聲噍以殺。其樂心感者，其聲嘽以緩。其喜心感者，其聲發以散。其怒心感者，其聲粗以厲。其敬心感者，其聲直以廉。其愛心感者，其聲和以柔。」[45] 心聲各異，治術因應禮樂刑法而行之，〈樂記‧樂本〉指出：「禮節民心，樂和民聲，政以行之，刑以防之。禮樂刑政，四達而不悖，則王道備矣。」[46]「禮」可以節制民心安分，「樂」可以調和民聲，化解歧見。「刑」可以防範罪行發生，「政」可以履行政制。

〈樂記〉繼承儒家以中和為治道使命，通過樂教進行政教，強調「聲音之道與政通」、「審音以知樂，審樂以知政，而治道備矣」。[47]〈樂記〉從音樂之所起，泛論樂教，並以「和」為主題思想針對人和、政和、君臣和、天下和。

樂與禮都以和為標榜，二者相輔而行，〈樂記‧樂象〉說：「樂也者，情之不可變者也。禮也者，理之不可易者也。樂統同，禮辨異，禮樂之說，管

44　李學勤主編：《禮記正義》，收入《十三經注疏》（北京市：北京大學出版社，1999年12月第1版），卷第38，頁1102。

45　李學勤主編：《禮記正義》，收入《十三經注疏》（北京市：北京大學出版社，1999年12月第1版），卷第37，頁1075-1076。

46　李學勤主編：《禮記正義》，收入《十三經注疏》（北京市：北京大學出版社，1999年12月第1版），卷第37，頁1085。

47　李學勤主編：《禮記正義》，收入《十三經注疏》（北京市：北京大學出版社，1999年12月第1版），卷第37，頁1081。

乎人情矣。」[48]樂主情，其用在合和人心，禮主理，其用在分辨人倫，禮樂並行，就可通達人情，取得和樂。〈樂記‧樂化〉舉宗廟之祭為例，其文說：「是故樂在宗廟之中，君臣上下同聽之，則莫不和敬；在族長鄉里之中，長幼同聽之，則莫不和順；在閨門之內，父子兄弟同聽之，則莫不和親。故樂者審一以定和，比物以飾節；節奏合以成文。所以合和父子君臣，附親萬民也，是先王立樂之方也。」[49]君臣和敬，長幼和順，父子兄弟和親，舉國萬民同沐於和風中。樂教推行成功，則「暴民不作，諸侯賓服，兵革不試，五刑不用，百姓無患，天子不怒，如此，則樂達矣。合父子之親，明長幼之序，以敬四海之內，天子如此，則禮行矣」[50]。兵刑不用，人倫和睦，故能樂達禮行。

檢視〈樂記〉一文，頻見「禮」字與「樂」字的出現，據統計，「禮」字的出現次數八十六次，「樂」字的出現次數一百五十七次，「禮樂」一詞的出現次數二十三次，每詞的上文下理，都攸關治道，摘引如下：

> 禮樂皆得，謂之有德。[51]（〈樂記‧樂本〉）

> 是故先王之制禮樂也，非以極口腹耳目之欲也，將以教民平好惡而反人道之正也。[52]（〈樂記‧樂本〉）

> 樂勝則流，禮勝則離。合情飾貌者禮樂之事也。[53]（〈樂記‧樂論〉）

---

48 李學勤主編：《禮記正義》，收入《十三經注疏》（北京市：北京大學出版社，1999年12月第1版），卷第38，頁1106。

49 李學勤主編：《禮記正義》，收入《十三經注疏》（北京市：北京大學出版社，1999年12月第1版），卷第39，頁1145。

50 李學勤主編：《禮記正義》，收入《十三經注疏》（北京市：北京大學出版社，1999年12月第1版），卷第37，頁1086-1087。

51 李學勤主編：《禮記正義》，收入《十三經注疏》（北京市：北京大學出版社，1999年12月第1版），卷第37，頁1081。

52 李學勤主編：《禮記正義》，收入《十三經注疏》（北京市：北京大學出版社，1999年12月第1版）卷第37，頁1081。

53 李學勤主編：《禮記正義》，收入《十三經注疏》（北京市：北京大學出版社，1999年12月第1版），卷第37，頁1085。

揖讓而治天下者,禮樂之謂也。[54](〈樂記・樂論〉)

禮樂之情同,故明王以相沿也。[55](〈樂記・樂論〉)

故知禮樂之情者能作,識禮樂之文者能述。[56](〈樂記・樂論〉)

若夫禮樂之施於金石,越於聲音,用於宗廟社稷,事乎山川鬼神,則此所與民同也。[57](〈樂記・樂論〉)

及夫禮樂之極乎天而蟠乎地,行乎陰陽而通乎鬼神。[58](〈樂記・樂禮〉)

樂統同,禮辨異,禮樂之說,管乎人情矣。[59](〈樂記・樂象〉)

若此則周道四達,禮樂交通。[60](〈樂記・賓牟賈〉)

致禮樂之道,舉而錯之,天下無難矣。[61](〈樂記・樂化〉)

先王之道,禮樂可謂盛矣。[62](〈樂記・樂化〉)

---

54 李學勤主編:《禮記正義》,收入《十三經注疏》(北京市:北京大學出版社,1999年12月第1版),卷第37,頁1086。

55 李學勤主編:《禮記正義》,收入《十三經注疏》(北京市:北京大學出版社,1999年12月第1版),卷第37,頁1087。

56 李學勤主編:《禮記正義》,收入《十三經注疏》(北京市:北京大學出版社,1999年12月第1版),卷第37,頁1089。

57 李學勤主編:《禮記正義》,收入《十三經注疏》(北京市:北京大學出版社,1999年12月第1版),卷第37,頁1090。

58 李學勤主編:《禮記正義》,收入《十三經注疏》(北京市:北京大學出版社,1999年12月第1版),卷第37,頁1097。

59 李學勤主編:《禮記正義》,收入《十三經注疏》(北京市:北京大學出版社,1999年12月第1版),卷第38,頁1106。

60 李學勤主編:《禮記正義》,收入《十三經注疏》(北京市:北京大學出版社,1999年12月第1版),卷第39,頁1139。

61 李學勤主編:《禮記正義》,收入《十三經注疏》(北京市:北京大學出版社,1999年12月第1版),卷第39,頁1141。

62 李學勤主編:《禮記正義》,收入《十三經注疏》(北京市:北京大學出版社,1999年12月第1版),卷第39,頁1146。

上述引錄禮樂的文句，從個人禮樂之德到宗廟社稷祭禮，以及從個人禮樂之情到帝王治術，都在泛論之列。禮樂地位崇高偉大，並以樂為陽為天，禮為陰為地，《禮記・郊特牲》說：「樂由陽來者也，禮由陰作者也，陰陽和而萬物得。」[63]〈樂記・樂論〉也說：「樂由中出，禮自外作。」[64]〈樂記・樂禮〉又說：「樂者敦和，率神而從天，禮者別宜，居鬼而從地。故聖人作樂以應天，制禮以配地。禮樂明備，天地官矣。」[65]統而言之，樂象天，屬陽，禮象地，屬陰，陰陽互依互存，既對立又統一，以中和為核心。在古代，禮樂地位崇高，常與天地並論，例如：

> 大樂與天地同和，大禮與天地同節。……明則有禮樂，幽則有鬼神。[66]（〈樂記・樂論〉）

> 樂者，天地之和也；禮者，天地之序也。……。樂由天作，禮以地制。……明於天地，然後能興禮樂也。[67]（〈樂記・樂論〉）

> 一動一靜者天地之間也。故聖人曰：「禮樂」云。[68]（〈樂記・樂禮〉）

> 窮本知變，樂之情也；著誠去偽，禮之經也。禮樂偵天地之

63 李學勤主編：《禮記正義》，收入《十三經注疏》（北京市：北京大學出版社，1999年12月第1版），卷第25，頁776。

64 李學勤主編：《禮記正義》，收入《十三經注疏》（北京市：北京大學出版社，1999年12月第1版），卷第37，頁1086。

65 李學勤主編：《禮記正義》，收入《十三經注疏》（北京市：北京大學出版社，1999年12月第1版），卷第37，頁1094。

66 李學勤主編：《禮記正義》，收入《十三經注疏》（北京市：北京大學出版社，1999年12月第1版），卷第37，頁1087。

67 李學勤主編：《禮記正義》，收入《十三經注疏》（北京市：北京大學出版社，1999年12月第1版），卷第37，頁1090。

68 李學勤主編：《禮記正義》，收入《十三經注疏》（北京市：北京大學出版社，1999年12月第1版），卷第37，頁1097。

情，……。[69]（〈樂記・樂情〉）

是故大人舉禮樂，則天地將為昭焉。[70]（〈樂記・樂情〉）

以上所引，可見禮樂有如天地陰陽，以中和為本，廣泛應用於生活與治道。

古人以禮樂為修身處世的明燈，〈樂記・樂化〉說：「禮樂不可斯須去身……致樂以治心者也。致禮以治躬，則莊敬，莊敬則嚴威。」[71]〈樂記・樂本〉又說：「先王之制禮樂也，非以極口腹耳目之欲也，將以教民平好惡，而反人道之正也。」[72]教民「反人道之正」，乃制禮作樂之旨。

五　樂政成敗與國運興亡

樂政成敗，顯示了國運興亡，〈樂記・樂本〉指出：「治世之音安以樂，其政和。亂世之音怨以怒，其政乖。亡國之音哀以思，其民困。」[73]「治世之音」，民之樂，其音安和而帶歡樂，「政和」是指中和政治。「亂世之音」，民之樂，其音怨恨而帶憤怒。「政乖」，乃戾政也，其政不和。「亡國之音」，民之樂，其音哀痛而帶愁思，「民困」，言民生苦困無奈。對於亂世之音及亡國之音，〈樂記・樂本〉舉春秋時的鄭國與衛國為例，說：「鄭衛之音，亂世之音也，比於慢矣。桑間濮上之音，亡國之音也，其政散，其民流，誣上行私而不可止也。」[74]鄭音好濫淫志，衛樂促速煩志，其樂五聲皆亂，稱

69　李學勤主編：《禮記正義》，收入《十三經注疏》（北京市：北京大學出版社，1999年12月第1版），卷第38，頁1117。

70　李學勤主編：《禮記正義》，收入《十三經注疏》（北京市：北京大學出版社，1999年12月第1版），卷第38，頁1116。

71　李學勤主編：《禮記正義》，收入《十三經注疏》（北京市：北京大學出版社，1999年12月第1版），卷第39，頁1139-1140。

72　李學勤主編：《禮記正義》，收入《十三經注疏》（北京市：北京大學出版社，1999年12月第1版），卷第37，頁1081。

73　李學勤主編：《禮記正義》，收入《十三經注疏》（北京市：北京大學出版社，1999年12月第1版），卷第37，頁1077。

74　李學勤主編：《禮記正義》，收入《十三經注疏》（北京市：北京大學出版社，1999年12月第1版），卷第37，頁1080。

「慢」，喻君臣上下失和，故云「亂世之音」。「桑間濮上」，春秋時衛地，昔殷紂淫樂於此，好靡靡之音，後世以此為亡國之音。國之將亡，其音靡靡，朝野淫亂成風，結果政散民流，欺騙帝主而謀己私之風，已達不可遏止的地步。鄭衛之音，有違禮樂之教，故其政亡。

六　樂教之正聲與德音及古樂

　　樂聲有正聲與奸聲之分，樂音有德音與溺音之異，樂有古樂新樂之別。正聲和，奸聲淫，德音善，溺音惡，古樂正，新樂溺。所謂正聲，〈樂記・樂象〉說：「正聲感人，而順氣應之；順氣成象，而和樂興焉。」[75]此言正聲帶來「和樂」。所謂德音，〈樂記・魏文侯〉說：「天下大定，然後正六律，和五聲。弦歌《詩・頌》，此之謂德音，德音之謂樂。」[76]「天下大定」，即中和治世，其樂律正聲和，《詩・頌》樂而不淫，哀而不傷，可歌於宗廟祭禮。所謂古樂，即德音之樂，古已有之。〈樂記・魏文侯〉說：「今夫古樂，進旅退旅。和正以廣，弦匏笙簧。……復亂以武，治亂以相，訊疾以雅。君子於是語，於是道古，修身及家，平均天下，此古樂之發也。」[77]古樂乃正樂，具中和思想，其樂教意義是倡導修身、齊家、治國、平天下，此乃儒家教育之旨。

　　所謂奸聲，〈樂記・樂象〉指出：「凡奸聲感人，而逆氣應之；逆氣成象，而淫樂興焉。」[78]奸聲帶來「淫樂」，非和道之聲。對於奸聲的批判，

75　李學勤主編：《禮記正義》，收入《十三經注疏》（北京市：北京大學出版社，1999年12月第1版），卷第34，頁1008。

76　李學勤主編：《禮記正義》，收入《十三經注疏》（北京市：北京大學出版社，1999年12月第1版），卷第39，頁1123。

77　李學勤主編：《禮記正義》，收入《十三經注疏》（北京市：北京大學出版社，1999年12月第1版），卷第39，頁1120。

78　李學勤主編：《禮記正義》，收入《十三經注疏》（北京市：北京大學出版社，1999年12月第1版），卷第38，頁1108。

〈樂記・樂象〉又指出：「奸聲亂色，不留聰明；淫樂慝禮，不接心術。」[79]
所謂「溺音」，其音淫溺。〈樂記・魏文侯〉說：「鄭音好濫淫志，宋音燕女
溺志，衛音趨數煩志，齊音敖辟喬志。此四者皆淫於色而害於德，是以祭祀
弗用也。」[80]「鄭音」、「宋音」、「衛音」、「齊音」皆非正音，其弊是「淫於
色而害於德」，有違樂教，故「祭祀」不用。

所謂新樂，非正樂，「溺音」乃其類，〈樂記・魏文侯〉說：「今夫新
樂，進俯退俯，奸聲以濫，溺而不止；及優侏儒，糅雜子女，不知父子。樂
終不可以語，不可以道古，此新樂之發也。」[81]此言新樂團隊動作散漫，言
詞充滿淫溺，演員低俗，角色失人倫，劇終不知所謂，無古樂之遺音可談。

七 〈樂記〉之和同觀與中和思想

西周末年，周室由盛轉衰，君臣檢討其因，周太史史伯（生卒不可考）
以「和同」為命題，指出周室衰弱原因，他說：

> 今王（周幽王）棄高明昭顯，而好讒慝暗昧；惡角犀豐盈，而近頑童
> 窮固；去和而取同。夫和實生物，同則不繼，以他平他謂之和，故能
> 豐長而物歸之；若以同裨同，盡乃棄矣。故先王以土與金木水火雜，
> 以成百物。是以和五味以調口……，和六律以聰耳，……。[82]

史伯提出君主應棄佞臣而親賢臣，勿與佞臣同流，並指出「和實生物，同則
不繼，以他平他謂之和」。二百年之後，齊相晏嬰（？-B.C. 500）也因政務

---

79 李學勤主編：《禮記正義》，收入《十三經注疏》（北京市：北京大學出版社，1999年12月第1
版），卷第38，頁1109。

80 李學勤主編：《禮記正義》，收入《十三經注疏》（北京市：北京大學出版社，1999年12月第1
版），卷第39，頁1124。

81 李學勤主編：《禮記正義》，收入《十三經注疏》（北京市：北京大學出版社，1999年12月第1
版），卷第39，頁1122。

82 上海師範大學古籍研究所校點：《國語》（上海市：上海古籍出版社，1998年3月第1版），卷16，
〈鄭語〉，〈史伯為恒公論興衰〉，頁515。

問題，與齊景公（B.C. 547-B.C. 490）大談「和同觀」，晏嬰說：

> 公（齊景公）曰：唯據（齊侯侍臣，梁丘據）與我和夫？晏子對曰：據一同也，焉得為和？公曰：和與同異乎？對曰：異。……今據不然。君所謂可，據亦曰可；君所謂否，據亦曰否。若以水濟水，誰能食之？若琴瑟之專壹，誰能聽之？同之不可也如是。[83]

晏嬰剖釋和同之別，指出齊公與侍臣梁丘據之「和」，實屬「同」，並非「和」。晏嬰責梁丘據對君主投其所好，不辨是非，一味順從，與「和」無涉。對於「和同」之辯，在春秋時代已成論題之一。孔子也對「和同觀」表態說：「君子和而不同，小人同而不和。」[84]，《中庸》又引孔子之語：「故君子和而不流，強哉矯。」[85]孔子的「和同觀」，後世奉為處世箴言。

不過，〈樂記〉的和同觀，卻異於前人，前人「取和棄同」，認為「同則不繼」，〈樂記〉則「和同並取」，並且「和中有同」，「同中有和」。〈樂記・樂論〉認為：「同則相親，異則相敬」、「樂文同，則上下和」、「大樂與天地同和，大禮與天地同節」、「四海之內，合敬同愛」、「禮樂之情同，故明王以相沿」。〈樂記・樂禮〉又說：「流而不息，合同而化，而樂興焉。」[86]

在〈樂記〉十一篇文章中，以〈樂化〉論「和同」問題，最為痛快淋漓，其文說：「是故，樂在宗廟之中，君臣上下同聽之，則莫不和敬；在族長鄉里之中，長幼同聽之，則莫不和順；在閨門之內，父子兄弟同聽之，則莫不和親。」君臣和敬，族長鄉里長幼和順，父子兄弟和親，舉國上下同和，完全達到樂教目的。

---

83 上海古籍出版社編：《十三經注疏》（上海市：上海古籍出版社，1997年7月第1版），冊下，《春秋左傳正義》卷49（昭公二十年），頁2093。

84 〔宋〕朱熹：《論語章句集注》，收入《四書章句集注》（北京市：中華書局，1983年10月第1版），卷7〈子路〉第十三，頁147。

85 〔宋〕朱熹：《中庸章句》，收入《四書章句集注》（北京市：中華書局，1983年10月第1版），第九章，頁21。

86 李學勤主編：《禮記正義》，收入《十三經注疏》（北京市：北京大學出版社，1999年12月第1版），卷第37，頁1093。

八　結語

　　西漢武帝時，天下初定，治國之道，千頭萬緒，亟需汲納歷朝成功經驗，周朝享國祚八百餘年，當然被視為首選借鑑對象，尤其是周朝的典章禮樂制度，更值得參考。先秦諸子顯學中，儒家孔子「刪詩書，贊周易，定禮樂，修春秋」，承傳周代禮樂文化最具成就。故此，漢武帝接納儒臣董仲舒之議，罷黜百家，獨尊儒術，儒學遂成為漢初主流學術思想。〈樂記〉之成書，先後經宗室劉德及劉向編纂，在內容上，必然保留有利於管治的文字，甚至作出補充，插入「禮」治文化在內，使之更完美，達至天人合一的境界。

　　〈樂記〉雖以「樂」命名，但內容卻完全被政治化，藉「樂」而大談治國之道，又把「禮」汲納文章之內，以彰顯「禮」也是治道。「禮」的意義是和，《論語‧學而》篇說：「禮之用，和為貴。」《禮記‧仲尼燕居》又說：「禮所以制中也。」，可見「禮」既「和」也具「中」的雙向作用。「樂」者，和也，「樂」的演奏成敗，決定性在「和」，此「和」的概念應用於行政管治上，「和」與「不和」也是管治成敗的關鍵。〈樂記〉高度評價禮樂並行，強調「樂者天地之命，中和之紀」、「樂由天作，禮由地制」，把禮樂視為天道，天道以中和為本，故此，中和思想貫穿〈樂記〉全文。

《春秋繁露》與中和思想

一　前言

　　春秋戰國時代，諸侯割據，互相攻伐，併吞別國以擴張勢力。由於列國諸侯求才若渴，廣微賢士效命，造就了諸子學說爭鳴機會，帶來學術思想最發達的年代。諸子學說在中和思想這一命題上，都有在前人基礎上予以承傳和發揮，例如管子提出「中和慎敬」；道家老子提出「萬物負陰而抱陽，沖氣以為和」，莊子提出「中和民意，以安四鄉」；儒家孔子提出「中庸」、「過猶不及」、「執兩用中」、「時中」，子思提出「中和」、「中庸」，孟子提出「天時不如地利，地利不如人和」；陰陽家鄒衍提出「陰陽五行」之理，以中和為核心思想；墨家墨翟提出「天壤之情，陰陽之和，莫不有也」，又指出「失和」，乃「天下之害」，並以天志為中；法家韓非子提出「舉事慎陰陽之和」；雜家呂不韋提出「天地合和，生之大經也」；漢初黃老道家劉安提出「陰陽合和而萬物生」、「執中含和」、「百殘除而中和作」。從上述資料來看，中和思想一直都是治國、治人、治事，以至治身的最高原則。

　　漢初大儒董仲舒上書「罷黜百家，獨尊儒術」，為漢武帝接納，從此，儒家思想成為我國道德倫理的主流傳統文化。

　　《春秋繁露》一書，題材廣泛，內容豐富，本文就該書關於陰陽五行、天人合一、養生三個命題上，去探索其中和思想的義理。

二　董仲舒傳略

董仲舒（B.C. 179- B.C. 104），廣川（河北棗強）人，通五經，「治公羊春秋，始推陰陽，為儒者宗」[1]，是漢代著名經學宗師，為今文經大家，與古文經大家孔安國（生卒年不詳，孔子十二世孫）齊名。《漢書·董仲舒傳》述其人治學勤奮，不治家業，「三年不窺園」，以研讀尊君崇一的《春秋公羊傳》著名，景帝時任公羊博士，下帷講課，培育精英。武帝即位之初，下詔求賢，徵求治國方略，「舉賢良文學之士前後百數，而仲舒以賢良對策焉」。董仲舒在三次策問中，先後提出「天人感應，君權神授」、「罷黜百家，獨尊儒術」、「春秋大一統」、「立太學，選賢才」等意見。董氏這三次的策問，甚具歷史意義，史稱「天人三問」。董仲舒的天人三問，甚獲武帝賞識，派任為江都（屬揚州市轄區）相，輔助易王劉非（B.C. 169- B.C. 127）。劉非為武帝之兄長，平七國之亂有功，封江都王。劉非「素驕，好勇」，野心勃勃，以齊桓公自許，視董仲舒為管仲，企圖篡奪帝權。董深悉其謀，予以婉轉規勸，曉以春秋大義，曰：「仁人者，正其誼不謀其利；明其道不計其功。是以仲尼之門，五尺之童，羞稱五伯（霸），為其先詐力而後仁誼也。苟為詐而已，故不足稱於大君子之門也。」劉非受其感動，並稱「善！」不敢妄動，取消謀叛之心。董仲舒為江都相六年，雖有政績，但不幸於武帝建元六年（B.C. 135），卻為寵臣主父偃（？- B.C.126）所構害，廢為中大夫。事緣據《漢書·董仲舒傳》載：「先是遼東高廟、長陵高園殿災，仲舒居家推說其意，草稿未上，主父偃候仲舒，私見，嫉之，竊其書而奏焉。上召視諸儒，仲舒弟子呂步舒不知其師書，以為大愚。於是下仲舒吏，當死，詔赦之，仲舒遂不敢復言災異。」董仲舒獲赦免死，退出官場，設壇講授《公羊春秋》，歷時十年。其後獲充任膠西王劉瑞之相國。劉瑞亦為武帝兄長之一，其人「尤縱恣，數害吏二千石」。劉瑞久聞董仲舒大儒聲名，「善待之，

1　《二十四史》（北京市：中華書局，1997年版），第2冊，《漢書·五行志》，頁1315。

仲舒恐久獲罪，病免」，「去位歸居，終不問家產業，以修學著書為事。」[2]
終年七十五，生平著述豐富，頗多已佚，有《春秋繁露》一書傳世。

　　《春秋繁露》一書共十七卷，凡八十二篇，書中涉及天人合一、天人感
應、大一統、陰陽五行、及三綱五常的資料非常豐富。《四庫提要》稱：「其
書發揮《春秋》之旨，多主《公羊》而往往及陰陽五行。」[3]據統計：書中
以「天」字為題的文章有十二篇；以「陰陽」為題的文章有五篇；以「五
行」為題的文章有九篇。《春秋繁露》是漢初儒書代表作，書中洋溢著儒家
思想，尤其是中和思想，質與量都倍勝《中庸》。在書中，言中、言和、言
中和之語，其數量之多，俯拾即是。

三　中和釋義

　　「中」與「和」合稱「中和」。許慎《說文解字》釋「中」為「內也，
正也」；釋「和」為「相膺也」。董仲舒闡釋中和的要旨說：「成於和，生必
和也；始於中，止必中也；中者，天地之所終始也，而和者，天地之所生成
也。」[4]「中」與「和」的生成及始終，都跟天地連成一體，屬於天道範
疇。董仲舒稱頌中和之美說：

　　　夫德莫大於和，而道莫正於中，中者，天地之美達理也，聖人之所保
　　　守也，《詩》云：「不剛不柔，布政優優。」此非中和之謂與！[5]

董仲舒指出「和」為大德，「中」為道之正，「德和道中」乃天地之至美，無

2　以上資料粹自〔漢〕班固撰，唐顏師古注：《漢書・董仲舒傳》（臺北市：洪氏出版社，1960年）
　　頁2495-2526。

3　〔清〕紀昀等：《四庫全書總目提要》（臺北市：藝文印書館，1966年），冊一，經部，卷29，
　　頁613。

4　〔清〕蘇輿：《春秋繁露義證》（北京市：中華書局，1992年），卷16，〈循天之道〉第七十七，
　　頁444。

5　〔清〕蘇輿：《春秋繁露義證》（北京市：中華書局，1992年），卷16，〈循天之道〉第七十七，
　　頁444。

與倫比，並引《詩經》支持其說。所謂「不剛不柔，布政優優」，是指施政不剛不柔，以寬和為貴。董仲舒又說：「中者、天之用也，和者、天之功也，舉天地之道，而美於和。」[6]天地之道，以中和為用為功，其美在和。和生萬物，故此「其氣最良」，「天地之道，雖有不和者，必歸之於和，而所為有功；雖有不中者，必止之於中，而所為不失」[7]。中和乃天律，雖有不和或不中，最後復歸中和，以使天道循環不息，而中和亦相對生生不息。

四　陰陽五行與中和

董仲舒認為大自然的架構，依次是：「天、地、陰、陽、木、火、土、金、水，九與人而十者，天之數畢也。」[8]上述各物，內含三才、陰陽、五行三類。

所謂三才，即天道、人道、地道，《易‧繫辭下》云：「有天道焉，有人道焉，有地道焉，兼三才而兩之。」[9]《易‧說卦》亦云：「立天之道曰陰與陽，立地之道曰柔與剛，立人之道曰仁與義，兼三才而兩之。」[10]三才乃天地產物，老子闡釋說：「人法地，地法天，天法道，道法自然。」[11]人道居中，其功能是上和天，下和地，以配合天道發展，亦即天人合一。

所謂陰陽，乃天地之道，萬物皆有陰陽，其特點是既對立又統一、此消彼長、相互轉化、互依並存。陰陽的運動，必須在中和狀態下運作，才可發揮功能。董仲舒說：「天有陰陽，人亦有陰陽，天地之陰氣起，而人之陰氣

6　〔清〕蘇輿：《春秋繁露義證》（北京市：中華書局，1992年），卷16，〈循天之道〉第七十七，頁447。

7　〔清〕蘇輿：《春秋繁露義證》（北京市：中華書局，1992年），卷16，〈循天之道〉第七十七，頁446。

8　〔清〕蘇輿：《春秋繁露義證》（北京市：中華書局，1992年），卷17，〈天地陰陽〉第八十一，頁465。

9　陳鼓應等注釋：《周易今注今譯》（北京市：商務印書館，2005年），頁689。

10　陳鼓應等注釋：《周易今注今譯》（北京市：商務印書館，2005年），頁704。

11　朱謙之：《老子校釋》（北京市：中華書局，1984年11月第1版），第二十五章，頁103。

應之而起，人之陰氣起，天地之陰氣亦宜應之而起，其道一也。」[12]此言天人的陰氣，一呼一應，其實陽氣亦然。

陰陽運動不息，無論如何變化，其道中和。董仲舒說：

> 陰陽之道不同，至於盛，而皆止於中，其所始起，皆必於中，中者，天地之太極也，日月之所至而卻也，……。天地之制也，兼和與不和，中與不中，而時用之，盡以為功。[13]

上述引文，強調「中」的重要性，無論「始」或「止」，「中」的位置始終不變，並且其位在天的最高處，日月至此也要回轉。天有其規律，「和與不和，中與不中」，乃天之常道，只要適時用之，則可取其功。關於「和」的功用，董仲舒指出「和者，天之正也，陰陽之平也，其氣最良，物之所生也，誠擇其和者，以為大得天地之奉也」[14]，「陰陽之平」，即「陰陽之和」，和乃萬物之本，能擇「和」才得天地的養育。「陰陽和調，萬物靡不得其理矣」[15]，但假若陰陽失和，則災害生矣，《春秋繁露‧精華》說：

> 大旱，陽滅陰也，陽滅陰者，尊厭卑也，固其義也，雖大甚，拜請之而已，敢有加也。大水者，陰滅陽也，陰滅陽者，卑勝尊也，日食亦然，皆下犯上，以賤傷貴者，逆節也，故鳴鼓而攻之，朱絲而脅之，為其不義也，此亦《春秋》之不畏強禦也。故變天地之位，正陰陽之序，直行其道，而不忘其難，義之至也。[16]

上述引文，借說陰陽失調，引致大旱及大水之災，但另有別意，喻君臣失

12　〔清〕蘇輿：《春秋繁露義證》（北京市：中華書局，1992年），卷13〈同類相動〉第五十七，頁359。

13　〔清〕蘇輿：《春秋繁露義證》（北京市：中華書局，1992年），卷16，〈循天之道〉第七十七，頁447。

14　〔清〕蘇輿：《春秋繁露義證》（北京市：中華書局，1992年），卷16，〈循天之道〉第七十七，頁446-447。

15　〔清〕蘇輿：《春秋繁露義證》（北京市：中華書局，1992年），卷5，〈十指篇〉第十二，頁147。

16　〔清〕蘇輿：《春秋繁露義證》（北京市：中華書局，1992年），卷3，〈精華〉第五，頁86。

義，其罪在以下犯上，宜「鳴鼓而攻之」，伐其不義，以「正陰陽之序」。

　　所謂五行，乃大自然五種物質分類法，天地萬物的物質名目，雖多至數之不盡，但其歸類，不出木、火、土、金、水五類。五行的特色是有相生及相剋功能，相生乃「和」的持續良好發展，相剋即限制，無使其太過或不及，需「中」道而行，有生有剋，才可生生息息，不斷發展。古代的五行學說，發展到漢初，已相當成熟，《春秋繁露・五行對》指出：

> 天有五行：木、火、土、金、水是也。木生火，火生土，土生金、金生水。水為冬，金為秋，土為季夏，火為夏，木為春。春主生，夏主長，季夏主養，秋主收，冬主藏，⋯⋯五聲莫貴于宮，五味莫美于甘，五色莫盛于黃。[17]

上述引文，指出五行相生，五行配五季五化。五行以中位為貴，例如五行的「土」、五聲的「宮」、五味的「甘」及五色的「黃」都屬中位，中為大本，有中則有和。在漢初，五行的實際應用，相當廣泛，也可應用於官制，《春秋繁露・五行相生》指出：

> 五行者，五官也，比相生而間相勝也，⋯⋯東方者木，農之本，司農尚仁，⋯⋯南方者火也，本朝司馬尚智，⋯⋯中央者土，君官也，司營尚信，⋯⋯西方者金，大理，司徒也，司徒尚義，⋯⋯北方者水，執法，司寇也，司寇尚禮。[18]

從上可知，五行有相生相勝功能，除配五官[19]外，也配五方及五常。《春秋繁露》有頗多專論五行相勝的篇章，所謂相勝，即相剋，無使其過，保持適

---

17 〔清〕蘇輿：《春秋繁露義證》（北京市：中華書局，1992年），卷10，〈五行對〉第三十八，頁315。

18 〔清〕蘇輿：《春秋繁露義證》（北京市：中華書局，1992年），卷10，〈五行相生〉第五十八，頁362。

19 按：在《黃帝內經・蘭靈秘典》中，臟腑功能也配上官制，如「心者，君主之官」、「肺者，相傅之官」、「肝者，將軍之官」⋯⋯「相傅」與「將軍」這類官衙屬於漢朝官制。故此，《黃帝內經・蘭靈秘典》所載的臟腑功能與官制相配，不排除的可能，其構思受《春秋繁露》所影響而來的，從而可推論《素問・靈蘭秘典論》屬漢代人物作品。

中，其文道：

> 木者，司農也，司農為奸，……則命司徒誅其率、正矣，故曰金勝木。
> 火者，司馬也，司馬為讒，……執法誅之，執法者，水也，故曰水勝火。
> 土者，君之官也，其相司營，……其民叛，其君窮矣，故曰木勝土。
> 金者，司徒也，司徒為賊，……司徒弱不能使士眾，則司馬誅之，故曰火勝金。
> 水者，司寇也，司寇為亂，……執法附黨不平，依法刑人，則司營誅之，故曰土勝水。[20]

勝者，剋也，「金勝木」，即「金剋木」；「水勝火」，即「水剋火」；「木勝土」，即「木剋土」；「火勝金」，即「火剋金」；「土勝水」，即「土剋水」。董仲舒把五行套用於執法機構，不佞者或刑或誅，此種思維蛻變於陰陽家鄒衍的「五德終始說」。

五　天人合一

天人合一，即天人和一，對於「天」的地位，董仲舒高度評價說：「天者，百神之大君也，事天不備，雖百神猶無益也。」[21]董又言「天者萬物之祖，萬物非天不生」[22]，其〈立元神〉更強調天人關係密切說：「天地人，萬物之本也。天生之，地養之，人成之。天生之以孝悌，地養之以衣食，人成之以禮樂，三者相為手足，合以成體，不可一無也。」[23]天地人三位一體，親如手足，更親如人倫。董仲舒認為「為人者，天也，人之人本於天，

20　〔清〕蘇輿：《春秋繁露義證》（北京市：中華書局，1992年），卷13，〈五行相勝〉第五十九，頁367。

21　〔清〕蘇輿：《春秋繁露義證》（北京市：中華書局，1992年），卷14，〈郊語〉第六十五，頁398。

22　〔清〕蘇輿：《春秋繁露義證》（北京市：中華書局，1992年），卷15，〈順命〉第七十，頁411。

23　〔清〕蘇輿：《春秋繁露義證》（北京市：中華書局，1992年），卷6，〈立元神〉第十九，頁168。

天亦人之曾祖父也，此人之所以乃上類天也」[24]，並言「人亦十月而生，合於天數也。是故天道十月而成，人亦十月而成，合于天道也」[25]。此言人孕十月而生，也符合天道十月為一年（指夏曆，周曆為十二月）。董仲舒又指出人的形體與天地的共通點，例如：「人有三百六十節，偶天之數也；形體骨肉，偶地之厚也；上有耳目聰明，日月之象也；體有空竅理脈，川谷之象也。」所謂「節」，有二義，一指骨節，二指人體穴位；耳目比作日月；空竅，指人體的九竅，即眼耳口鼻前後陰；理脈，指人體的血脈經絡，比作川河山谷。董仲舒又說：「陰陽之氣，在上天，亦在人，在人者為好惡喜怒，在天者為暖清寒暑。」[26]此言人的情志「好惡喜怒」，比作天的四時「暖清寒暑」。董仲舒進一步指出人身與天的關係：

> 人之血氣，化天志而仁；人之德行，化天理而義；人之好惡，化天之暖清；人之喜怒，化天之寒暑；人之受命，化天之四時；人生有喜怒哀樂之答，春秋冬夏之類也。喜，春之答也，怒，秋之答也，樂，夏之答也，哀，冬之答也，天之副在乎人，人之情性有由天者矣，故曰受，由天之號也。[27]

上述引文相當擬人化，把人身的氣血及德性，比作天的仁義，把人的好惡喜怒，比作天的暖清寒暑，把人的生命歷程，比作天的春夏秋冬，把人的「喜怒哀樂」之氣，比作四時之氣。《春秋繁露・陰陽義》更指出：「天亦有喜怒之氣，哀樂之心，與人相副，以類合之，天人一也。」[28]對於喜、怒、哀、樂之氣，天人皆有。王者治天下，不可違天道，「與天同者大治，與天異者

24　〔清〕蘇輿：《春秋繁露義證》（北京市：中華書局，1992年），卷11，〈為人者天〉第四十一，頁319。

25　〔清〕蘇輿：《春秋繁露義證》（北京市：中華書局，1992年），卷11，〈陽尊陰卑〉第四十三，頁324。

26　〔清〕蘇輿：《春秋繁露義證》（北京市：中華書局，1992年），卷17，〈如天之為〉第八十，頁463。

27　〔清〕蘇輿：《春秋繁露義證》（北京市：中華書局，1992年），卷11，〈為人者天〉第四十一，頁318。

28　〔清〕蘇輿：《春秋繁露義證》（北京市：中華書局，1992年），卷13，〈陰陽義〉第四十九，頁341。

大亂」[29]。《春秋繁露・如天之為》又說:「然而人事之宜行者,無所鬱滯,且恕於人,順於天,天人之道兼舉,此謂執其中。……聖人承之以治,是故春修仁而求善,秋修義而求惡,冬修刑而致清,夏修德而致寬,此所以順天地,體陰陽。」[30]此言聖人施政除執中外,還要行「和政」,例如「修仁求善」、「修義求惡」、「修刑致清」、「修德致寬」。

董仲舒高調提出天人合一之目的,是有意透過宣揚君權而達到鞏固君權為目的,其《春秋繁露・王道通三》說:

> 古之造文者,三畫而連其中,謂之王;三畫者,天地與人也,而連其中者,通其道也,取天地與人之中以為貫,而參通之,非王者庸能當是。是故王者唯天之施,……仁之美者在於天,天仁也,天覆育萬物,既化而生之,有養而成之,事功無已,終而復始。[31]

董仲舒先從造字方面去解說「王」字的意義,突出「王」者身分,而「王」者則代天施行仁政。王者乃天之子,只有天子才可執行天命。董仲舒又言:

> 天高其位而下其施,……下其施,所以為仁也,藏其形,所以為神,見其光,所以為明;故位尊而施仁,藏神而見光者,天之行也。故為人主者,法天之行。[32]

上述引文,言天位尊施仁,而王者法天之行,代天施行「仁政」,以「和」為核心精神。王者治天下,其施政方針,以制禮作樂為先,《春秋繁露・楚莊王第一》載:

29　〔清〕蘇輿:《春秋繁露義證》(北京市:中華書局,1992年),卷13,〈陰陽義〉第四十九,頁341。

30　〔清〕蘇輿:《春秋繁露義證》(北京市:中華書局,1992年),卷17,〈如天之為〉第八十,頁464。

31　〔清〕蘇輿:《春秋繁露義證》(北京市:中華書局,1992年),卷11,〈王道通三〉第四十四,頁329。

32　〔清〕蘇輿:《春秋繁露義證》(北京市:中華書局,1992年),卷6,〈離合根〉第十八,頁164-165。

是故大改制于初，所以明天命也；更作樂於終，所以見天功也；緣天
下之所新樂而為之文曲，且以和政，且以興德，天下未遍合和，王者
不虛作樂。樂者，盈於內而動發於外者也，應其治時，制禮作樂以成
之，成者本末質文，皆以具矣。[33]

此言「王」者明天命而「制禮作樂」，以「和政興德」為目標去管治民眾。
王者除可「明天命」外，還具「觀天志」及「觀天道」的天賦能力。《春秋
繁露・天地陰陽》又說：「王者不可以不知天，知天，詩人之所難也，天意
難見也，其道難理，是故明陽陰入出、實虛之處，所以觀天之志；辨五行之
本末、順逆、小大、廣狹，所以觀天道也。」[34]董仲舒高調抬捧君權能力，
令人置疑。

古代民眾，咸認君權天授，至高無上，《春秋繁露・立元神》說：「君人
者，國之元，發言動作，萬物之樞機，樞機之發，榮辱之端也。」[35]此言一
國之榮辱繫於君主一人手上。《春秋繁露・為人者天》又說：「君者，民之心
也，民者，君之體也；心之所好，體必安之；君之所好，民必從之。」[36]此
言君民關係水乳交融，互敬互重，互順互從。

董仲舒雖然標榜君權天授，但一國之君，若無德無威，則民散國亂，其
《春秋繁露・保位權》說：

國之所以為國者，德也，君之所以為君者，威也，故德不可共，威不
可分，德共則失恩，威分則失權，失權則君賤，失恩則民散，民散則
國亂，君賤則臣叛。是故為人君者，固守其德，以附其民，固執其
權，以正其臣。[37]

---

33 〔清〕蘇輿：《春秋繁露義證》（北京市：中華書局，1992年），卷1，〈楚莊王〉第一，頁19。
34 〔清〕蘇輿：《春秋繁露義證》（北京市：中華書局，1992年），卷17，〈天地陰陽〉第八十一，
頁467。
35 〔清〕蘇輿：《春秋繁露義證》（北京市：中華書局，1992年），卷6，〈立元神〉第十九，頁166。
36 〔清〕蘇輿：《春秋繁露義證》（北京市：中華書局，1992年），卷11，〈為人者天〉第四十一，
頁319。
37 〔清〕蘇輿：《春秋繁露義證》（北京市：中華書局，1992年），卷6，〈保位權〉第二十，頁174-
175。

上述引文，乃董氏對君主忠告之言，「德」與「威」是賢君施政必備條件，
君有德則民受恩，君有威則臣不敢越權，否則「國亂臣叛」，禍及宗廟。《春
秋繁露・天地陰陽》也說得很清楚：「世治而民和，志平而氣正，則天地之
化精，而萬物之美起；世亂而民乖，志僻而氣逆，則天地之化傷，氣生災害
起。」[38]《春秋繁露・郊語》又言：「天下和平，則災害不生。今災害生，
見天下未和平也，天下所未和平者，天子之教化不行也。」[39]此外，「君」
者無道不仁，施政不中不和，董仲舒則另有告誡說：「失中適之宜，則道不
平、德不溫；道不平、德不溫，則眾不親安；眾不親安，則離散不群；離散
不群，則不全於君。」[40]此言得民者昌，失民者亡。董仲舒又言：「王正，則
元氣和順，風雨時，景星見，黃龍下；王不正，則上變天，賊氣并見。」[41]
故此，為王者，其政治清明，則得天助，四時風調雨順，適時而至，若然王
者施政失中失和，上天就會懲處，於是四時天氣反常，引發災難，所謂「賊
氣」，即四時不正之邪氣，也可隱喻朝上奸佞之輩。

六 中和養生

養生之要，首在中和，董仲舒說：「行中正，聲向榮，氣意和平，居處
虞樂，可謂養生矣。」[42]此言養生四要，即行為要中正，聲音要宏亮，情志
要和平，居處要歡娛快樂，虞通娛。董仲舒把中和治國的理念應用到養生，
嘗言「能以中和理天下者，其德大盛，能以中和養其身者，其壽極命」[43]，

---

38 〔清〕蘇輿：《春秋繁露義證》（北京市：中華書局，1992年），卷17，〈天地陰陽〉第八十一，
頁466。

39 〔清〕蘇輿：《春秋繁露義證》（北京市：中華書局，1992年），卷14，〈郊語〉第六十五，頁401。

40 〔清〕蘇輿：《春秋繁露義證》（北京市：中華書局，1992年），卷10，〈深察名號〉第三十五，
頁290。

41 〔清〕蘇輿：《春秋繁露義證》（北京市：中華書局，1992年），卷4，〈王道〉第六，頁101。

42 〔清〕蘇輿：《春秋繁露義證》（北京市：中華書局，1992年），卷16，〈循天之道〉第十六，
頁453。

43 〔清〕蘇輿：《春秋繁露義證》（北京市：中華書局，1992年），卷16，〈循天之道〉第七十七，
頁444。

此言中和思想可以用於治政，也可用於養生，其理念乃醫家名言「上醫治國，下醫治病」的濫觴。按：醫家治病以中和為核心思想。

養生不守中和之道，則易致病，董仲舒舉出十點形體不中和的致病因素：

> 裡藏泰實則氣不通，泰虛則氣不足，熱勝則氣，寒勝則氣，泰勞則氣不入，泰佚則氣宛至，怒則氣高，喜則氣散，憂則氣狂，懼則氣懾，凡此十者，氣之害也，而皆生於不中和。[44]

「藏」通「臟」，「裡藏」，即形體「五臟」，「泰」通「太」，即「太過」，言五臟過實過虛、熱勝寒勝、過勞過逸、過怒過喜、過憂過懼，都會傷害形體之氣，其因是太過，有失中和之旨。上述十點致病因素，除第二點「泰虛則氣不足」屬「不足」外，其餘九點都是「太過」，所謂生病起於過用，正是此意。董仲舒重視情志養生，指出「忿恤憂恨者，生之傷也，和說勸善者，生之養也」[45]。「和說勸善」也是仁的表現，有利於養生。董仲舒又說：

> 仁人之所以多壽者，外無貪而內清淨，心和平而不失中正，取天地之美，以養其身，是其且多且治。[46]

所謂仁者多壽，除「外無貪而內清淨，心和平而不失中正」外，董仲舒又對「仁者」一詞銓釋說：「仁者，憯怛愛人，謹翕不爭，好惡敦倫，無傷惡之心，無隱忌之志，無嫉妒之氣，無感愁之欲，無險詖之事，無辟違之行，故其心舒，其志平，其氣和，其欲節，其事易，其行道，故能平易和理而無爭也，如此者，謂之仁。」[47]上述引文，內含道儒哲理，仁者，心舒、志平、氣和、欲節、無爭為養生首務。所謂「取天地之美」，是指取中和之美。有

44　〔清〕蘇輿：《春秋繁露義證》（北京市：中華書局，1992年），卷16，〈循天之道〉第七十七，頁447-頁448。

45　〔清〕蘇輿：《春秋繁露義證》（北京市：中華書局，1992年），卷16，〈循天之道〉第七十七，頁453。

46　〔清〕蘇輿：《春秋繁露義證》（北京市：中華書局，1992年），卷16，〈循天之道〉第七十七，頁448。

47　〔清〕蘇輿：《春秋繁露義證》（北京市：中華書局，1992年），卷8，〈必仁且智〉第三十，頁258。

關養生之道，董仲舒進一步指出：

> 是故男女體其盛，臭味取其勝，居處就其和，勞佚居其中，寒暖無失
> 適，饑飽無過平，欲惡度理，動靜順性，喜怒止於中，憂懼反之正，
> 此中和常在乎其身，謂之得天地泰，得天地泰者，其壽引而長，不得
> 天地泰者，其壽傷而短。[48]

此言生活起居、勞逸、寒暖、饑飽、欲惡、動靜及情志等適中，其壽則長，
反之則短。董氏又說：「凡養生者，莫精於氣，是故春襲葛，夏居密陰，秋
避殺風，冬避重漯，就其和也。」[49]氣者，是指四時之氣，即春暖、夏熱、
秋燥、冬寒，各有其利害，此言擅養生者，宜精通四時氣候的變化，春日穿
葛衣，夏居陰涼之處，秋避燥宜潤，冬寒宜避重濕，取其適中，以「和」為
養生之本。

七　結語

　　中和思想乃中國文化道統精神，為儒家思想承傳教育之一，而《春秋繁
露》為儒家代表巨著，書中蘊含豐富的中和思想，其質與量倍勝《中庸》。
《春秋繁露》的文辭雄辯滔滔，意論縱橫，構思慎密，可惜其論見瑜瑕並
見，在很多論見上過於封建迂腐，比喻牽強，例如在論陰陽五行問題上，認
為大旱乃陽滅陰，尊厭卑，大水乃陰滅陽，卑勝尊，屬於以下犯上，逆節不
忠行為。其論五行思想，可能受到陰陽家「五德終始說」的影響，竟然把五
行相生相剋的概念應用到官制及司法上，真是啼笑皆非，有損儒家精神。

　　在論天人合一問題上，董仲舒更突出君權至上，認為天乃人的祖父，君
是天之子，只有天子獨具「明天命」、「觀天志」、「觀天道」的能力，才可跟

48　〔清〕蘇輿：《春秋繁露義證》（北京市：中華書局，1992年），卷16，〈循天之道〉第七十七，
　　頁456。

49　〔清〕蘇輿：《春秋繁露義證》（北京市：中華書局，1992年），卷16，〈循天之道〉第七十七，
　　頁453。

天溝通，人需聽命天子，由天子代天執行仁政。董仲舒又恐防君權太過，提出「天人感應」論以威懾天子，認為「災害生，見天下未和平也，天下所未和平者，天子之教化不行也」，施政失「中」道，「則不全於君」，又強調「王不正，則上變天，賊氣并見」，「賊氣」除喻四時邪氣外，也隱喻朝上奸邪，按：董仲舒也曾遭「賊氣」所害，倖獲赦免死罪。如此看來，董仲舒的天人感應論，另具特殊意義及目的。

董仲舒的中和養生論見，饒有道儒哲理，其名言「能以中和理天下者，其德大盛，能以中和養其身者，其壽極命」之見，吻合醫家「上醫治國，下醫治病」精神。養生首重情志，無使其太過，強調心舒、志平、氣和、欲節、無爭等，都有利於養生，至於四時氣候的春暖、夏熱、秋燥、冬寒，各有宜忌，《春秋繁露》都有具體說明，為養生家所重。

《黃帝內經中和思想研究》要略[*]

一　前言

　　中和思想是中國文化與哲學的核心命題之一。遠在堯舜時代,「克和厥中」已是治道的指導思想,所謂「允執厥中」,即「公允中正」。夏禹更獲舜帝授以治國十六字心法,即「人心惟危,道心惟微,惟精惟一,允執厥中」。到了商湯時代,湯武王「建中於民,以義制事,以禮制心,垂裕後昆」。及至周,更以「中和」為治國國策,以「允執厥中」(〈周書・畢命〉)為治道之本,《毛詩正義》說:「中和,周之訓也。」於此可見,中和思想乃道統文化,長期綿延流傳。

　　中和思想可廣泛應用於文化、道德、倫理、政治、經濟、醫學⋯⋯等領域。《黃帝內經》是中醫四大經典之首,奠下中醫基礎理論,後世奉為圭臬。在春秋戰國時代,諸子學術思想發達,百家爭鳴,中和思想乃治術之一,故此深受時君及諸子重視,作為先秦顯學的儒道二家,更是中和思想的積極推動者,其餘諸子也相應跟風,對醫界而言,肯定深受影響。檢視《黃帝內經》內容,中和思想貫穿全書,就是明證。

　　中和思想乃醫道核心,而歷來論醫者,偏向徵引易、道、儒的學說為主,對其他諸子涉及不多,顯然是一種缺漏,故此,有需予以正視和補充。本文寫作目的,就是針對上述缺漏,用相當大的篇幅,探索中和思想的源流及演變過程,進而釐清其內涵和意義,除有助填補醫哲文化的歷史空白外,

[*]　本文是拙著《黃帝內經之中和思想研究》的要略本,為使行文方便,註釋從略。

也刷新「中和觀」並非儒家獨享的舊有觀念，這對中醫理論與實踐都有裨益。此外，為深化及拓闊研究領域，例如運氣勝復與中和關係，都是比較新鮮的研究命題，本文都有作出探討。

本文研究領域較廣，除涉及文、史、哲、醫四大範疇，更廣泛徵引四書五經及先秦諸子等古籍，思路結構分為六個環節，先從中和思想的淵源啟航，探析其流變歷程，然後分別深入研究天人合一與中和思想、運氣勝復與中和思想、陰陽五行與中和思想、失中和與病機、治病調適以平為期、調適中和的養生思想等，最後在結論中提出創新性的發明。

二 先秦諸子中和思想對《黃帝內經》的影響

《黃帝內經》非一人一時之作，成書於戰國中期至西漢中末期左右，是書總結了前人的醫術經驗，並長期予以實踐，經過去蕪存菁，分類彙編成冊。《黃帝內經》的內容涵蓋中醫基礎理論各體系，包括陰陽五行學說、藏象學說、氣血精神、經絡學說、針灸學、病因病機學說、辨證法則、診法理論，防治原則、養生學說、運氣學說等。中醫基礎理論以陰陽五行學說為指導思想，而陰陽五行則以中和為核心，故此，中和思想貫穿中醫基礎理論各體系。

《黃帝內經》的醫學理論，乃中國哲學文化的一部分，其成書的年代，正是中國學術思想最發達的春秋戰國時代。那時候，諸子百家爭鳴，互相汲納對方學說，並予以深化及昇華，化為己家學說理論。在諸子學說中，無論哪一學派，皆源出於易，故此，易為大道之源。《黃帝內經》也跟其他諸子學說一樣，除以易學為核心思想外，也汲納其他諸子學說為結構骨幹，成為一部富有特色，醫哲共融的大百科全書，舉凡天文、地理、醫學、文學、哲學等知識，無不包羅其中。

《黃帝內經》的醫理，建基於於易學，所以唐代有藥王之稱的孫思邈說：「不知易者，不足以言太醫。」明代醫家張介賓說：「易者，易也，具陰陽動靜之妙；醫者，意也，合陰陽消長之機，……，醫易同源者，同此變化

也。」明代醫家孫一奎說:「深于《易》者,必善於醫;精於醫者,必由通于《易》。」於此可見,醫易一體,稱醫易同源,故學醫者,每多學易。醫道以中和為核心思想,以病因來說,《黃帝內經》說:「生病起於過用。」句中的「過」,言簡意賅,一語道破病因,包括四時六氣太過、情志太過、飲食太過、作息太過、房勞太過、形體的陰陽氣血津液太過,藥物太過,都成為致病因素。所謂「太過」,就是失去「中」道發展,影響所及,繼而臟腑失「和」,形體就會生病。另按:「過」的意義,在實踐上,也包含「不及」在內。《黃帝內經》又指出治病準則,強調「以平為期」,「平」的意義,其內涵是無太過或不及,以中和為達標。

言易道必論陰陽,言醫道也必論陰陽,易與醫的陰陽觀,皆以中和為本。陰陽為萬物之本,陽為乾,代表天,陰為坤,代表地,陰陽和順,四時適時而至,則能化生萬物。《乾卦·彖》曰:「大哉乾元!萬物資始,乃統天。雲行雨施,品物流形。」《坤卦·彖》曰:「至哉坤元!萬物資生,乃順承天,坤厚載物,……品物咸亨。」《易傳·繫辭下》也言:「天地絪縕,萬物化醇。」《素問·陰陽應象大論》也說:「陰陽者,天地之道也,萬物之綱紀,變化之父母,生殺之本始,神明之府也。」《素問·四氣調神論》又說:「天地俱生,萬物以榮」,「萬物不失,生氣不竭」,「在天為氣(風熱燥濕寒),在地成形(木火土金水),形氣相感,而化生萬物矣。」於此可見,易道與醫道,對於陰陽調和,化育萬物的意見是一致的。

易道以卦爻辨吉凶,其爻辭有天道、人道、地道之分,稱三才,《易傳·繫辭下》:「易之為書也,廣大悉備,有天道焉,有人道焉,有地道焉。」《易傳·說卦》:「立天之道,曰陰與陽;立地之道,曰柔與剛;立人之道,曰仁與義。兼三才而兩之,故易六畫而成卦。分陰分陽,迭用柔剛,故易六位而成章。」《黃帝內經》汲納了易道的三才觀,並予以演繹及昇華,成為中醫學特色之一的「天人合一」思想。例如:

《靈樞·歲露》:人與天地相參也,與日月相應也。

《靈樞·逆順肥瘦論》:聖人之為道者,上合於天,下合於地,中合於人事。

《素問‧寶命全形論》：人生於地，懸命於天，天地合氣，命之曰人。

《素問‧六節藏象論》：天食人以五氣，地食人五味。

《素問‧寶命全形論》：人以天地之氣生，四時之法成。

《素問‧氣交變大論》：而道上知天文，下知地理，中知人事，可以長久。

在中醫學而言，天人合一是中醫學的特色之一，其源出於易道三才觀，於此可為明證。

《黃帝內經》除汲納易道的哲理外，也汲納了道家、儒家，法家、陰陽家、雜家等諸子學說，例如：道家老子的陰陽觀。《道德經》：「道生一，一生二，二生三，三生萬物。萬物負陰而抱陽，沖氣以為和。」此為老子的陰陽觀，強調沖和，《黃帝內經》深受影響，《素問‧生氣通天論》說：「生之本，本于陰陽。」《素問‧陰陽應象大論》也說：「陰陽者，天地之道也，萬物之綱紀，變化之父母，生殺之本始，神明之府也。」《道德經》又說：「天之道，其猶張弓歟？高者抑之，下者舉之；有餘者損之，不足者補之。」此種中和觀，《黃帝內經》也予以汲納，並有所發揮。《素問‧至真要大論》指出「高者抑之，下者舉之，有餘折之，不足補之」，還將其發展為「寒者熱之，熱者寒之，微者逆之，……甚者從之，堅者削之，客者除之，……開之發之，適事為故。」

老子的養生觀，對《黃帝內經》影響深遠，例如《道德經》提出：「甘其食，美其服，安其居，樂其俗。」這些樸實平和的生活，被《黃帝內經》汲納，並予以深化。《素問‧上古天真論》說：「恬淡虛無，真氣從之，精神內守，病安從來？是以志閒而少欲，心安而不懼，形勞而不倦，氣從以順，各從其欲，皆得所願。故美其食、任其服，樂其俗，高下不相慕，其民故曰樸。」對比上述《道德經》及《素問‧上古天真論》的言論，二者皆崇尚生活純樸，情志和諧，這樣，「病安從來」？

此外，老子「多言數窮，不如守中」、「動善時」、「人法地，地法天，天法道，道法自然」等中和思想，對《黃帝內經》都有一定的影響。

　　儒家孔子以仁禮提倡和德，以執中提倡中德，反對過猶不及，並強調適時執中，即時中也。孟子也提倡「人和」為貴，其名句：「天時不如地利，地利不如人和。」孔子之孫子思，總結前人中和經驗，創立中庸學說，成為儒家主要學說代表，影響後世深遠。《黃帝內經》汲納了儒家的中庸觀，並予以深化，《素問・生氣通天論》指出：「凡陰陽之要，陽密乃固，兩者不和，若春無秋，若冬無夏。因而和之，是謂聖度。……陰平陽秘，精神乃治。」《素問・生氣通天論》說：「是以聖人陳陰陽，筋脈和同，骨髓堅固，氣血皆從。如是則內外調和；邪不能害，耳目聰明，氣血如故。」此言形體陰陽氣血筋脈得其和，則無病。《素問・調經論》又說：「陰陽勻平，以充其形，九候若一，命曰平人。」此言形體的陰陽平和及脈診的三部九候皆平和，平人，是指健康之人。《素問・六微旨大論》說：「亢則害，承乃制，制則生化。」所謂亢，盛之極也，亦即太過，需要節制，有節制才可維持生化機制。此外，《黃帝內經》的病因名句：「生病起於過用。」「過」指太過，與孔子「過猶不及」之義同。

　　管仲，亦稱管子，是春秋時代的法家代表，相齊四十年，輔助齊桓公登上霸主寶座，其人法儒兼通，亦法亦儒。法儒二家思想，應用在治國上，具有協同作用。法家強調公正，儒術強調禮仁，前者屬中，後者屬和。管仲以禮輔法，以仁輔律，建構了中和治國的策略。

　　管子成就多方面，以醫道而言，首倡精氣論，詳載於〈心朮上〉、〈心朮下〉、〈白心〉、〈內業〉諸篇。所謂精氣，〈內業〉篇解釋說：「精也者，氣之精者也。」管子又指出：「天出其精，地出其形」，精形相和，「和乃生，不和不生」，〈白心〉篇又有「和則能久」之語，可見「和」乃萬物生化之本。此外，《管子》的〈水地〉、〈幼官〉、〈幼官圖〉、〈四時〉、〈五行〉、〈輕重己〉、〈乘馬〉、〈勢〉、〈侈靡〉、〈揆度〉、〈禁藏〉、〈宙合〉、〈七臣七主〉等篇，都載有陰陽五行之說及醫學理論在內，對《黃帝內經》有一定的影響。

　　管子智慧卓絕，就以中和思想而言，世人皆以「中和」一詞首見於儒家子思的《禮記・中庸》，事實上，管子在其著作《管子・正》早就有「中和慎敬」的言論，可以一掃古今咸認「中和」語出《中庸》之說。

西漢初期，司馬遷（？B.C.145- B.C.87）之父司馬談（？- B.C.116），其〈論六家要旨〉，指出六家依次為：陰陽家、儒家、墨家、名家、法家、道家。陰陽家被列為六家之首，可推想而知其地位之崇高。陰陽家以鄒衍（？B.C. 305-？B.C. 240）為代表，亦為稷下諸子之首，其術「迂大而宏辨」，「其語閎大不經，必先驗小物，推而大之，至於無垠」，又擅「觀陰陽消息」。鄒衍乃羲和之官，掌管天文氣象，熟悉陰陽五行之理，創五德終始說，及五行相勝論。其學說對充實《黃帝內經》的陰陽五行思想有很大的貢獻。

《呂氏春秋》為雜家代表著作，書中頗多中和思想的記述，對《黃帝內經》有一定的影響。《呂氏春秋・有始》指出「天地合和，生之大經」，四時失和，則人民、禽獸、草木、五穀皆受害。萬物的生化以中和為貴，太過則害，五味、五志及七邪太過，都會傷害形體。書中提出實踐中和之道，強調「被服中法，進退中度」為先，並且要懂應變，無論治國治病都要因病施治，所謂「病萬變，藥亦萬變」，不能墨守成規。是書為首載五行相勝論的典籍。

《淮南子》為漢初雜家代表作，書中的中和理論，道儒哲理並見。《淮南子・氾訓論》指出「天地之氣，莫大於和。和者，陰陽調，日夜分而生物。……陰陽相接，乃能成和。」〈泰族訓〉說：「陰陽和，而萬物生矣。」又言：「故聖人懷天氣，抱天心，執中含和。」《淮南子》一書，記載五行資料相當豐富，例如五竅、五官、五體、五色、五臟、五時、五方、五蟲、五音、五味、五數、五臭、五祀等。上述資料，都被《黃帝內經》汲納。在養生方面，《淮南子》強調無太過，如「節寢處，適飲食，和喜怒，便動靜」等，這些中和養生概念，對《黃帝內經》的養生觀有一定的影響。

漢初大儒董仲舒上書「罷黜百家，獨尊儒術」，為漢武帝接納，從此，儒家思想成為我國道德倫理的主流傳統文化。董仲舒的著名政治哲觀如：大統論、天人感應說、及三綱五常說等，都可在其《春秋繁露》予以體會。《春秋繁露》以天人合一、陰陽、五行、及三綱五常作為全書骨幹，全書共十七卷，凡八十二篇。書中以「天」字為題的文章有十二篇；以「陰陽」為題的文章有五篇；以「五行」為題的文章有九篇。《春秋繁露》是漢初儒書

代表作，書中洋溢著儒家思想，尤其是中和思想，質與量都更勝《中庸》。在書中，言中、言和、言中和之語，其數量之多，俯拾即是。是書對《黃帝內經》的中和思想有一定的影響。

三 天人合一與中和思想

天人合一，以「中和」為核心，《黃帝內經》予以汲納，成為中醫理論的特色。天人關係密切，《素問・陰陽應象大論》指出：「天有精，地有形，天有八紀，地有五理，故能為萬物之父母。」人為萬物之一，源出天地精氣，《素問・寶命全形論》說：「人生於地，懸命於天；天地合氣，命之曰人。」《內經》屢有指出天人關係，強調「人與天地相參」，如《靈樞・刺節真邪》說：「與天地相應，與四時相副，人參天地。」《素問・生氣通天論》又說：「天地之間，六合之內，其氣九州、九竅、五臟十二節，皆通乎天氣。」《素問・六節藏象論》更詳細述說：「人之合於天地道也，內有五臟，以應五音、五色、五時、五味、五位也；外有六腑，以應六律。六律建陰陽諸經而合之十二月、十二辰、十二節、十二經水、十二時、十二經脈者，此五臟六腑之所以應天道。」此言人身五臟六腑十二經絡皆應天地。

天人各有其宇宙，天有陰陽五行，人身也有陰陽五行，人身的生理組織如五臟六腑、氣血津液、筋脈經絡及九竅等，在自然界的產物中，也可找到相應的對照，所謂人身應宇宙就是此意。《靈樞・邪客》載：

> 天圓地方，人頭圓足方以應之。天有日月，人有兩目；地有九州，人有九竅；天有風雨，人有喜怒；天有雷電，人有音聲；天有四時，人有四肢；天有五音，人有五臟；天有六律，人有六腑；天有冬夏，人有寒熱；天有十日，人有手十指；……歲有十二月，人有十二節；地有四時不生草，人有無子。此人與天地相應者也。

上述引文，詳述自然界的結構細目，比擬人身整體生理結構，可謂入木三分，刻劃入微。

宇宙的運作發展，以中和為有利，人身的小宇宙，無論發生任何變化，都不能對自然界的大宇宙產生任何影響力。但是，自然界的陰陽四時六氣，時刻都在變化，正常與異常的自然現象不斷交替出現，正常的謂之中和，中和則有利於生態的發展，一般性的異常，謂之違和或失和，嚴重性的異常，稱之為乖戾。自然界的急劇變化，人體常因未能及時適應而致病。故此，人命既然懸於天，必須懂得大自然變化規律，順其勢而行，不可忤逆天道，逆之則害至，同時也要掌握虛邪賊風之理，採用避之有時之法，平日作好攝生準備，此乃存活之道。

《素問·六元正紀大論》說：「欲通天之紀，從地之理，和其運，調其化，使上下合德，無相奪倫，天地升降，不失其宜，五運宣行，勿乖其政，調之正味，從逆奈何？」上述引文中的「通」、「從」、「和」、「調」、「合」、「倫」、「宜」、「行」、「正」、「從」等字，都蘊含「和」的元素。於此可見，《內經》所指的天人合一，其運作表現必須中和，才可生生化化，化化生生，生化正常，與天地並存。

四　運氣勝復與中和思想

勝復的出現，乃天道自然的事，「有勝則有復，有復則有勝」，有勝而不復，其害傷生。勝復不息，勝出現之時，復已萌芽，勝復的力量一般是對等的，即勝有多少，復有多少，但也有不對等的大勝其復，則成災害矣。勝復的時距，陰氣多而陽氣少，其發作的時間相距長，陽氣多而陰氣少，則發作的時間相距短。勝復的出現，無論是強或弱，其最終目的是儘快恢復中和，此乃大自然的常道。

五運勝復是大自然在五行乘侮理論下，進行自我恢復中和運作的一種常道表現。五運太過與不及都帶來自然災害，不同的歲運有不同的災害。人身應自然，五臟應五行，歲運的災害，人身亦應之。五運勝復是自然現象，例如：木運太過，則木氣勝，其來復者為金氣；木運不及，則金氣勝，其復者為火氣。火運太過，則火氣勝，其來復者為水氣；火氣不及，則水氣勝，其

復者為土氣。土運太過,則土氣勝,其來復者為木氣;土氣不及,則木氣勝,其復者為金氣。金運太過,則金氣勝,其來復者為火氣;金運不及,則火氣勝,其來復者為水氣。水運太過,則水氣勝,其來復者為土氣;水運不及,則土氣勝,其復者為木氣。五運有勝有復,直至中和而止。

關於五運平衡之法,《素問·氣交變大論》指出:「夫五運之政,猶權衡也,高者抑之,下者舉之,化者應之,變者復之,此生長化成收藏之理,氣之常也,失常則天地四塞矣。」「政」者,通正,「氣之常」,乃大自然規律,「政」與「常」,俱中和之義,「失常」則違中和之旨。

五運勝復是一種自然現象的自我平衡規律,故《素問·五常政大論》說:「天恒其德,則所勝來復。」天德即自然規律,有勝有復,直至中和而止。

六氣之勝復,一般而言,上半歲指天氣,下半歲指地氣,上半歲氣溫有勝,則下半歲氣溫必有復,比方上半歲氣溫偏熱,則下半歲氣溫必偏寒。

三陰三陽之勝,是指六氣太過,太過則有勝氣,有勝則有復,故此三陰三陽也有復。有勝氣則有復氣,這是大自然一種自我調節現象,「復」者,含報復之意。

人身感受勝復之邪,其治療原則是「微者隨之,甚者制之;氣之復也,和者平之,暴者奪之。皆隨勝氣,安其屈伏,無問其數,以平為期」。「以平為期」為目的,合乎中和之道。

五　陰陽五行與中和思想

陰陽概念,源出易道,萬物皆有陰陽,陰陽變動永恆,動靜有常,如環無端,復還始終。中是無過,和則生物,合而言之,謂之中和。在陰陽變動過程中,以中和為利,太過或不及皆為害。陰陽雖萬變,但萬變不離「唯變所適」,「適」是維持中和狀態,即隨時而時中。陰陽之數,無窮無盡,大則無外,小則無內,「推之可萬」,其道歸一。陰陽中和,則萬物衍生,在生滅過程中,綿延不斷。

　　陰與陽起著對立、互根互用、交感、消長、轉化等作用。陰陽在對立中運作，狀態平衡，無太過或不及，無偏盛或偏衰，謂之中和運動，這樣才有利於化生萬物。陰陽並存並活，孤陰不生，獨陽不長，合則互利。陰陽交感，是指陰陽二氣相互感應，其態合和，為生化萬物創造有利條件。所謂「動靜相召，上下相臨，陰陽相錯，而變由生也」，其「變」屬正常現象，對生態起著繁衍作用。在陰陽變動過程中，消長互見，道合中和，但如只消不長，或只長不消，則有違中和，引致災害。

　　陰陽的變動，本屬正常運作，若在運動期間，出現偏盛偏衰或逆從失誤，亦即失和，產生一系列災害，此時需有待調整調和，使其恢復中和狀態。陰陽轉化，是指陰陽變動過中，一方出現過盛過衰，當發展至盛極或衰極的時候，就會物極必反，如重寒則熱，重熱則寒，重新創造另一個開始。

　　五行一詞，首見於《尚書・洪範》。五行是指木、火、土、金、水，是物質世界分類法之一。《內經》一書，蘊含豐富的五行資料，其量之多，為先秦及秦漢典籍之冠。五行運動，以中和狀態為貴，太過或不及，都影響五行相生相剋的正常運作。所謂相生，是指具有資生、促進、助長作用，保持發展的最佳狀態；所謂相剋，是指具有互相抑制，互相制約作用，無使其過或不及，以免破壞五行的中和運作。五行相生是：木生火，火生土，土生金，金生水，水生木；五行相剋是：木剋土，土剋水，水剋火，火剋金，金剋木。五行生剋中和，才能生化萬物。若一旦生剋異常，即出現相乘相侮，是五行的失和表現。「乘」，指乘虛侵襲，即相剋太過，舉例言之，如木剋土，本屬五行之正常相剋現象，但肝氣太盛，即太過，便會乘機伐土，由克制作用，轉為攻伐作用，克制太過，在五行中，稱「相乘」；「侮」，指反侮所不勝，即反剋，舉例言之，如金剋木，本屬五行正常現象，但一旦金氣弱，不但不能剋木，反而助長木氣妄行，出現反剋金現象，在五行中稱「相侮」。《內經・五運行人論》指出：「氣有餘，則制己所勝而侮所不勝；其不及，則己所不勝，侮而乘之，己所勝，輕而侮之。」在五行中，無論相乘或相侮，都是違和，不合中和之道。

　　五行也可應用於歲運，以推測不同年份的氣象變化，歲運有五，依次是

木運、火運、土運、金運、水運。五運之歲,各有其氣,以平氣為貴,即中和之氣,其氣無過,無過包括太過或不及。歲運中和,其特色是「生而勿殺,長而勿罰,化而勿制,收而勿害,藏而勿抑」。此外,歲氣著重適時而至,早至或晚至,都會產生自然災害,人體因不能適應氣候的突變,也會相應致病。

五運中任何一運太過或不及,必引致其他運作反應,出現相乘相侮,母病及子、子盜母氣、勝復並見等一系列病態現象。所以《素問·五常政大論》說:「故乘危而行,不速而至,暴瘧無德,災反及之,微者復微,甚者復甚,氣之常也。」五運太過或不及,起因在於五運失衡,不合中和。

六　失中和與病機

「生病起於過用」是《內經》總結疾病成因的名句,語出《素問·經脈別論》:「故春秋冬夏,四時陰陽,生病起於過用,此為常也。」「過用」即脫離中道,傷害臟腑,就以出汗為例,證見「飲食飽甚,汗出於胃。驚而奪精,汗出於心。持重遠行,汗出於腎。疾走恐懼,汗出於肝。搖體勞苦,汗出於脾」,出汗本屬正常,但出汗太過,則傷及臟腑。

形體致病之因,起於過用,常見有:四時六氣過用、情志過用、飲食過用、勞逸過用及藥物過用。四時過用是指四時氣溫失常,其屬於常態的,應該是春暖夏熱秋涼冬冷,但四時失常,時氣未適時而至,該至而未至,未該至而先至,做成寒溫失常。六氣是指風寒暑濕燥火,本是天之常氣,但因太過或不及,則成六淫或六邪。四時六氣之失常或失和,都可使形體生病。人有七情五志,七情即喜怒憂思悲恐驚,五志即悲喜憂思恐。情志太過,可傷及臟腑,如怒傷肝、喜傷心、思傷脾、憂傷肺、恐傷腎。飲食過用,包括飲食不節、五味太過,傷及五臟。勞逸過用,包括勞力、勞神,房勞及過逸等,過勞則傷及臟腑或傷及陰陽氣血,引致人體生病。藥物過用,包括濫用藥物及用藥不慎,是藥三分毒,濫藥及用藥不慎,其害無窮,故此治病用藥,中病即止。《素問·五常政大論》提出警告說:「大毒治病,十去其六,

常毒治病，十去其七，小毒治病，十去其八，無毒治病，十去其九。穀肉果菜，食養盡之，無使過之，傷其正也。」《素問‧藏氣法時論》又提出治病要配合食療，即「毒藥攻邪，五穀為養，五果為助，五畜為益，五菜為充。」總之，養生或治病，其原則是無伐天和。

陰陽中和，是陰陽最佳的運動狀態，一旦陰陽偏盛偏衰，太過或不及，有餘或不足或逆從失誤，或逆順顛倒，或勝復無常，就會陰陽失衡、或稱陰陽乖戾。陰陽失和，陽勝則陰病，陰勝則陽病，前者是陽盛陰衰，後者是陰盛陽衰。陰陽失和，也有一種情況是陽損及陰，或陰損及陽。當陰陽不和發展到嚴重階段，最終是「陰陽離決，精氣乃絕」，陽亡陰亦亡，或陰亡陽亦亡，也揭示生命結束。

陽主熱，陰主寒，「陰勝則陽病，陽勝則陰病。陽勝則熱，陰勝則寒。重寒則熱，重熱則寒」，陰陽盛虛與寒熱有內外之分，「陽虛則外寒，陰虛則內熱，陽盛則外熱，陰盛則內寒」。無論陰勝或陽勝，都是失和的表現。天有陰陽，地有陰陽，天之陰陽為寒暑燥濕風火，乃天之氣，地之陰陽為木火土金水火，乃地之形，形氣相感，始能生化萬物。四時氣候，適時而至，則春溫、夏熱、秋涼、冬寒屬正常現象，一旦氣候異常，除自然界受災害外，形體也會致病。

五臟屬陰，六腑屬陽，臟與腑互為表裡，臟和則腑和，一臟有疾，他臟也受牽連而不和。五臟應五行，也應五方、五氣、五味、五體、五竅、五色、五音、五聲。五行運動，有生有剋，以生剋適度為順。五臟功能太過或不及，都屬病態。五臟應五味，酸味太過則傷肝傷筋，苦味太過則傷心傷氣，辛味太過則傷肺傷皮毛，甘味太過則傷脾傷肉，鹹味太過則腎傷血。五臟應五色，察色觀病，主吉的健康五色是「青如翠羽」，「赤如雞冠」，「黃如蟹腹」，「白如豕膏」，「黑如烏羽」，主凶的病五色是「青如草茲」，「黃如枳實」，「黑如炲」，「赤如衃血」，「白如枯骨」，此五色預後不良。

營血衛氣來源於水穀精微的化生，營行脈中，衛行脈外，營衛和調，則精神充沛，津液相成，《素問‧六節藏象論》也說：「五味入口，藏於腸胃，味有所藏，以養五氣，氣和而生，津液相成，神乃自生。」氣和，津成而至

神生，顯示臟腑運作中和，成功地完成生化過程。

血與氣，精與神，同源同道，《靈樞‧營衛生會》說：「夫血之與氣，異名同類。……營衛者，精氣也，血者，神氣也，故血之與氣，異名同類焉。」而精的釋義，馬蒔謂「精者，神也」。《靈樞‧平人絕穀》說：「神者，水穀之精氣也。」《素問‧八正神明論》說：「血氣者，人之神。」血氣與精神息息相關，所謂「血脈和利，精神乃居」。

所謂五有餘及五不足，「五」，是指「神」、「氣」、「血」、「形」、「志」，有餘與不足，都是病態，不合中和之道。有餘者，治之以瀉，不足者，治之以補，以恢復其中和。形體之四海、六經之經氣及脈象之有餘或不足，也是瀉有餘，補不足，此為中醫治病之法則。

七　治病調適以平為期

形體失和而致生病，經治療恢復健康，是為平人。「平人者不病也」，其人「五臟安定，血脈和利，精神乃居」。《內經》治病之見雖多，但治病目標則一，就是以「以平為期」，達致此目標，其治則與治法均以「和」為核心。形體失和，作出治理，恢復其和，代表病癒，故此「和」可稱治法之母。「和」與「平」的價值內涵，同屬於中和之道的範疇。

《內經》四次提出「以平為期」作為治病目標，分別引申出四個命題，即「調陰陽致中和」、「調血氣致中和」、「守中道致中和」及「適時中致中和」。

陰陽二氣，無論偏盛或偏衰，太過或不及，都是失和，宜予以調和。調整陰陽乃中醫治則之一，《素問‧征四失論》有「診不知陰陽逆從之理，此治之一失矣」之語，故此治病，「必知天地陰陽」，並「謹察陰陽之所在而調之」。《素問‧陰陽應象大論》指出「陰陽者，天地之道也，……治病必求於本。」《素問‧六節藏象論》又說：「生之本，本於陰陽。」《素問‧生氣通天論》指出：「凡陰陽之要，陽密乃固，兩者不和，若春無秋，若冬無夏。因而和之，是謂聖度。故陽強不能密，陰氣乃絕。陰平陽秘，精神乃治；陰

陽離決，精氣乃絕。」中醫論治，必從陰陽入手。「陽病治陰，陰病治陽」，此乃治病常法，遇上「陰陽反作（一作反他），治在權衡相奪」。總之，「生之本，本於陰陽」，故治病也需從平衡陰陽入手，「補其不足，瀉其有餘」，務使「陰平陽秘，精神乃治」。

張景岳《類經》說：「凡病甚者，奏功非易，故不必問其效之遲速，但當以血氣平和為期則耳。」《內經》屢有指出人與血氣關係，如：「血氣已和，營衛已通，五臟已成，神氣舍心，魂魄畢具，乃成為人」、「血氣不和，百病乃變化而生」。故此，治病需「知腑臟血氣之診」。血氣和調之人，「五臟堅固，血脈和調，肌肉解利，皮膚緻密，營衛之行，不失其常，呼吸微徐，氣以度行，六腑化穀，津液布揚，各如其常，故能長久」。這種健康狀態良好的人，可稱「平人」。平人血氣和調，形體健康，無病之人也。

診治血氣之道，《素問・陰陽應象大論》指出：「觀權衡規矩，而知病所主；按尺寸，觀浮沉滑澀，而知病所生，以治無過，以診則不失矣。……形不足者，溫之以氣；精不足，補之以味。……定其血氣，各守其鄉。血實宜決之，氣虛宜掣引之。」「血實」則放血瀉之，「氣虛」則行導引術補之，其原則是瀉實補虛求其平。關於放血調虛實，即「必先去其血脈而後調之」，所謂「去其血脈」，是刺絡去宛陳，宛陳者，瘀血也。《素問・血氣形志》也指出「凡治病必先去其血，乃去其所苦，伺之所欲，然後瀉有餘，補不足」，「去其血」是指通其瘀血，然後瀉補兩治。總之，其治法是血瘀氣實者宜瀉，血氣虛者宜補。

《內經》所載的病機十九條，其治療原則，以調和氣血為主，所謂「疏其血氣，令其調達，而致和平」是也。治病守中道，其旨在無太過，過則由利變害，或犯上虛其虛，實其實之戒。臨床用藥，點到即止，尤其是孕婦，用藥更需無太過，否則，弄巧成拙，危及生命。治病之道，要適時適勢，靈活掌握時中之道，因應病情千變萬化，體察「時」、「地」、「人」的變化或不同，分清標本先後，相應作出論治方法，最忌墨守成規，一成不變，貽害病家。

八 調適中和的養生思想

養生之目的是防病，防病勝於治病，所謂「上工治未病，不治已病」。治身如治國，《尚書・周官》說：「若昔大猷，制治於未亂，保邦于未危。」《素問・四氣調神大論》也說：「聖人不治已病，治未病，不治已亂、治未亂，此之謂也。夫病已成而後藥之，亂已成而後治之，譬猶渴而穿井，鬥而鑄錐，不亦晚乎？」「治病」、「治亂」、「治渴」、「治戰」都需要平日作好準備，防範未然。

養生之道，順應自然為先，《靈樞・本神》有言：「故智者之養生也，必順四時而適寒暑，和喜怒而安居處，節陰陽而調剛柔。如是，則僻邪不至，長生久視。」上述引文中的「順四時」、「適寒暑」、「和喜怒」、「安居處」、「節陰陽」、「調剛柔」等都合乎中和之道的要求。《素問・上古天真論》又說：「其知道者，法於陰陽，和於術數，食飲有節，起居有常，不妄作勞，故能形與神俱，而盡終其天年，度百歲乃去。」所說的「道」、「陰陽」、「術數」，其哲理雖高深，但核心思想不脫「中和」，至於「有節」、「有常」、「不妄」等詞，更明言不可有「過」或「不及」，否則都是失中違和。

古哲中的真人、至人、聖人和賢人，他們所處的時空雖有上古、中古之分，但益壽之道則一，就是順應自然，和順陰陽。《素問・上古天真論》指出上述四類人的養身心法，真人養生：提挈天地，把握陰陽；至人養生：和于陰陽，調於四時；聖人養生：處天地之和，順八風之理；賢人養生：法則天地、逆順陰陽，分別四時。上述四種古哲養生心法，都以和陰陽順四時為大本。

防病勝於治病，養生的目的是防病。《內經》一書，紀述養生的材料相當豐富，其養生內容涉及道家思想為主。《內經》養生強調「法於陰陽，和於術數」，內含中和哲理。四時之令，各有其氣，《靈樞・順氣一日分為四時》指出「春生，夏長，秋收，冬藏，是氣之常也，人亦應之」。春令宜養生氣，夏令宜養長氣，秋令宜養收氣，冬令宜養藏氣，各氣宜順不宜逆，逆

之者，則違和而災害生，順之者則合大自然中和發展之道。此外，「春夏養陽，秋冬養陰」，其意是春夏本屬陽，養生宜限制過多屬陽食材，秋冬本屬陰，養生宜限制過多屬陰食材。

精氣神乃生命之源，有生命三寶之稱，是生命活動的基本條件，《素問・本藏》說：「人之血氣精神者，所以奉生而周於性命者也。」《素問・上古天真論》又說：「呼吸精氣，獨立守神，肌肉若一。」道家養生，嚮往「精氣神」的修持，其義理成果豐碩，素為修道者重視。精氣神有賴平日修持而來，《素問・刺法論》說：「是故刺法有全神養真之旨，亦法有修真之道，非治疾也。故要修養和神也，道貴常存，補神固根，精氣不散，神守不分。」「修真」的內涵是指修持精氣神，其利在「真氣從之，精神內守，病安從來」。

精氣神源於臟腑調和，假若臟腑失和，精氣神的表現也相應失色。情志太過，影響臟腑中和運作，所謂「喜怒不節則傷臟」是也，其具體是「心傷神、脾傷意、肝傷魂、肺傷魄、腎傷志、恐傷精。怒傷肝、喜傷心、思傷脾、悲傷肺、恐傷腎」。故此，情志中和，臟腑也中和，精氣神的表現出色。

養生之道，恬憺虛靜生活不可少，《素問・陰陽應象大論》指出：「是以聖人為無為之事，樂恬憺之能，從欲快志於虛無之守，故壽命無窮，與天地終，此聖人之治身也。」此段引文，蘊含道家養生哲理，張景岳《類經》予以闡釋說：「無為者，天地之道也。恬者，自然之樂也。老子曰：道常無為而無不為。又曰：人法地，地法天，天法道，道法自然。夫自然而然者，即恬無為之道也。莊子曰：「天無為以之清，地無為以之寧，故兩無為相合，萬物皆化生。芒乎芴乎，而無從出乎？芴乎芒乎，而無有象乎？萬物職職，皆從無為殖。故曰天地無為也，而無不為也，人也孰能得無為哉？二子之言，皆本乎此。」「無為」乃道家哲理，《內經》予以汲納，並以此為養生基本內容。陰陽不太過，無所偏勝，中和之旨存焉！

為避免情志太過，日常生活要平淡返樸，例如「恬憺虛無」、「精神內守」、「志閑少欲」、「形勞不倦」等。縱慾是養生之大忌，尤其是「以酒為漿，以妄為常，醉以入房」更要禁絕，過度房勞，除傷腎外，也傷脾及傷

肝。飲食有節，起居有常，也是養生之道。飲食不節，過飽過饑都會「時有病也」。此外，五味太過也會傷及五臟，不可不察。《內經》又指出智者養生，「必順四時而適寒暑，和喜怒而安居處」，同時「作息有常，不妄作勞」以及「虛邪賊風，避之有時」，都是調適中和的養生之道。

九　結語

中和思想是中國哲學思想的核心文化，源遠流長，始於遠古伏羲氏的年代，隨著歲月的推移和發展，成為中華民族的道統文化，並作為修身處世治事的哲學，廣泛應用於生活各層面。中醫乃傳統醫學，也以中和為核心價值，對診治起著指導思想作用。作為中醫四大經典之首的《黃帝內經》，乃古人醫哲文化的結晶品，是治病理論根據的法典，對人類生命的綿延，起著永恆的光輝作用。書中以中和思想貫串於中醫基礎理論各部體系，殊具研究價值，其科研成果除有利於進一步充實醫史哲文化外，更有利於指導臨床，為病家帶來福祉。

鑒於當前專門研究《黃帝內經》中和思想的文獻較少，對其深蘊內涵及學術價值，尚待研發，本文通過深入研究，具有以下創新性的見解：

一、正視「中和」一詞首見之說：經翻查古代經學及先秦諸子典籍，《管子·正第》篇載有「中和慎敬」之句，是古籍中首次出現「中和」一詞的發現，而《莊子·說劍》篇也有「中和民意」之詞，可以一掃古今咸認「中和」一詞首見於《中庸》之說。

二、由於「中和」語出《中庸》的舊認知關係，故此一般學者研究《黃帝內經》中和思想，必重儒輕道，本文則儒道並重。尤其是《黃帝內經》的中和養生觀，據研究結果顯示，更與道家關係密切。

三、中和思想的源流問題：有關先秦中和思想的淵源及流變情況，過去鮮為人關注，雖偶有論述，都屬一般性泛說，本文在這命題上，作出深入的研究，引用信史資料《尚書》，明確得知〈周書·畢命〉有「克和厥中」之語，可說是「中和」一詞的濫觴，本文考查大量古籍資料，明確交代其流變情況。

四、歷來研究《黃帝內經》的中和思想，鮮有涉及運氣學說，本文在這方面都有作出探析，尤其是中和思想與運氣勝復關係，過去更未見有學者作出研究，本文在這命題上，也作了初步探討，拋磚引玉，期盼學術界關注。

五、本文翻查大量史料，詳徵博引，融和文、史、哲、醫四方面的資料去研究中和思想，填補醫學史研究的空白，期盼有助於中華文化的傳播。

以上數點見解，乃管窺之見，仍有待大雅君子，不吝指正！

中和思想是我國優良傳統文化精神，歷久不衰，時至今天，我國政府正積極推動「和諧」，引起國人關注及共鳴，紛紛作出回應，咸表認同和支持，尤其是文化界方面的反應，最為熱烈，相對中醫界的反應，有待脫穎。《黃帝內經》乃中醫四大經典之首，中和哲學洋溢全書，是研究中和思想的必具參考書，而作為中醫界，可謂得先天性優勢，從學醫到行醫都離不開中和思想，可以說百業中，最具中和智慧的行業。相信日後，在中和思想這命題上，中醫界必有大量的科研成果湧現。

《黃帝內經》的中和思想研究是一個龐大的醫學文化工程，本文的研究僅是一個工序的開端，仍有大量研究的空間，先秦除儒道兩家的中和觀對《黃帝內經》有影響外，其他先秦諸子百家以及漢初學風，都對《黃帝內經》起過衝擊作用，其實質情況如何，尚待深化研究。

《黃帝內經》以中和思想為根本觀念，奠定其醫術特色，在認識疾病，診治疾病，截然有別於西醫，所以要繼承和發揚中醫學術，必須深入探討中和思想，期盼我中醫界關注，趁研究「和諧」熱潮方興未艾之際，作出深入性的探討，進而有利於國計民生，有利於中醫學術的發揚光大，則是所至盼！

附錄一

法顯《佛國記》析論

一　前言

　　東晉法顯和尚（337？‐422？），平陽武陽（今山西襄垣）人，俗姓龔，有三兄長，俱齠齡而亡，父恐禍臨兒身，三歲即送寺門避災。〈法顯傳〉載他「三歲便度為沙彌。居家數年，病篤欲死，因以送還寺，信宿便差（瘥），不肯復歸」[1]，十歲，父亡，叔父迫使還俗照料母親，不果，旋母亦亡，喪畢，即還寺中。年二十受大戒，其人「志行明潔，儀軌整肅，常慨經律舛闕，誓志尋求」[2]，遠赴天竺尋找經律，路程艱苦備嘗，驚險重重，命在須臾。法顯西遊歷時十五年，遍遊佛國三十，行程四萬里，帶回佛典十一部。返國後，組織能者進行譯經工作，成績斐然，為佛教帶來重大貢獻，尤其是戒律方面，成就最為卓著。年八十有二，卒於荊州新寺。著有《佛國記》，又名《法顯傳》、或《歷遊天竺記》。

　　法顯是第一個踏足古天竺的中國人，也是開拓我國水上絲綢之路的先驅者。其《佛國記》一書地位崇高，除在我國佛教史享有崇高地位外，也是世界文化遺產之一，先後被譯成多國文字：法文、英文、德語、印度文和尼泊爾文等。本文主要內容包括法顯西遊動機、西遊歷程紀要、西遊對晉唐高僧的影響、以及西遊對佛教的貢獻。

1　〔東晉〕沙門釋法顯著，章巽校注：《法顯傳校注》（北京市：中華書局，2008年），附錄：〈法顯法師傳〉，頁157。

2　〔東晉〕沙門釋法顯著，章巽校注：《法顯傳校注》（北京市：中華書局，2008年），附錄：〈法顯法師傳〉，頁157。

二　魏晉戒律殘缺啓迪法顯西遊動機

　　佛教強調「以戒為師」，其持戒成敗攸關佛教事業存滅，三藏之一《毘
尼藏》有「毘尼藏者，是佛法壽。毘尼藏住，佛法亦住」之語。法顯昔在長
安，慨惜律藏殘缺，於是西行，「誓志尋求」戒律，以有利中土佛法的發
展。考佛教初傳中國，譯本經典雖然豐富，但戒律典籍卻相當貧乏。三國
時，天竺高僧曇柯迦羅來華弘法，《梁高僧傳》載：「曇柯迦羅。此云法時。
本中天竺人。以魏嘉平中（249-254），來至洛陽。于時魏境雖有佛法，而道
風訛替。亦有眾僧，未稟歸戒。正以剪落殊俗耳。設復齋懺，事法祠祀。」[3]
所述的「道風訛替」、「未稟歸戒」、「剪落殊俗」、「事法祠祀」，反映了當時
的佛家戒律相當薄弱。曇柯迦羅有見及此，「大行佛法，時有諸僧共請迦羅
譯出戒律。迦羅以律部曲制，文言繁廣。佛教未昌，必不承用。乃譯出《僧
祇戒心》，止備朝夕。更請梵僧，立羯磨法受戒。中夏戒律，始自於此。」[4]
迦羅所譯的《僧祇戒心》一書，供僧眾作為持戒依據，是中土律書之始。迦
羅積極推動佛門戒律，先從受戒規儀開始，推行「羯磨法」，為中土戒律之
始。據《佛祖統紀》卷三十五載：「正元元年（254），漢魏以來二眾唯受三
歸，大僧沙彌曾無區別。曇摩迦羅乃上書，乞行受戒法。與安息國沙門曇諦
（又稱支曇諦，347-411，俗姓康）同在洛，出曇無德部四分戒本，十人受
戒羯磨法，沙門朱士行為受戒之始。」[5]朱士行（203-282），三國時高僧，
法號八戒，祖居潁川，少年出家為僧，但未受戒，迦羅到洛陽譯經，在白馬
寺設壇戒，士行受戒，是首位受戒漢族僧人。朱士行專務經典，嘗講學於洛
陽，以《道行般若》為首本，此經「昔漢靈之時，竺佛朔譯出道行經，即小
品之舊本也。文句簡略，意義未周。士行嘗於洛陽講道行經，覺文章隱質，
諸未盡善。每歎曰：此經大乘之要，而譯理不盡，誓志捐身遠求《大

3　〔梁〕慧皎：《梁高僧傳》（北京市：中華書局1992年），卷1〈曇柯迦羅傳〉，頁13。

4　〔梁〕慧皎：《梁高僧傳》（北京市：中華書局，1992年），卷1〈曇柯迦羅傳〉，頁13。

5　〔南宋〕志磐：《佛祖統紀》，收入《大正藏》冊49，頁332，

品》。」[6]當時佛典之翻譯，並非梵文直譯漢文，而是中土境外胡人版本，再轉譯漢文，加上翻譯水準不高，故此其效果是「文句簡略，意義未周」、「文章隱質，諸未盡善」、「譯理不盡」，尤其是戒律佛典，更見短缺。朱士行早有「誓志捐身，遠求大本」之志，「遂以魏甘露五年（260）發跡雍州，西渡流沙，既至于闐，果寫得正品梵書胡本九十章，六十萬餘言，遣弟子不如檀，晉言法饒凡十人。送經胡本還洛陽。」而自己則留于闐終老，享年八十。[7]朱士行出境取經壯舉，對日後法顯西遊天竺有啟蒙作用。

　　魏晉時代，洛陽雖是佛教文化重鎮，但戒律未認真踐行，僧侶「衣服華麗，不應素法」[8]，有礙佛法的弘揚。釋僧佑（445-518）在《弘明集》卷六痛批說：「今觀諸沙門，通非其才，群居猥雜，未見秀異。混若涇渭渾波。泯若熏蕕同簏。」[9]所謂「涇渭渾波」，及「熏蕕同簏」，是指沙門中人良莠不齊。又說：「今觀諸沙門……或墾殖田圃，與農夫齊流；或商旅博易，與眾人競利；或矜持醫道，輕作寒暑；或機巧異端，以濟生業；或占相孤虛，妄論吉凶；或詭道假權，要射時意；或聚畜委積，頤養有餘；或指掌空談，坐食百姓。斯皆德不稱服，行多違法。」[10]以上「行多違法」事，相當令人痛心。法顯之前高僧道安法師（312-385）就戒律一事，相當焦慮說：「云有五百戒，不知何以不至？此乃最急！四部不具，於大化有所闕。」[11]又說：「法汰頃年鄙當世為人師，處一大域而坐視令無一部僧法。推求出之，竟不能具。」[12]道安有見及此，先從整頓僧團戒律做起，制定「僧尼規範」，其例有三：「一曰：行香定座，上經上講之法；二曰：常日六時，行道、飲食、唱時法；三曰：布薩、差使、悔過等法。天下寺舍，遂則而從之。」[13]

6　〔梁〕僧祐著，蘇晉仁、蕭鍊子點校：《出三藏記集》（北京市：中華書局，1995年），卷13，〈朱士行傳〉，頁515。

7　粹自〔梁〕僧祐：《出三藏記集》，收入《大正藏》冊55，卷13，〈朱士行傳〉，頁97上。

8　〔梁〕《梁高僧傳》（北京市：中華書局，1992年），卷9，〈耆域傳〉，頁365。

9　〔梁〕僧祐：《弘明集》（中），收入《大正新修大藏經》，冊52。

10　〔梁〕僧祐：《弘明集》（中），收入《大正新修大藏經》，冊52。

11　〔梁〕僧祐：《出三藏記集》卷9，〈漸備經十住梵名並書敘〉，頁333。

12　〔梁〕僧祐：《出三藏記集》卷9〈漸備經十住梵名並書敘〉，頁333。

13　〔梁〕《梁高僧傳》（北京市：中華書局，1992年），卷5〈道安傳〉，頁183。

道安確立僧團戒律,「天下寺舍,遂則而從之。」《大宋僧史略》卷中《道俗立制》也記其事說:「鑿空開荒,則道安為僧制之始也。」不過,道安之舉,卻召來「半華半梵,亦是亦非」[14]的批評。佛門戒律,條目繁多,仍需後繼者接續整理和弘揚。道安弟子慧遠(334-416)慨嘆說:「初經流江東,多有未備。禪法無聞,律藏殘缺。」[15]「禪法無聞,律藏殘缺」,有礙佛教事業發展,急需彌補。法顯目睹時弊,也「常慨經律舛闕,誓志尋求」[16],遂遠赴天竺,尋求戒律,歷盡萬劫,功成返國。

三　法顯西游的歷程紀要

法顯西行求戒律,已年近花甲,從陸路長安出發,返國則從水路師子國(斯里蘭卡)歸航,歷時十五年,閱歷三十國,行程四萬里,途中危難重重,生死一線,最後成功抵國,可謂奇蹟!法顯西行歷程,可分五階段記述:(一)自發跡長安至度葱嶺;(二)北天竺、西天竺記遊;(三)中天竺、東天竺記遊;(四)師子國記遊;(五)浮海東還。

(一)自發跡長安至度葱嶺

《佛國記》載:「法顯昔在長安,慨律藏殘缺,於是遂以弘始元年(399),歲在己亥,與慧景、道整、慧應、慧嵬等同契,至天竺尋求戒律。」[17]法顯五人西行,時值所謂五胡十六國時期,北方戰亂頻迎,途至張掖,遇「大亂,道路不通」[18],幸得張掖王為施主,予以照顧,並「與智嚴、慧簡、僧紹等相遇,欣于同志」,眾等至敦煌,獲太守李暠(351-417)

14　《大宋僧史略》卷上,《禮儀沿革》,《大正藏》冊54,頁239。

15　〔梁〕《梁高僧傳》(北京市:中華書局,1992年),卷6〈慧遠傳〉,頁216。

16　〔東晉〕沙門釋法顯著,章巽校注:《法顯傳校注》(北京市:中華書局,2008年),附錄:〈法顯法師傳〉,頁157。

17　〔東晉〕法顯著,章巽校注:《法顯傳校注》(北京市:中華書局,2008年),頁3。

18　〔東晉〕法顯著,章巽校注:《法顯傳校注》(北京市:中華書局,2008年),頁4。

之助,穿越沙漠地帶沙河(塔克拉瑪干沙漠),《法顯傳》記載沙河說:「中多有惡鬼,熱風,遇則皆死,無一全者。上無飛鳥,下無走獸,遍望極目,欲求度處,則莫知所擬,唯以死人枯骨為標識耳!」[19]從沙河向前進發十七日,路程千五百里,到達「鄯善國(古樓蘭國),其地崎嶇薄瘠」,殊不好走。十五日後,眾等行至焉夷國(新疆焉耆縣),該地僧人皆修小乘,與法顯等人修大乘不同道,故未獲款接。智嚴、慧簡、慧嵬三人「返向高昌,欲求行資」[20],其理由是高昌地區佛教發達,盛行大乘,籌措盆川比較容易。而「法顯等蒙苻公孫供給,遂得直進。西南行,路中無居民,沙行困難,所經之苦,人理莫比」[21]。他們幾經艱辛,抵達佛教名都于闐國,「其國豐樂,人民欣盛,盡皆奉法,以法樂相娛。眾僧乃數萬人,多大乘學,皆有眾食」[22]。該地重視戒律,令法顯等大開眼界,就以進食為例,「入食堂時,威儀齊肅,次第而坐,一切寂然,器鉢無聲,淨人,益食不得相喚,但以手指麾。」[23]遊罷于闐國,同行者,慧景、道整、慧達三人離隊,先赴竭叉國,而「法顯等欲觀行象,停三月日」,後至竭叉國會合慧景三人,齊向北天竺進發,「在道一月,得度蔥嶺,蔥嶺冬夏有雪。又有毒龍,若失其意,則吐毒風,雨雪,飛沙礫石。遇此難者,萬無一全」[24],路程殊恐怖。

(二)北天竺、西天竺記遊

度過蔥嶺後,法顯等進入北天竺陀歷國,朝禮國寶彌勒菩薩像,之後「順嶺西南行十五日,其道艱岨,崖岸險絕,其山唯石,壁立千仞,臨之目眩,欲進則投足無所。下有水,名新頭河。昔人有鑿石通路施傍梯者,凡度

19　〔東晉〕法顯著,章巽校注:《法顯傳校注》(北京市:中華書局,2008年),頁6。

20　〔東晉〕法顯撰,章巽校注:《法顯傳校注》(北京市:中華書局,2008年),頁8。

21　〔東晉〕法顯撰,章巽校注:《法顯傳校注》(北京市:中華書局,2008年),頁11。

22　〔東晉〕法顯撰,章巽校注:《法顯傳校注》(北京市:中華書局,2008年),頁11。

23　〔東晉〕法顯撰,章巽校注:《法顯傳校注》(北京市:中華書局,2008年),頁12。

24　〔東晉〕法顯撰,章巽校注:《法顯傳校注》(北京市:中華書局,2008年),頁21。

七百，度梯已，躡懸絚過河。河兩岸相去減八十步，九譯所絕。」[25]此地形勢險峻，「壁立千仞」，需要「躡懸絚過河」，連征西大將「漢之張騫、甘英皆不至此」[26]。法顯等人幾經艱難，進入北天竺後遊覽諸國，除親歷了烏萇國的「佛遺足跡」外，還參觀了北天竺「四大塔」。[27]所謂四大塔，即宿呵多國的「割肉貿鴿處塔」、犍陀衛國的「以眼施人處塔」、竺剎尸羅國的「以頭施人處塔」及「投身餧虎處塔」。此後，法顯等人在弗樓沙國，又參觀了最高宏的大塔，該塔「高四十丈，眾寶校飾，凡所經見塔廟，壯麗威嚴都無此比」[28]，並親睹當地臣民供奉佛缽的場面，及體驗佛缽「正復百千萬斛，終不能滿」[29]的神奇現象。此段歷程，法顯雖見聞大有所得，但亦有所失，所失者，原本一起西行團隊成員至此經已四散，計從長安出發共五人，在張掖鎮途中加入五人，在于闐加人一人，途中七人先後折返，一人不幸圓寂，慧景及道整又於途中先行往那竭國，此時空餘法顯一人繼續行程，隻身前往那竭國會合慧景及道整。抵達會合後，法顯三人親禮「佛頂骨」、「佛影」、「佛錫杖」、「佛僧伽梨」等聖跡。結束那竭國之旅後，法顯三人繼續西天竺行程，南度小雪山（今之賈拉拉城以南之塞費德科山脈），行程艱巨，《佛國記》載：「雪山冬夏積雪，山北陰中遇寒風暴起，人皆噤戰。慧景一人不堪復進，口出白沫，語法顯云：『我亦不復活，便可時去，勿得俱死。』於是遂終。法顯撫之悲號：「本圖不果，命也奈何。」[30]法顯懷著悲慟心情，「復自力前，得過嶺」，先後遊歷了佛教發達的羅夷國、跋那國、毗荼國等國聖跡，所「經歷諸寺甚多，僧眾萬數」[31]。

---

25 〔東晉〕法顯撰，章巽校注：《法顯傳校注》（北京市：中華書局，2008年），頁22。
26 〔東晉〕法顯撰，章巽校注：《法顯傳校注》（北京市：中華書局，2008年），頁22。
27 〔東晉〕法顯撰，章巽校注：《法顯傳校注》（北京市：中華書局，2008年），頁32。
28 〔東晉〕法顯撰，章巽校注：《法顯傳校注》（北京市：中華書局，2008年），頁33。
29 〔東晉〕法顯撰，章巽校注：《法顯傳校注》（北京市：中華書局，2008年），頁34。
30 〔東晉〕法顯撰，章巽校注：《法顯傳校注》（北京市：中華書局，2008年），頁43。
31 〔東晉〕法顯撰，章巽校注：《法顯傳校注》（北京市：中華書局，2008年），頁44。

（三）中天竺及東天竺記遊

　　法顯及道整二人告別西天竺後，進入佛教聖地中天竺，也是行程的主要目的地。古印度有五天竺之分，即東天竺、南天竺、西天竺，北天竺、中天竺。中天竺是佛教發源地，古代漢地佛徒稱中天竺為中國。法顯西遊，停留在中天竺時間最長，《佛國記》載：「法顯發長安，六年到中國，停六年，還三年。」此段六年行程，法顯沐浴於佛國世界，遊遍了逾十五個佛國及佛城，親禮各地聖跡，諸如曲女城、佛陀故鄉、佛陀成道遺址、佛陀講經遺址、佛陀咖耶城、佛陀與外道論辯遺址、世界第一尊佛像、淨飯王宮殿故址、十大塔、灰塔、佛陀咖耶城、佛陀初轉法輪遺址、以及憑弔了一些由盛轉衰的佛教名城等。有關中天竺諸佛國的政治、經濟、文化、法律、風俗、氣候等情況，法顯《佛國記》載：「天竺諸國，國王皆篤信佛法……中國（中天竺諸國）寒暑調和，無霜雪，人民殷樂，無戶籍官法，……王治不用刑罔……舉國人民悉不殺生，不飲酒，不食蔥蒜，國中不養豬、雞、不賣生口，市無屠。」[32]多麼和諧的世界！

　　中天竺諸佛國，非常重視法式規儀，無論佛在世或佛涅槃以後，法式規儀都得到傳承。《佛國記》載「佛在世時，諸王供養法式，相傳至今」[33]，「為眾僧起精舍供養……王王相傳，無敢廢者，至今不絕。……佛泥洹（涅槃）已來，聖眾所行，威儀法則，相承不絕。」[34]中天竺有四大佛教聖地，即毗舍離、巴連弗邑、王舍城及迦尸國波羅。法顯道整二人，飽覽上述四地聖跡，視野大開眼界，收穫殊豐，尤其是巴連弗邑，跟法顯結緣最深。此地是摩竭提國的首都，在諸天竺佛國中，以摩竭提國最強。《佛國記》載：「凡諸中國，唯此國城邑最大，民人富盛，競行仁義。」[35]法顯至天竺，正是笈

32　〔東晉〕法顯撰，章巽校注：《法顯傳校注》（北京市：中華書局，2008年），頁46。
33　〔東晉〕法顯撰，章巽校注：《法顯傳校注》（北京市：中華書局，2008年），頁46。
34　〔東晉〕法顯撰，章巽校注：《法顯傳校注》（北京市：中華書局，2008年），頁47。
35　〔東晉〕法顯撰，章巽校注：《法顯傳校注》（北京市：中華書局，2008年），頁88。

多王朝最輝煌的年代。巴連弗邑先後於孔雀王朝及笈多王朝作過首都，是全國政治、經濟、文化、宗教的中心。法顯西行天竺，旨在尋求戒律典籍，可惜「北天竺諸國，皆師師口傳，無本可寫，是以遠步，乃至中天竺」[36]。故此，法顯在中天竺諸國中，僅在巴連弗邑一地才可找到戒律文本。為了達成尋求戒律的宏願，法顯居停巴連弗邑三年，「學梵書、梵語，寫律」[37]，離開時已是六十八歲的老朽了。他所收得的戒律經籍計有：一、《摩訶僧祇眾律》，是書為佛陀在世時通行本，之後有十八個部派，各有傳承版本，其內容「大歸不異，於小小不同」；二、《律抄》（一作抄律）；三、《薩婆多眾律》，此書是抄律，有七千偈，已流行漢地；四、《雜阿毗曇心論》，有六千偈；五、《綖經》，有二千五百偈；六、《方等般泥洹經》，有五千偈；七、《摩訶僧祇阿毗曇》（按：我國現存諸經錄中，此論未見著錄[38]）。與法顯同行的道整和尚，非常欣羨中天竺佛國戒律，「見沙門法則，眾僧威儀，觸事可觀，乃追歎秦土邊地，眾僧戒律殘缺。誓言：『自今已去至得佛，願不生邊地。』故遂停不歸。」[39]法顯心繫祖國，堅持西遊初衷，「本心欲令戒流通漢地，於是獨還」[40]。二人道別後，法顯獨自繼續行程，前往中天竺最後一個行程，遊歷瞻波大國，參觀佛陀遺跡。之後取道東天竺返國，及至東天竺多摩梨帝國，其首都海口，為水陸交通樞紐，是古代東印度重要口岸，對外航程可至南印度及東南亞諸國。多摩梨帝國是法顯於東天竺諸國中，唯一遊歷的國家。此地佛法倡隆，「其國有二十四僧伽藍，盡有僧住，佛法亦興」，吸引「法顯住此二年，寫經及畫像」[41]。法顯自長安出發至此，歷時十年之久。

---

36 〔東晉〕法顯撰，章巽校注：《法顯傳校注》（北京市：中華書局，2008年），頁120。

37 〔東晉〕法顯撰，章巽校注：《法顯傳校注》（北京市：中華書局，2008年），頁120。

38 〔東晉〕法顯撰，章巽校注：《法顯傳校注》（北京市：中華書局，2008年），注22，頁123。

39 〔東晉〕法顯撰，章巽校注：《法顯傳校注》（北京市：中華書局，2008年），頁120。

40 〔東晉〕法顯撰，章巽校注：《法顯傳校注》（北京市：中華書局，2008年），頁120。

41 〔東晉〕法顯撰，章巽校注：《法顯傳校注》（北京市：中華書局，2008年），頁124。

（四）師子國記遊

　　法顯從多摩梨帝國海口乘坐「商人大舶」出發，在海上經十四晝夜航程到達另一佛教國家師子國（斯里蘭卡）。此地佛陀聖跡處處，佛法活動頻繁，例如法會弘法、佛齒供養、羅漢葬禮、天竺道人誦經及佛鉢典故講座等，法顯都一一參觀。在諸活動中，他參觀無畏山寺時，見到寺中玉象掛有故鄉產物白絹扇，愛國情懷油然而生，頓時傷感起來，《佛國記》記述說：「法顯去漢地積年，所與交接者悉異域人，山川草木，舉目無舊。又同行分披，或留或亡，顧影唯己，心常懷悲。忽于此玉象邊見商人以晉（山西）地一白絹扇供養，不覺淒然，淚下滿目。」[42] 法顯居住師子國二年，求得四部經律文本：《彌沙塞律藏本》、《長阿含》、《雜阿含》、《雜藏》，此四律書皆漢地所無。[43]

（五）浮海東還

　　東晉義熙七年七月（411 年 8 月），法顯攜備十一種經律文本，自師子國從海路東歸回國。途中波濤駭浪，狂風暴雨，驚險萬象，又遇上行船漏水，為減輕船的負荷，乘客諸貨品悉拋海中，法顯深恐佛經佛像被迫拋海，「唯一心念觀世音」求庇佑，經歷十三日的風高浪急航行，船始得泊岸維修，再啟航程，於「大海瀰漫無邊，不識西東，唯望日、月、星宿而進」[44]，若遇暴風陰雨，更無法航行，隨波漂流，「若遇伏石，則無活路」，驚險重重。如是者，苦航九十餘日，船至「耶婆提」（蘇門答臘東部），此地土人信仰外道，婆羅門教興盛，「佛法不足言」[45]。法顯停此國五月，始得機會，

42　〔東晉〕法顯撰，章巽校注：《法顯傳校注》（北京市：中華書局，2008年），頁128。

43　〔東晉〕法顯撰，章巽校注：《法顯傳校注》（北京市：中華書局，2008年），頁140。

44　〔東晉〕法顯撰，章巽校注：《法顯傳校注》（北京市：中華書局，2008年），頁142。

45　〔東晉〕法顯撰，章巽校注：《法顯傳校注》（北京市：中華書局，2008年），頁145。

再另搭乘載客量二百人的大型商船去廣州。船行一月餘,至今西沙群島附近,忽「遇黑風暴雨」,船客惶恐,法顯一心念佛,求神庇佑。有婆羅門教者,商議禍從僧來,欲棄法顯於岸以消災,幸得一信佛施主,極力制止才免於難。由於「天多連陰」,不辨方向,舵手誤航,船行七十餘日,仍未靠岸,糧水將盡,迫得以海水作糧,好水則分配每人二升,之後則絕水供應。船上商人議言,正常航程到廣州,本是五十日,已過期多日,知是航道失誤,遂著舵手向西北前行求岸。復經十二日艱苦航程,終於抵達漢地青州長廣郡(今山東嶗山縣北)。郡守李嶷「敬信佛法」聞訊,即帶人前往恭迎法顯及其經像。同船商賈則獲安排南下揚州。法顯復得青州刺史劉道憐(368-422)之邀,留住青州一冬一夏。之後,法顯南下東晉都城建康,進行譯經工作[46]。

法顯在《佛國記》總結其出國西行說:「法顯發長安,六年到中國,停六年,還三年達青州。凡所遊歷,咸三十國。沙河以西,訖於天竺,眾僧威儀法化之美,不可詳說。竊惟諸師來得備聞,是以不顧微命,浮海而還,艱難具更。幸蒙三尊威靈,威而得濟,故竹帛疏所經歷,欲令賢者同其見聞。是歲甲寅(義熙十年,414 年)」[47]法顯此總結扼要,西行歷時十五年,遊歷三十國,完成求律之志,陸路去,水路還,歷程艱險,寫成《佛國記》一書,與賢者分享其見聞。

四　法顯西遊對晉唐高僧的影響

相信無論古今,作為佛僧者,都以能朝拜佛教聖地天竺為志為榮。繼法顯之後,東晉另一高僧釋曇無竭(390?-?)因受法顯精神感召下,成為東北地區首位至天竺求法的僧人。據《高僧傳》卷三載:「釋曇無竭。此云法勇。姓李。幽州黃龍人也。幼為沙彌便修苦行。……嘗聞法顯等躬踐佛國。乃慨然有忘身之誓。遂以宋永初元年(420),招集同志沙門僧猛,曇朗之徒

---

46 粹自〔東晉〕法顯撰,章巽校注:《法顯傳校注》(北京市:中華書局,2008年),頁145-148。

47 〔東晉〕法顯撰,章巽校注:《法顯傳校注》(北京市:中華書局,2008年),頁150。

二十五人。共齎幡蓋供養之具。發跡北土遠適西方。⋯⋯復行向中天竺。⋯⋯後於南天竺隨舶泛海達廣州。」[48]其行程路線，大致與法顯同，陸路去，水路回，同行人數者眾，凡二十五人，可惜中途死於意外者二十人，僅得五人而回。曇無竭此行最大收穫是「進至罽賓國（今喀什米爾一帶），禮拜佛缽。停歲餘。學梵書梵語。求得觀世音受記經梵文一部」[49]，並「後至檀特山南石留寺。住僧三百餘人。雜三乘學。無竭停此寺受大戒」[50]。曇無竭西遊返國，掀起天竺遊熱潮，促進中印文化交流，法顯居先導之功。

　　法顯西遊的壯舉，也影響了唐代二位高僧玄奘（602-664）及義淨（635-713）西遊取經，尤其是玄奘經《西遊記》演繹成小說中的主角，其人西遊事跡，更見家傳戶曉。玄奘，世稱唐三藏，年十三出家為僧，俗姓陳，名禕，洛州緱氏縣（今河南省偃師市），中國佛教四大翻譯家之一，法相唯識宗創始人。他有感於佛教學派的論見紛陳，莫衷一是，在法顯的精神感召下，早有西遊之志，嘗言：「昔法顯、智嚴，亦一時之士，皆能求法，導利群生，豈使高跡無追，清風絕後，大丈夫會當繼之。」[51]貞觀三年（629 年，一作貞觀元年），曾上書出訪天竺，未果。他雖未獲恩准出境，仍違令起行，從涼州出玉門關，西行取經，幾經波折，千辛萬苦，抵達天竺，遊學各地，學問大進，也曾與當地學者論辯，名震五竺。玄奘整個西遊行程，歷時十七年，行程五萬里，攜經返國凡六百五十七部。返國後，蒙唐太宗激賞，在長安設立譯經院供翻譯佛典，並招納天下能者，包括東亞譯經人才來華，參與譯經工作，譯出經論七十五部，卷數共計一千三百三十五卷，耗時十年有餘[52]。其後有些漢譯佛經，更傳入日、韓、越等國，對促進我國與東亞各國文化交流，影響深遠。玄奘攜經回國的數量，遠超法顯，這

48　〔梁〕慧皎：《梁高僧傳》（北京市：中華書局1992年），卷3，〈曇無竭傳〉，校本，頁93。

49　〔梁〕慧皎：《梁高僧傳》（北京市：中華書局，1992年），卷3，〈曇無竭傳〉，校本，頁93。

50　〔梁〕慧皎：《梁高僧傳》（北京市：中華書局，1992年），卷3，〈曇無竭傳〉，校本，頁93。

51　〔唐〕慧立、彥悰著，孫毓棠、謝方點校：《大慈恩寺三藏法師傳》（北京市：中華書局，1983年），卷1，頁10。

52　粹自〔唐〕慧立、彥悰著，孫毓棠、謝方點校：《大慈恩寺三藏法師傳》（北京市：中華書局，1983年），卷1，頁10。

應驗他當年立志「豈能高跡無追,清風絕後,大丈夫會當繼之」,而且成就更越前人。

　　義淨(635-713),唐著名律師,中國佛教四大翻譯家之一,俗姓張,字文明,祖籍范陽(今河北涿縣),一說齊州(今山東濟南)。年十四出家為僧,從慧智禪師受具足戒,學習道宣、法礪、兩家律部的文疏五年,並往洛陽學《對法》、《集論》、《攝論》,及往長安學《俱舍》、《唯識》。其治學方向與法顯及玄奘同,並對他們們非常欽佩。《高僧傳》載他:「年十有五便萌其志,欲遊西域,仰法顯之雅操,慕玄奘之高風,加以勤無棄時,手不釋卷。弱冠登具,愈堅貞志。」[53]唐高宗咸亨二年(671),他毅然自廣州乘船出發赴印度求法,首站抵室利佛逝(今蘇門答臘),居留半年,學習梵文。咸亨四年(674),抵南印度,遇上玄奘弟子大乘燈,居停南印度一年,並學梵文梵語,二人結伴四處遊歷,親禮各地聖跡。上元二年(675),義淨於那爛陀寺,居住十年之久。垂拱元年(685),義淨攜經從水路返國,途經抵室利佛逝(今蘇門答臘),又居留六年。期間曾返廣州一次再回室利佛逝。西元六九四年,義淨從水路回抵廣州,攜回真容聖像一尊,佛舍利三百粒,梵文佛經四百部。義淨這段遊歷,相當漫長,前後共二十三年。義淨返抵國門時,武后大悅,親往迎接,封「三藏」法師,主政譯場。十二年間,義淨譯出《華嚴》等經典五十六部,成就卓著,影響深遠。其成就之得來,深受法顯精神感召所致。隋唐佛法倡隆,法顯功可不少!此外,義淨西遊天竺,從水路去,水路回,促進中國對外水路交通,法顯功勞更應大書特書!

五　法顯西遊對佛教的貢獻

　　「以戒為師」,乃佛陀遺訓,佛弟子必須終生遵奉踐行。經云:「戒為無上菩提本,應當一心持淨戒,若能堅持於淨戒,是則如來所讚歎。」《大品

---

53 〔宋〕贊寧:《宋高僧傳》,收入《中國佛教典籍選刊》(北京市:中華書局,1987年8月),冊上,卷1,〈唐京兆大薦福寺義淨傳〉,頁1。

經》亦云：「我若不持戒，當墮三惡道中，尚不得人身，況能成就眾生，淨佛國土，具一切種智。」持戒者，乃可成就眾生及得佛果。此外，戒律也關涉到僧團的組織、管理、發展等方面。東晉時代，佛門戒律簡陋不行，激起法顯遠赴天竺尋求戒律之願，旨在振興佛教，宏揚佛法。其西遊所取得的經律來自兩個國家，分別是摩竭提國之首都巴連弗邑及師子國。在巴連弗邑，他取得的經律有：《摩訶僧祇眾律》、《律抄》、《薩婆多眾律》、《雜阿毗曇心論》、《綖經》、《方等般泥洹經》（即《佛說大般泥洹經》六卷，見《大藏經》）、《摩訶僧祇阿毗曇》，共七部[54]。在師子國，他取得的經律有：《彌沙塞律藏本》（後稱五分律，今《大藏經》之《彌沙塞部和醯五分律》）、《長阿含》、《雜阿含》、《雜藏》，共四部[55]，兩地共得十一部。法顯西遊返國後，在建康（今南京）組織譯經工作，邀得「外國禪師佛馱跋陀，於道場寺譯出《六卷泥洹》、《摩訶僧祇律》、《度方等泥洹經》、《綖經》、《雜阿毗曇心論》」，可惜「未及譯者，垂有百萬言」。[56]法顯對佛教律學貢獻最大，其《摩訶僧只律》於義熙十四年（418），由他與佛陀跋陀羅（印度僧人，359-429）共譯出，共四十卷；《彌沙塞律》，即《五分律》，於法顯圓寂後一年，由佛陀什（北印度僧人）與道生（355-434）共譯出，凡三十卷；至於《薩婆多眾律》，即《十誦律》，是書於法顯返國前，已經由鳩摩羅什與佛若多羅等於後秦弘始七年（406）譯出，共六十一卷，所以未為此書再譯。

　　關於律學，古天竺盛行的律有五：十誦律、四分律、摩訶僧只律、五分律、解脫律。上述五律，除解脫律未傳入中土外，其餘四律已傳入中土，並譯成漢文。四律之中，以四分律成就最大，五分律最弱。南北朝時期，佛教戒律以《僧祇律》及《十誦律》為主流，前者盛於黃河流域一帶，後者通行長江流域一帶，直至隋唐，四分律冒起，發展迅速。唐代名僧道宣（596-667）據四分律理論創立律宗，並執律學牛耳。雖然《僧祇律》及《十誦

54　〔東晉〕法顯撰，章巽校注：《法顯傳校注》（北京市：中華書局，2008年），頁120。

55　〔東晉〕法顯撰，章巽校注：《法顯傳校注》（北京市：中華書局，2008年），頁125。

56　〔梁〕僧祐撰，蘇晉仁、蕭鍊子點校：《出三藏記集》（北京市：中華書局，1995年11月），下卷15，〈法顯法師傳〉，頁576。

律》相繼淡出主流地位，但法顯對佛教戒律所作出的貢獻，仍然為人敬佩。四種律派分別流傳，發揚光大，成就律宗之學，並成體系，使得佛業延綿發展，不息不滅，若無法顯之帶頭推動，則沒此成果。

法顯除對律學有貢獻外，對毗曇學也有貢獻。毗曇學是佛教學說之一，始於南北朝，其學派稱毗曇宗。法顯從海外帶回的《摩訶僧祇阿毗曇》及《雜阿毗曇心》，屬小乘毗曇學。而《大般泥洹經》六卷，為大乘《涅槃經》的初譯本，經中經典名句「一切眾生，皆有佛性」。《出三藏記集》卷八載《六卷泥洹經記》說：「願令此經，流布晉土，一切眾生，悉皆平等如來法身。」《出三藏記集》卷十五《法顯法師傳》亦載：「顯既出《大泥洹經》，流布教化，咸使見聞。」[57]此外《方等般泥洹經》為《長阿含經・遊行經》的異譯，屬「小乘《大般涅槃經》，不過文似顯（法顯）譯」[58]。

法顯從師子國帶回的《雜藏經》，譯成漢文後，對推動佛教發展，起了主要動力作用。是書內容以前世因緣、今生果報，強調因果報應，並舉案例為證，無形中推動了「諸惡莫作，眾善奉行」的佛教精神。佛家的因果報應思想，教化社會與人心於無形，起到佛化教育作用，延續佛命，法顯功勞不少。

六　結語

法顯《佛國記》一書，作者以白描筆法，行文簡練，生動地述說西域及天竺所見所聞，其歷程之驚險處，令人驚心動魄，其所細說之佛國世界，令人欣羨不已，其人情味之感人處，賺人熱淚，其閱歷之奇特處，令人大開眼界，其百折不撓的精神，令人敬佩。《佛國記》內容引人入勝，並蘊含大量文化史料，是一本深具文史價值的佛教遊記。是書影響深遠，為我國佛教事業帶來重大的貢獻，尤其是戒律方面，更見卓著。法顯其人立志宏大，以國

57　〔梁〕僧祐撰，蘇晉仁、蕭鍊子點校：《出三藏記集》（北京市：中華書局，1995年），卷15，〈法顯法師傳〉，頁576。

58　〔東晉〕法顯撰，章巽校注：《法顯傳校注》（北京市：中華書局，2008年），注21，頁122。

家民族利益為己任，臨難不退，百折不撓的精神，以及他慈悲眾生和愛國情懷，對後世國民教育影響深遠，值得表彰。

　　此外，法顯西遊的足跡遍及今中亞、南亞、東南亞，包括喀什米爾、巴基斯坦、阿富汗、印度、尼泊爾、斯里蘭卡、印尼等地，為中國對外交通作出啟蒙作用。同時，除加速中印、中斯陸路交通發展外，也誕生出一條水上絲綢之路，有利中國與亞洲諸國的溝通。其書《佛國記》記錄了大量歷史材料關於古印度及師子國的佛教、政治、經濟、文化、風土人情等。這些珍貴歷史材料，正是彼邦二國所缺。此書是研究佛教史、中亞史、南亞史、中外關係史等重要參考著作之一。

——本文原刊於《忻州師範學院學報》2013 年第 1 期
（2013 年 2 月 28 日），頁 76-80。

附錄二
馬祖禪法三境界析論

一　前言

　　馬祖禪法融合了儒家及老莊的學說，具有濃烈的中國文化色彩，成為了一門新學問，普受國人愛戴。胡適說：

> 達摩一宗亦是一種過渡時期的禪，此項半中半印的禪，盛行於陳隋之間，隋時尤盛行。至唐之慧能、道一，才可以說是中國禪。中國禪之中，道家的自然成份當然最多，道一門下不久成為正統。中國禪至此完全成立。[1]

馬祖禪法脫胎於達摩祖師及列位師尊的心得，其特點是求佛生活化、平淡化，強調心佛一體化，在接機教化門弟子時，動不動就棒喝及打罵，使受教者從吃苦中去頓悟事理及人生。這種教學方法，正是禪宗的教學特色。

二　馬祖生平

　　馬祖道一（709-788），中唐著名禪僧，俗姓馬，名道一，四川什坊（古稱漢州）人，世稱「馬祖」或「馬大師」，師事禪宗七祖南嶽懷讓禪師

1　胡適：《胡適文存》（臺北市：遠東圖書公司，1990年），第3集，卷4〈論禪宗史的綱領〉，頁305-309。

（667-744），並為法嗣傳人，是為禪宗八祖，譽稱「南天八祖」。其家世事蹟不詳，家境清貧，父以編織竹篾為生，有「馬簸箕」之稱。馬祖容貌奇異，「生而凝重，虎視牛行，舌過鼻準，足文大字」[2]，天生慧根，與佛有緣，童年在本邑羅漢寺出家，後赴資州（今四川資中縣），「削髮于資州唐和尚（處寂）（648-734）」，及長，年二十，受具足戒於渝州（今重慶）高僧圓律師。唐和尚乃禪宗五祖弘忍（601-675）的再傳弟子，收有弟子來自新羅國（今韓國）王子無相（684-762）。無相又稱金和尚，有聲於時，是當時禪學革新派份子之一，馬祖慕其名，前往參學，植下禪學維新思想。開元二十一年（733），馬祖二十四歲，遠赴南嶽，拜懷讓禪師門下，初入住傳法院，鮮與人交談，常獨處禪房，唯坐禪為務，來訪者一律拒諸門外。懷讓見其氣宇非凡，知非池中物，乃對其作出點化。據《景德傳燈錄》載：

> 開元中，有沙門道一住傳法院，常日坐禪。師（懷讓）知是法器，往問曰：「大德坐禪圖什麼？」一（道一）曰：「圖作佛。」因此，懷讓取一磚與石上磨。一曰：「磨磚作麼？」師曰：「磨作鏡。」一曰：「磨作鏡。」一曰：「磨磚豈得成鏡耶？」師曰：「磨磚豈得成鏡，坐禪豈得成佛耶？」一曰：「如何即是？」師曰：「如牛駕車，車不行，打車即是，打牛即是？」一無對。師又曰：「汝為學坐禪、為學坐佛？若學坐禪，禪非坐臥。若學坐佛，佛非定相。于無住法，不應取舍。若學坐佛，即是殺佛。若執坐相，非達其理。」[3]

道一聞師言，「豁然開悟」，「心地超然」，遂「侍奉十秋、日益深奧」。懷讓芸芸九弟子中，以道一悟性最高，只有他「密受心印」[4]，得曹溪禪法真傳，成為法鉢傳人。

天寶初，道一離別師門，肩負弘法使命，遠赴建州建陽（今福建）佛跡嶺，聚眾傳法，收有志賢、慧海等名僧為弟子，後返江西，到處弘揚佛法，

2　〔南朝梁〕釋慧皎等撰：《高僧傳合集》（上海市：上海古籍出版社，1991年），卷10，頁440。

3　〔宋〕釋道源：《景德傳燈錄》（臺北市：新文豐出版社，1986年3版），卷5，頁92。

4　〔宋〕釋道源：《景德傳燈錄》（臺北市：新文豐出版社，1986年3版），卷5，頁104。

先後至撫州臨川（今江西）西里山、虔州（江西南康）龔公山（今寶華山）等地傳法凡三十餘年。大曆四年（769），道一雖年屆六十，精神矍鑠，魄力未減，駐錫鍾陵（今江西南昌進賢）開元寺（該寺歷遭劫火，現名為佑民寺），執掌寺務，成績蒸蒸日上，求法者眾。其弘法活動活躍於洪都（今南昌），並以之為基地，大弘禪風，民間有「求官去長安，求佛往江西」（見《靖安縣志‧仙釋卷》）之流行語。是時四方學者、公卿巨賈及善信等，慕名而至者，絡繹於途，有關盛況，《高僧傳》載：「于時天下佛法，極盛無過洪府，座下賢聖比育，得道者頗眾。」[5]。《景德傳燈錄》亦載：「連帥路嗣恭（約 710-780，唐名臣），聆風景慕，親受宗旨。由是四方學者，雲集座下。」[6]唐，貞元四年（788 年），馬祖圓寂，享年八十，僧臘五十[7]。弟子因其生前有「吾之朽質，當於來月歸茲地（指石門山，在江西靖安縣）矣」[8]之語，故於石門山建塔安放其舍利，憲宗時獲追諡「大寂禪師」，及蒙賜「大莊嚴」塔額。清，雍正時，更獲加封「普照大寂禪師」之號，享譽之隆，一時無兩。馬祖承佛命，弘揚禪法，一生不辭勞苦，僕僕風塵，奔走於福建、浙江、安徽、四川、湖南、江西等地，尤其是江西一地，更見足跡處處，據聞，經他掌管的山西道場就有四十八所之多，而有文獻資料記載者則有近四十處。[9]

　　馬祖名滿天下，從遊者無數，「親承弟子八十八人出現於世，及陷遁者，莫知其數」[10]，名師出高徒，其弟子具非凡成就者甚多，例如百丈懷海、西堂智藏、南泉普願、大梅法常等都是一代名僧，《景德傳燈錄》載：「入室弟子一百三十九人，各為一方宗主，轉化無窮。」[11]馬祖一派，門庭

5　〔南朝梁〕釋慧皎等撰：《太毓傳》，收入《高僧傳合集》（上海市：上海古籍出版社，1991年），卷11，頁448。

6　〔宋〕釋道源：《景德傳燈錄》（臺北市：新文豐出版社，1986年3版），卷6，頁104。

7　〔南朝梁〕釋慧皎等撰：《高僧傳合集》（上海市：上海古籍出版社，1991年），卷10，頁440。

8　〔宋〕釋道源：《景德傳燈錄》（臺北市：新文豐出版社，1986年3版），卷6，頁106。

9　釋統一：〈試論馬祖道一禪師對中國佛教的建樹〉（北京市：佛學研究，2002年），頁157。

10　〔南唐〕釋靜、釋筠編撰：《祖堂集》（北京市：中華書局，2007年），卷14，頁617。

11　〔宋〕釋道源：《景德傳燈錄》卷6，見《大正藏》51，頁246中。

繁茂，人才濟濟，弘法力量強大，以江西洪州南昌為弘法基地，世稱洪州宗，其法曰洪州禪、江西禪或馬祖禪。

馬祖高足百丈懷海禪師有兩位出色弟子：一是義玄禪師，二是靈佑禪師，前者創立臨濟宗，後者與其嗣徒慧寂禪師創立溈仰宗，臨濟宗又衍生楊歧派和黃龍派。上述各宗及派，均屬洪州宗系，宗風代代，延綿至今。馬祖一生貢獻於弘法利生事業，善作長遠計畫，除革新禪法外，又為解決經濟問題，鼓勵僧侶自耕自給，創立叢林制度，並由嗣徒百丈懷海重訂寺院清規，史稱「馬祖建叢林，百丈立清規」，影響深遠，「天下僧人，翕然宗之」，所訂清規，至今仍受佛門重視。

馬祖禪法，既有傳統，也有創新，其境界有三層次，一曰「即心即佛」、二曰「非心非佛」、三曰「平常心是道」。

三　即心即佛

「即心即佛」，亦作「是心即佛」或「心即是佛」。「無論凡夫心、佛心，其心之體與佛無異，此心即是佛。此係由華嚴經『心佛及眾生，是三無差別』之思想而來」[12]。馬祖的「即心即佛」思想，內含華嚴和唯識佛理，據他自言是遠承達摩祖師及《楞伽經》。《祖堂集》載：

> 汝今各信自心是佛，此心即是佛心。是故達摩大師從南天竺國來，傳上乘一心之法，令汝開悟。又數引《楞伽》經文，以印眾生心地，恐汝顛倒，不自信此一心之法，各各有之。故《楞伽經》云：「佛語心為宗，無門為法門。」又云：「夫求法者應無所求。」心外無別佛，佛外無別心。[13]

達摩心法，強調「一心」，強調「心外無別佛，佛外無別心」，其後繼之法鉢傳人，例如二祖慧可、三祖僧燦、四祖道信、五祖弘忍、六祖惠能、七祖懷

12　釋星雲監修，釋慈怡主編：《佛光大辭典》（臺北市：佛光出版社，1988年12月版），頁3760。

13　〔南唐〕釋靜、釋筠編撰：《祖堂集》（北京市：中華書局，2007年），卷14，頁610-611。

讓對於「即心即佛」的禪法，都予以盡量發揮，尤以六祖為甚，卓見卓識，光耀千古，摘錄《壇經》如下：

> 一、吾今教汝，識自心眾生，見自心是佛。……我心自有佛，自佛是真佛，自若無佛心，向何處求佛？汝等自心是佛，更莫狐疑，外無一物而能建立，皆是本心生萬種法。……菩提只向心說，何勞向外求玄？[14]
>
> 二、不悟，即佛是眾生；一念若悟，即眾生是佛。……何不從於自心頓現真如本性！……。識心見性，自成佛道。即時豁然，還得本心。[15]

六祖惠能遠承達摩心法，強調「自心是佛」、「我心自有佛，自佛是真佛」、「本心生萬種法」、「識心見性，自成佛道」，後之繼者七祖懷讓得其真傳，於弘法時開示曰：「一切萬法，皆從心生，心無所生，法無能住，若達心地，所作無礙，非遇上根，宜慎辭哉」[16]。

禪宗傳到馬祖道一，成果豐茂，奠下洪州宗雄厚根基。有關馬祖談「即心即佛」的言論，文獻資料記載頗多，摘錄如下：

一、《祖堂集》載馬祖常以「汝今各信自心是佛，此心即是佛心」[17]等語訓勉諸生。

二、《大正藏》卷五十一載馬祖非常重視「心」，強調「一切法皆是心法，一切名皆是心名，萬法皆從心生，心為萬法之根本。」[18]

三、《祖堂集》載馬祖答中使楊光庭問佛法，曰：

> 「若求作佛，即心是佛；若欲問道，無心是道。」又曰：「若欲求佛，即心是佛，佛自心得，若悟無心，佛亦無佛；若欲會道，無心是

14　石峻等編：《中國佛教思想資料選編》（北京市：中華書局，1983年），卷2冊4，頁28。

15　《壇經》見《大正藏》冊 48，頁 340（中-下）（上編10-7）。

16　石峻等編：《中國佛教思想資料選編》（北京市：中華書局，1983年），卷2冊4，頁244。

17　〔南唐〕釋靜、釋筠編撰：《祖堂集》（鄭州市：中州古籍出版社，2001年10月），卷14，頁465。

18　《大正藏》51卷，頁440上欄。

道。」中使深受教誨:「京誠大德皆令布施、持戒、忍辱、苦行等求佛,今和尚曰:無漏智性,本自具足本來清淨,不假修行,故知前虛用功耳。」[19]

楊光庭是官宦人士,馬祖不分階級,仍是以「即心是佛」回答所問。

四、《五燈會元》載大珠慧海(生卒年不詳)法師初次參拜馬祖,欲求佛法,馬祖說:

> 我這裡一物也無,求什麼佛法?自家寶藏不顧,拋家散走作麼?」曰:「阿那個是慧海寶藏?」祖曰:「即今問我者,是汝寶藏。一切具足,更無欠少,使用自在,何假外求?師於言下,自識本心。」[20]

大珠慧海從此開悟,「自識本心」。慧海雖是出家人,馬祖恐他定力不足,懷疑心佛一體的信念,故勉他不用外求,佛在心中。

按:大珠慧海乃馬祖名弟子,對馬祖的「即心即佛」領悟有得,《景德傳燈錄》卷六載:

> 有行者問:「即心即佛,那個是佛?師(慧海)云:「汝疑那個不是佛?指出看。」無對。師曰:「達即遍境是,不悟永乖疏。」[21]

問者單刀直入,答者不假思索,以高智慧語言回應,功力深厚,可謂精彩絕倫。

五、《高僧傳》載汾陽無業(760-821)曾參拜馬祖,見面就問:

> 「常聞禪門即心是佛,實未能了。」大寂曰:「只未了底心即是,別物更無。不了時即是迷,若了時即是悟。迷即眾生,悟即是佛道。」

---

19 〔南唐〕釋靜、釋筠編撰:《祖堂集》(鄭州市:中州古籍出版社,2001年10月),卷3,〈本淨和尚〉,頁125。

20 〔宋〕普濟《五燈會元》(臺北市:新文豐出版公司,1976年10月初版),卷3,頁64。

21 〔宋〕釋道源《景德傳燈錄》(臺北市:新文豐出版社,1986年3版),卷6,頁107。

不離眾生，豈別更有佛。亦猶手作拳拳全手也。業言下豁然開悟，涕淚悲泣向大寂。」曰：「本謂佛道長遠，勤苦曠劫方得始成，今日始知，法身實相本自具足，一切萬法從心化生，但有名字無有者。」[22]

馬祖訓示弟子，會因應對方素質而因材施教，就以「即心是佛」問題為例，他用「迷」與「悟」來開示無業。答案雖有別於其他提問者，但目的是一個，就是使問者明白「一切萬法從心化生」。馬祖弟子普愿（748-834）亦說：「江西和尚（指馬祖）」說『即心即佛』，且是一時間語，是止向外馳求病，空拳黃葉，止啼之詞」[23]，旨在制止求佛者無需「向外馳求病」，佛已在心中。

馬祖的徒孫黃檗希運（？-850）在「即心即佛」的基礎下，提出「無心是佛」的理論，《景德傳燈錄》載：「學道人只怕一念有，即與道隔矣，念念無相，念念無為，即是佛。學道人欲得成佛，一切佛法總不用學，為學無求無著，無求則心不生，無著則心不染，不生不染即是佛。」[24]由於「無」的關係，所以「不生不染」，佛在其中。南陽慧忠（675-775）也說：「無心可用，即得成佛，……無心自成，佛亦無心。」[25]又言：「無亦空，佛亦空，故曰無即佛，佛即無。」[26]空一切形相，這是佛家所追求的，無心是佛不單無牴觸即心即佛，並且提升了即心即佛的內涵。

馬祖革新佛法，爭取信眾，把人佛距離拉近，高唱心佛一體，人佛無異，這種大膽言論，曾受到質疑，故此他要隨機點化，對於學佛處於迷茫階段或定力不穩的信徒，他就直截了當說「即心即佛」，言簡意賅，直入聽者心窩，堅定了求佛者的信念，使他別無二心到處求佛。

22　〔宋〕贊寧：《宋高僧傳》卷11，無業（唐汾州開元寺），見《大正藏》卷50，頁722中下。

23　〔南唐〕釋靜、釋筠編撰：《祖堂集》，收入《南泉和尚》（北京市：中華書局，2007年），卷16，頁705。

24　〔宋〕釋道源：《景德傳燈錄》卷9，收入《大正藏》卷51，頁271下。

25　〔宋〕釋道源：《景德傳燈錄》卷28，收入《大正藏》卷51，頁439上。

26　〔宋〕釋道源：《景德傳燈錄》卷28，收入《大正藏》卷51，頁439中。

四　非心非佛

「非心非佛」的目的是破除執著。馬祖晚年眼見佛教修行者過分執著，犯上「知障」之弊，陷於「執迷不悟」的境況，痛苦不堪，極需猛省頓悟過來。若果說「空」是學佛者追求的境界，那麼「即心」就會被「心」縛，「即佛」就會被「佛」縛，完全違背佛家「空諸所有」之旨。荷澤神會（684-760）禪師說得好，「聲聞修空住空被空縛；若修定住定即被定縛；若修靜住靜，被靜縛；若修寂住寂，被寂縛」[27]。

馬祖針對這批被「即心」所縛或被「即佛」所縛之士，推出「非心非佛」作為「即心即佛」的境界提升。有關「非心非佛」的史料頗多，摘錄如下：

《五燈會元》卷三載：

> 大梅山法常禪師初參祖，問：「如何是佛？」祖云：「即心是佛。」常即大悟，後居大梅山。祖聞師住山，乃令一僧到。云：「和尚見馬師得個什麼，便住此山？」常云：「馬師向我道即心即佛，我便向這裡住。」僧云：「馬師近日佛法又別。」常云：「作麼生別？」僧云：「近日又道非心非佛。」常云：「這老漢惑亂人，未有了日。任汝非心非佛，我只管即心即佛！」其僧回舉似祖，祖曰：「梅子熟也。」[28]

法常（752-839）禪師自問已悟「即心是佛」真諦，及無犯上執著之失，視「非心非佛」不合己用，故憤言「這老漢惑亂人，未有了日」，「梅子熟也」是指法常禪師的修持已達標準。

又：《景德傳燈錄》載：「自大寂（馬祖）去世，如會常患門徒以即心即

27　〔唐〕荷澤神會：《荷澤神會禪師語錄》，收入《中國佛教思想資料選編》（北京市：中華書局，1983年），卷2冊4，頁84。。

28　〔宋〕普濟《五燈會元》（北京市：中華書局，1984年10月版），卷3，上冊，頁154。

佛之譚，誦憶不已，且謂佛於何住而曰即心，心如畫師而即云佛。」[29]並指
出「心不是佛，智不是道，劍去遠矣，爾方刻舟」[30]。「心不是佛」是指心
佛皆空，絕緣執著；「智不是道」是指誦憶不已之門徒，已墮入執著之境。
普愿禪師說：「若言即心即佛，如兔馬有角；若言非心非佛，如牛羊無角，
你心若是佛，不用即也；你心若不是佛，亦不用非他，否則乃是將頭覓頭，
設使認得。亦不是汝本來佛。」[31]寶積禪師（生卒不詳）說：「若言即心即
佛，今時未入玄微；若言非心非佛，猶是指縱之極則，向上一路，千聖不
傳。」[32]意謂禪法微妙，無論即心即佛或非心非佛都忌執著。

　　馬祖平日以「即心即佛，一語指導學人，而復以『非心非佛』一語斥破
學人對『即心即佛』之執著，其實兩者並無差別。」[33]

五　平常心是道

　　「平常心是道」是修禪者追求的最高境界。它與現實生活息息相關，
「蓋日常生活中所具有之根本心，見於平常之喝茶、喫飯、搬柴，運水處，
皆與道為一體。平常心，指行、住、坐、臥，等四威儀之起居動作，而此四
威儀乃為真實之禪」[34]。行住坐臥雖是生活中的平凡動作，但已跟佛結緣。
馬祖對於佛性的見解是：「道不用修，但莫污染。何為污染？但有生死心，
造作趣向，皆是污染。若欲直會其道，平常心是道。」[35]道即是法界、佛
境、佛道，亦即是覺悟解脫之大道，「道」雖然不用「修」，但要「莫污

29　〔宋〕釋道源：《景德傳燈錄》（臺北市：新文豐出版社，1986年3版），卷7，〈湖南如會禪師〉，
　　頁127。

30　〔宋〕釋道源：《景德傳燈錄》（臺北市：新文豐出版社，1986年3版），卷7，〈湖南如會禪師〉，
　　頁127。

31　〔南唐〕釋靜、釋筠編撰：《祖堂集》（北京市：中華書局，2007年），卷16，頁305。

32　〔宋〕釋道源：《景德傳燈錄》（臺北市：新文豐出版社，1986年3版），卷7〈幽州盤山寶積禪
　　師〉，頁123。

33　釋星雲監修，釋慈怡主編：《佛光大辭典》（臺北市：佛光出版社，1988年），頁3706。

34　釋星雲監修，釋慈怡主編：《佛光大辭典》（臺北市：佛光出版社，1988年），頁1913。

35　《馬祖道一禪師語錄》，收入《卍續藏》第119冊，812a。

染」,「污染」是指「有生死心」,及「造作趣向」。馬祖非常關注「修」的問題,鄭重地說「道不屬修,若言修得,修成還壞」。[36]這個所謂「修」,內蘊執著意味,並非世俗所說的人格修行。

馬祖又說:

> 何謂平常心?無造作,無是非,無取捨,無斷常,無凡無聖。經云:非凡夫行,非聖賢行,是菩薩行。只如今行住坐臥,應機接物,儘是道。[37]

日常生活中的「行住坐臥」都能找到佛境,舉凡持造作、是非、取捨、斷常、凡聖等觀念者,都不能達道。「任心即佛修」,正是禪宗的可愛處。馬祖禪法,著重天真自然,「隨處任真」[38],尊重真如,所謂「真如」,他闡釋說:

> 種種成立,皆由一心也。建立亦得,掃蕩亦得,盡是妙用,妙用盡是家。非離真而有立處,立處即真,盡是自家體。若不然者,更是何人?一切法皆是佛法,諸法即解脫,解脫者即真如。諸法不出於真如,行住坐臥,悉是不思議用,不待時節。[39]

「立處即真」及「解脫者即真如」都是修禪者所追求。馬祖禪法,開放自由,只要心中有佛,諸事皆行,《五燈會元》載:

> 洪州廉使問日:「吃酒肉即是,不吃即是?」師曰:「若吃是中丞祿,不吃是丞福。」[40]

---

36 〔宋〕頤藏主編:《古尊縮語錄》(上海市:上海古籍出版社,1991年2月),卷1,〈道一〉,頁2。

37 《馬祖道一禪師語錄》,收入《卍續藏》第119冊,812a。

38 〔南唐〕釋靜、釋筠編撰:《祖堂集》(北京市:中華書局,2007年),卷14,頁614。

39 〔宋〕釋道源:《景德傳燈錄》卷28,收入《大正藏》卷51,頁440上

40 〔宋〕釋普濟:《五燈會元》(臺北市:新文豐出版公司,1976年),卷3,〈江西馬祖道一禪師〉,頁54。

馬祖不斤斤計較「吃」與「不吃」的問題，而是尊重對方的抉擇，因為「福」與「祿」皆是人之所好，跟達道無關。他面對官員所問的難題，以平常心的心態處理，在尊重對方原則下，作出一個人佛雙贏的回應，鼓勵對方以平常心作出抉擇，使求佛者心安理得，無礙達道。

文獻中記載馬祖弟子關於「平常心是道」的資料頗多，摘錄如下：

一、《無門關》載：

> 趙州（從諗，778-897）問南泉（普願禪師748-834）「如何是道？」南泉云：「平常心是道。」州問：「還可趣向否？」泉云：「擬向即乖！」州問：「不擬爭知是道？」泉云：「道不屬知，不屬不知；知是妄覺，不知是無記。若真達不擬之道，猶如太虛廓然洞豁，豈可強是非也？」趙州乃於言下頓悟玄旨，心如朗月。[41]

文末附詩曰：

> 春有百花秋有月，夏有涼風冬有雪；
> 若無閒事掛心頭，便是人間好時節。

普願禪師（748-834）聊聊數語，便使趙州「頓悟玄旨」，除可見其開悟功力外，亦可見趙州之悟性何等高強。文末的四句附詩，乃修禪者常掛嘴邊慣用語，強調春夏秋冬各有可愛之處，而人生最可愛之時節，是無閒事掛心頭，至於如何做到無閒事掛心頭，則就要靠平常心了。

二、《五燈會元》載源律師問「如何用功」，大珠慧海回答說：

> 「饑來吃飯，困來即眠。」曰：「一切人總如是，同師用功否？」師曰：「不同。」曰：「何故不同？」師曰：「他吃飯時不肯吃飯，百種須索；睡時不肯睡，千般計較。所以不同也。」[42]

---

41 〔宋〕無門慧開：《無門關》，收入《大正藏》冊48，頁295中。

42 〔宋〕釋普濟：《五燈會元》卷三，見《卍續藏》第138冊。

吃飯及睡覺皆是平常之事，但相對「吃飯時不肯吃飯，百種須索；睡時不肯睡，千般計較」，就顯得不平常了。

馬祖提出的「平常心是道」，宗密（780-841）予以總結說：「起心動念，彈指、謦欬、揚眉，固所作所為，皆是佛性全體之用，更無第二主宰。如麵作多般飲食，一一皆麵，佛性亦爾。全體貪、嗔、痴，造善惡，受苦樂故，一一皆性。」[43]

人的「所作所為」，包括「飲食」、「貪、嗔、痴」、「造善惡，受苦樂」等都是平常心的表現，皆是佛性作用。宗密又說：

> 言任心者，彼息業養神之行門也。謂不起心造惡修善，亦不修道。道即是心，不可將心還修於心，惡亦是心，不可以心斷心。不斷不造，任運自在，名為解脫人。無法可拘，無佛可作。何以故？心性之外，無一法可得，故云但任心即為修也。[44]

宗密認為「道即是心」，應讓其「任運自在」，發揮「任心即為修」的精神，遇事遇情隨緣運作，平常心態處之。故此宗密的「觸類是道而任心」，在意義上與「平常心是道」相同。

六　結語

馬祖禪法遠承達摩祖師及歷任祖師心法，可謂一脈傳承，並予以發揮得淋漓盡致，其後繼者諸弟子例如百丈懷海、南泉普願、西堂智藏及大珠慧海等人在禪學上都有非凡的成就，甚至其再傳弟子黃檗希運、潙山靈佑、仰山慧寂等人亦為一代宗師，徒子徒孫滿天下，牢牢地鞏固了禪宗的歷史地位。馬祖禪法以心為本，強調「一切法皆是心法，一切名皆是心名，萬法皆從心生，心為萬法之根本」，把人與佛混為一體，其境界有三：一、即心即佛、

43　〔唐〕宗密：《圓覺經大疏鈔》，卷3下，收入《續藏經》第1輯第14套冊3，頁279。
44　〔唐〕宗密：《圓覺經大疏鈔》，卷3下，《續藏經》第1輯第14套冊3，頁279。

二、非心非佛、三、平常心是道。即心即佛的目的是針對迷惘的求道者，堅定其信心，一針見血指出佛已在心中，無需到處乞求；非心非佛的作用是提升即心即佛的境界，化解求道者的執著；平常心是道，是喻佛在日常生活中，表現在行住坐臥方面，不可不察。總之，遇事隨緣，「得失從緣，心無增減，喜風不動，冥順於道」[45]。平常心之境，庶幾近之。

——原載《五臺山研究》2005 年第 3 期（總第 84 期）

（2005 年 1 月），頁 8-13。

---

45 〔唐〕釋淨覺《楞枷師資記》卷1，收入《大正藏》卷85，頁1284-1285。

哲學研究叢書・學術思想叢刊 0701003

先秦諸子中和思想研究論集

作　　者	方滿錦
責任編輯	蔡雅如
特約校對	林秋芬

發 行 人　林慶彰

總 經 理　梁錦興

總 編 輯　張晏瑞

編 輯 所　萬卷樓圖書股份有限公司

　　　　　臺北市羅斯福路二段 41 號 6 樓之 3

　　　　　電話 (02)23216565

　　　　　傳真 (02)23218698

發　　行　萬卷樓圖書股份有限公司

　　　　　臺北市羅斯福路二段 41 號 6 樓之 3

　　　　　電話 (02)23216565

　　　　　傳真 (02)23218698

　　　　　電郵 SERVICE@WANJUAN.COM.TW

香港經銷　香港聯合書刊物流有限公司

　　　　　電話 (852)21502100

　　　　　傳真 (852)23560735

ISBN 978-957-739-953-3

2022 年 8 月初版二刷

2015 年 10 月初版

定價：新臺幣 340 元

如何購買本書：

1. 劃撥購書，請透過以下郵政劃撥帳號：

　　帳號：15624015

　　戶名：萬卷樓圖書股份有限公司

2. 轉帳購書，請透過以下帳戶

　　合作金庫銀行 古亭分行

　　戶名：萬卷樓圖書股份有限公司

　　帳號：0877717092596

3. 網路購書，請透過萬卷樓網站

　　網址 WWW.WANJUAN.COM.TW

大量購書，請直接聯繫我們，將有專人為您服務。客服：(02)23216565 分機 610

如有缺頁、破損或裝訂錯誤，請寄回更換

國家圖書館出版品預行編目資料

先秦諸子中和思想研究論集 / 方滿錦著. -- 初
版. -- 臺北市 ：萬卷樓, 2015.10
　　面 ；　公分. -- (哲學研究叢書.學術思想叢
刊, 0701003)
ISBN 978-957-739-953-3(平裝)
1.CST: 先秦哲學 2.CST: 文集

121.07　　　　　　　　　　　　104017493